中希文明互鉴中心主办　主编　崔延强

中希文明互鉴中心
KENTPO APXAIOY EΛΛHNIKOY KAI KINEZIKOY ΠΟΛΙΤΙΣΜΟΥ

文明互鉴文库

第一辑

希腊研究

执行主编　胡航

HELLENIC STUDIES

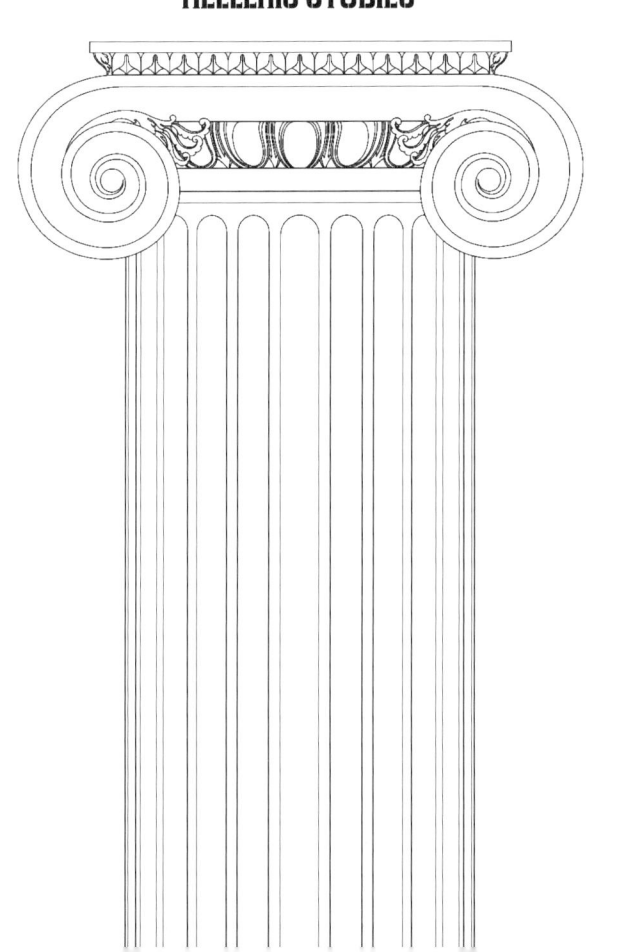

西南大学出版社
国家一级出版社 全国百佳图书出版单位

图书在版编目(CIP)数据

希腊研究.第一辑 / 崔延强主编；胡航执行主编.
重庆：西南大学出版社,2024.10. -- ISBN 978-7
-5697-2705-0

Ⅰ.K545.07-53

中国国家版本馆CIP数据核字第20246F7E09号

希腊研究:第一辑

XILA YANJIU：DI YI JI

主　　编：崔延强
执行主编：胡　航

责任编辑：王玉竹
责任校对：何雨婷
装帧设计：殳十堂_末氓
排　　版：瞿　勤
出版发行：西南大学出版社(原西南师范大学出版社)
　　　　　地址：重庆市北碚区天生路2号
　　　　　邮编：400715
　　　　　市场营销部电话：023-68868624
印　　刷：重庆恒昌印务有限公司
成品尺寸：185 mm×260 mm
印　　张：13.75
字　　数：325千字
版　　次：2024年10月第1版
印　　次：2024年10月第1次印刷
书　　号：ISBN 978-7-5697-2705-0

定　　价：88.00元

区域国别学何为?

崔延强

《希腊研究》,作为中希文明互鉴中心旗下的专业性辑刊,在同仁们的集体努力下,在作者们的鼎力支持下,经紧锣密鼓、翔实周密的筹备而终于付梓了!这不仅是我们古典学者所怀揣着的一份对中希两大古老文明的深沉的礼赞,更是社会科学学者们所希冀的一种试图从古老智慧中吸取力量来观照当下世界问题的有益探索。

我们把《希腊研究》定义为一种以希腊和欧洲国家为主要研究对象的专业性辑刊,从领域上应属于区域国别学范畴。我们欣喜地看到,区域国别学在经过一段长时间的争鸣之后,终于尘埃落定,成为一门学科,而且被归为"交叉类"学科。然而,对区域国别学的学科基础、领域划分、学术范式、研究方法等"三大体系"问题的讨论并未终结,有待进一步明确的问题依然存在。从历史迁延来看,我国"区域国别学"的生成史基本从世界史、外国语言文学、国际政治学、国际关系学、外交学、传播学等学科源流汇聚而来,总体涉及历史、语言文化、国际政治三大学术传统,其学科跨度之大、研究对象之广、研究范式之多元,大概是文科领域目前最为气象万千的交叉学科之一。

"交叉学科"或"学科互涉"(interdisciplinary)、"多学科"(mutidisciplinary)、"超学科"(transdisciplinary)、"跨学科"(crossdisciplinary)等概念是20世纪后半叶兴起的新兴学科范式,旨在突破单一学科规训带来的视野局限性,催生新知识的产生。问题是不分学科的,视角是多元的。拆除学科壁垒,疏通学科沟渠,在学科边界上作业(boundary work),用心是高远的。但毋庸置疑,在实际运行中,这些学科模式又是困难重重的。学理融通已实属不易,学术组织体系的运行更是步履蹒跚。谁交叉谁,谁跨谁,教学科研人员如何核定跨学科绩效,就是一个复杂工程!交叉学科是学术界的一道超级难题。现行交叉学科学术组织运行模式基本停留在以某个大质量的恒星学科为主体,绑定一些松散的卫星学科,指定它们绕其旋转的阶段。转动一段,卫星学科往往闪烁不定,漂移出离了,留下一个孤独的恒星原地踏步。那么,多学科、跨学科、交叉学科究竟有没有可能形成新的学科主体?如果有可能,又是什么成为其之所以雷声大雨点小、会上热闹交叉会后单一寂寥的根本原因?

作为学科目录上新生代的区域国别学能否走出这一现实困境?大概,付诸行动比纸上谈兵更有价值！王阳明的知行合一说的不是先知后行，建构活动从来就是边行边知，边做边建。我们应从学术理念和学术组织上进行双向建构，勇于走出一条前所未有的路。中希文明互鉴中心的规划建设，正是基于多学科融合交叉的学理考量与学术实践互为表里的有益探索，而《希腊研究》便是这个探索过程的初生儿。我们从学理上，其一是不把区域国别研究指定为或固化为某个主体学科，然后确定其他卫星学科，不做画地为牢、屏蔽其他学科的学术部落酋长，而是"众声喧哗"，吸引多学科、多视角讨论核心问题。区域国别学不是史学、语言文学、国际政治学等任何单一学科（monodisciplinary）所能为，它是一个学科集合在共同边界上的集体作业。其二，既然是学科集合，也就不急于，也不太可能过早地固化区域国别学的研究范式和研究方法，而是同步呈现不同学科的话语方式，主张"兼性思维"，鼓励定性与定量分析并举，规范性和实证性研究共存，在不断碰撞和借鉴中逐步沉淀为交叉学科"边界作业"的方法论特质。提前圈定交叉学科研究方法，本身就是试图切断多学科营养通道、枯萎自身的尝试。其三，如胡适博士讲，做学问当从大处着眼，小处入手。这大处可理解为历史语境、时代精神、宏大命题，小处可解读为聚焦当下具体问题、于精细环节用功、在痛痒处着力。区域国别学也当遵循这种治学理念，大问题小切口，以小见大，发微洞幽，而非仅仅停留在宏大叙事上。区域国别学研究既非以史代论，也非有论无史，更非无史无论的经验白描和堆砌，而是一种在历史与理论观照下的富有思想张力的现实问题的实证研究。当然，这是一种相当高的目标要求了。虽不能至，然心向往之。区域国别学是一个开放的学科体系和学术体系。《希腊研究》愿开辟一块基于多学科研究某国某域现实问题的园地，也许不久的将来，撒落几粒种子，长出几棵属于这个场域自身的大树，支撑起一片"超学科整合"（transdisciplinary integration）的绿茵。这有赖于园丁们的集体汗水！是为发刊词。谨与同行共勉！

《希腊研究》第一辑

目 录

文化解读

关于"希腊性"的多视角解读
　　……………………斯特里奥斯·维尔维达基斯；张鹏举　何叟熹　崔延强　003
斯多亚派的世界主义与环境伦理学
　　………………………………………西蒙·肖格里；张鹏举　吕　燕　崔延强　014

教育探索

后危机时代的希腊高等教育：问题、对策与启示　…………何叟熹　崔延强　031
多元宗教及文化背景下的希腊跨文化教育　………………曾琳雅　胡　航　046
令人印象深刻的科学教学实验展示了"齐普罗"——大学实验室里的
希腊传统精神　………………迪米特里斯·克拉克斯；傅厚力　胡　航　065

法律研究

现代希腊法律体系考察 ·· 齐　静　077
社区、报纸和法庭上的罪行和罪责——（希腊）克里特岛的血仇社会案
　　·························· 阿里斯·采安提洛普洛斯；陈跃辉　091
《希腊法律概论》评述 ·· 张润洁　齐　静　105

案例分析

如何让文明活起来？——文明互鉴智能计算与决策实验室设计方略
　　·························· 胡　航　王家壹　曾琳雅　许文飞　傅厚力　123
希腊考古遗址的利用与保护：1975—2018年的政策与实践
　　·· 卡特琳娜·哈祖拉基；李知非　140

人文交流

浅析中希合作现状与展望 ·· 叶心童　齐　静　159
丝绸之路上的古典学探源：西北师范大学与雅典大学交流项目
　　·· 冯则程　张文静　171
对外传播视域下中华优秀传统文化的传承与创新——基于中希文明互鉴青年行—希腊帕特雷大学2023年暑期艺术、历史、哲学夏令营案例 ········ 俞修齐　马小红　181

成果综述

古希腊罗马哲学学术研究成果综述 ·························· 吕　燕　张鹏举　195
附：2020—2024年国内古希腊罗马研究重要成果 ························ 202

文化解读

关于"希腊性"的多视角解读

作者：斯特里奥斯·维尔维达基斯
译者：张鹏举　何臾熹　崔延强

摘　要："希腊性"是研究希腊民族、社会、文化的核心主题，它是希腊民族因主客观因素而形成的特有的身份认同，是对希腊民族及其文化的自我觉识和自我认定。本文从希腊性的意义、希腊性的特征以及规范性建议三个方面展开论述，着重展现了解读希腊性的多重视角，即"象征－考古学的观念""浪漫－有机的观念""现代主义美学的态度"和"后现代的态度"。本文指出解读"希腊性"关键在于是否可以生成一种规范性的思想，以帮助我们更好地批判地理解希腊的遗产及其对于今天的重要性。

关键词：希腊性　身份认同　民族认同　文化认同

作者斯特里奥斯·维尔维达基斯（Stelios Virvidakis），1955年生，博士，雅典国立大学历史与科学哲学系哲学教授，中希文明互鉴中心指导委员会主席，（雅典　999028）。译者张鹏举，西南大学外国哲学博士研究生（重庆　400715）；何臾熹，西南大学"中国－希腊文明比较"专项博士研究生（重庆　400715）；崔延强，中希文明互鉴中心中方主任、首席专家，西南大学教授、博士生导师（重庆　400715）。

一

本文的话题可以通过多种方式展开讨论。其实，人们可能不单对其核心主题感兴趣，而且对我将采纳的研究视角也感兴趣。无论如何，读者可能已经在一定程度上思考过这一难题，即决定特殊的希腊身份认同（Greek identity）意识的主观因素和客观因素，以及在

---

* 本文系教育部哲学社会科学研究后期资助重大项目"希腊怀疑论经典《反逻辑学家》译注"（批准号：22JHQ002）阶段性成果。原文标题为"The Puzzle of Greek Identity"，载于 Shahin Aawani (ed.), *Salik-i-Hikmat* (*The Wayfarer of Wisdom*), *Essays in Honour of Professor Gholamreza Aavani*(Tehran: Iranian Institute of Philosophy and Iranian Philosophical Society, 2014), pp. 95-107.

不同语境下通常使用的"希腊性"(Greekness)一词让人感到困惑的含义。要充分阐释相关问题,理当需要综合运用观念史学、社会学、社会心理学、政治学和文化人类学的概念工具和方法论。就此,因为我并非社会科学家,并且也没有任由我使用的关于整个希腊民族信仰、风俗和习惯近来演变的可靠实证材料,所以我的讨论仅限于一种导论,针对某些杰出的希腊知识分子,包括历史学家、艺术家、作家和哲学家的文化自我觉识进行批判性评估。就我自身而言,我力图聚焦于本研究所诉诸的"自我觉识"(self-awareness)和"自我认定"(self-determination)等概念的哲学解释,但我将避开抽象的哲学思考,大多利用现当代希腊观念史以及现代欧洲观念史中的一些材料,因为它们提供了一种关于希腊及其历史的"外部"视角。我还应当承认我的分析含有规范性的意图,因为我将提到这类身份认同意识所涉及的伦理和政治层面的问题。

在下文中,我一开始会论及构成特定"民族认同"(national identity)核心的独特"文化认同"(cultural identity)这一主导概念的意义。上述"认同"应该是在东地中海部分地区的长期历史发展过程中塑造的,是融合一些基本的文化要素并抵制外来文化同化的综合作用的产物。之后,我会集中讨论"希腊性"的特征,此特性为那些据说具有相关认同并以不同方式表达这一认同的人所具备。我考虑到一些独特的方式或态度,借此不仅在理论上把握"希腊性",而且也考察它在希腊社群和个人生活中具体表现的可能形式。我在本文的末尾提出了些许建议,有关如何研究那些持有传统和当前主流观点的代表性思想家对其中一种或多种视角的借鉴和使用情况。这样的研究可以帮助我们揭示它们在促成民族和文化自我觉识方面,以及在一定程度上塑造实际生活方式的方面最终扮演的角色。正是在这一点上,我一再强调这些态度的实际影响和伦理意义,由此斗胆提出自己的规范性建议。

二

事实上,指明那群可被称作希腊人或希腊民族(the Greek、Hellenic nation)的人群所持有的独特"认同"中的关键方面或要素,也许并不困难,真正难的是评估它们彼此相较的重要程度,并说明它们是如何整合在一起的。[1]一批对20世纪和21世纪的希腊感兴趣的社会科学家、艺术家和知识分子针对"今天的希腊人是谁?""他们与其过去,与世界其他地方如何联系在一起?"等关键问题做出了不同回答。首先,我们应该设法分辨影响希腊人或多或少形成共同的自我理解的因素,以及决定外国人、近邻或远邻、中立观察家、希腊文化崇拜者、过去和现在的盟友和敌人观念变化的类似因素。即便某人接受关于民族认同的彻底的建构主义观念,而非本质主义观念,并且可能赞同本尼迪克特·安德森(Benedict Anderson)关于民族是"想象的共同体"的描述,[2]他可能仍要进行谱系学上的研究,以寻求想象中建构"希腊性"(Greekness、Hellenicity)的各种要素。其后,他会试图理解这些要素是如何组合在一起的。于是,他似乎碰到一个"谜题",它在某种意义上既是需要解密的谜团,也是需要以恰当的方式拼合起来的拼图。在本文的这一部分,我将展示这个"谜题",并展现在过去两个世纪里被提出的主要"解决方案"。就此,我的评论试图结合多个可能不相容的视角,一方面与我自己作为一个希腊人的主观意识有关,我有意识和无意识地受到不同层次教育的影响;另一方面有关一种纯粹的概念分析的哲学方法,既是描述性的,也是规范性的。

希腊民族身份认同的情况的确常常被认为是相当特殊的。普通希腊民众所接受的官方历史叙述强调了一种所谓跨越三千年的连续性(continuity),横贯古代、中世纪(拜占庭时期)和现代。历史学家康斯坦丁·帕帕里戈普洛斯(Constantine Paparrigopoulos)在其《希腊民族史》(History of the Greek Nation,1850—1874;希腊语为 Historia tou Ellinikou ethnious,1850-1874)中详细阐述了这一点,以此作为针对奥地利历史学家雅各布·菲利普·法尔梅雷耶(Jakob Philipp Falmereyer)否认这种连续性的回应。帕帕里戈普洛斯指出,法尔梅雷耶的论点适用于"种族"连续性,但就"文化"而言是无效的。[3]首先,人们可以说希腊民族从古至今是同一的,因为明显的证据就是共同的语言,尽管它经历了从古希腊语到现代希

---

[1] 一些希腊知识分子坚持"Hellas"和"Hellenic",而非"Greece"和"Greek"。后者源自拉丁语("Graecia""Graeci"),在某些语言和传统的特殊使用中含贬义,前者突出与古希腊的联系。还应注意日常用语"Romioi"和"Romiosyni",其指拜占庭时期后的希腊人,与奥斯曼统治下的痛苦经历有关。拜占庭帝国被称为"东罗马帝国",臣民被称为"Romaioi"或"Romioi"。对穆斯林来说,这个帝国被称为"Rum",土耳其人则称所有信奉伊斯兰教的希腊人为"Rumis",现在称希腊为"Yunanistan",源于"Yunan"("Ionian"),即"古希腊"之意。关于"Romiosyni"概念的重要性及积极和消极方面的细微差别,参见 Patrik Leigh Fermor, *Roumeli: Travels in Northern Greece* (London: John Murray, 2004), pp. 96-125. 费尔默(Fermor)提到"古今希腊困境"(Helleno-Romaic dilemma),以表现代希腊思想中的"对立"或"分裂"。"Hellene"代表亲西方、纯粹的理想,符合古典希腊的价值观,而"Romios"代表更大众、现实的范型,体现了拜占庭时期和奥斯曼占领时期历史经验中出现的美德和邪恶。这些概念大致分别对应下文所述第一种和第二种研究"希腊性"的方法。在希腊多年的外国学者谢拉德,对"西方的希腊之友"(Western Philhellenes)所信奉的"希腊主义"(Hellenism)持批判态度,参见:Philip Sherrard, *The Wound of Greece: Studies in Neo-Hellenism* (London and Athens: Rex Collins & Anglo-Hellenic, 1978).

[2] Benedict Anderson, *Imagined Communities: Reflections on the Origin and Spread of Nationalism* (London: Verso, 1991).

[3] 关于希腊史学,参见:Alexander Kitroeff, "Continuity and Change in Contemporary Greek Historiography", in *Modern Greece: Nationalism and Nationality* (Athens: Sage-Eliamep, 1990), pp. 143-172.

腊语的演变。[1]其次,我们可以提到一种所谓的"核心认同"(core identity)的意识,这种认同源自独特的、多样的文明,起初出现在古代的巴尔干半岛,不久传播至小亚细亚海岸、西西里岛和意大利南部。根据主流历史叙述,这种认同意识的内核被认为在拜占庭时期幸存下来,直至19世纪初历经多次变异和危机。尤其重要的是,有观点认为在法国大革命前后的欧洲意识形态氛围的烘托下,在18世纪逐渐促成"民族觉醒"(national awakening)。因此,在反抗奥斯曼帝国的独立战争后建立起来的现代希腊国家可以宣告自己拥有辉煌的历史,恢复了在长达近四个世纪的统治下被压制的认同意识。

过去两个世纪,众多的知识分子努力建构起这种连续性的观念,拒斥那种主张认同意识中断的令人生厌的观点,并据此认为实现了一种综合,即将东西方对立的因素结成了一个整体。希腊的"民俗学"(laography、Volkskunde)是一种相对原始且意识形态充沛的社会科学,是基于田野调查和经验的文化人类学——研究民歌、仪式和习俗,旨在揭示可以追溯至古代的思想观念、风格主题以及社会生活的整体形式。知识分子阐明了在不同阶段对希腊思维(Hellenic thinking)的重构,意在展现这种所谓的综合,即将异教的希腊世界观与基督教正统世界观统一起来。事实上,"希腊-基督教"(Helleno-Christian)文明这一概念最早在拜占庭帝国的文化机构中得以成形,由学者斯皮里东·扎姆贝利奥斯(Spyridon Zambelios)明确提出并捍卫。他和"民族诗人"狄奥尼修斯·索洛莫斯(Dionysios Solomos)是一类人。这一概念成为现代希腊国家官方意识形态的核心组成部分。[2]

此外,艺术家、诗人和作家被认为有意识或无意识地竭力给出关于"希腊性"(Hellinikotita)的新表达。在这里,应该主要提到一批"30后"作家所做的贡献,他们在大多数情况下试图将独特的希腊身份认同的审美和文化观念与现代主义以及对政治世界主义的承诺相结合。[3]"希腊性"曾经被,也许仍要被某些思想家视为一种独特精神体验的主要特征,它以不同的方式反映在艺术的以及更普遍的文化表达中,甚至在日常生活方式中

---

[1] 事实上,希腊语本身的连续性问题也存在争议。这种连续性具有明确的意识形态意味,部分反映在官方历史叙述所呼吁的连续性的标准中。我们会在后文回到对这点的讨论。

[2] 参见:Michael Herzfeld, *Ours Once More: Folklore, Ideology and the Making of Modern Greece* (New York: Pella, 1986). 赫兹费尔德(Herzfeld)特别强调"laografia"的意识形态特征,并将其描述为"一门关于民间风俗的国家学科"(p.13)。另见赫兹费尔德最近的论文,Michael Herzfeld, "National Spirit or the Breath of Nature? The Expropriation of Folk Positivism in the Discourse of Greek Nationalism", in *Natural Histories of Discourse*, eds. Michael Silverstein and Greg Urban (Chicago: The University of Chicago Press, 1996), pp. 277-298. 我们应该注意到,关于"希腊-基督教"的文化综合,有许多哲学家认为古典希腊的"世界观"(Weltanschauung)不能与基督教理想相调和。此外,可参见:Cornelius Castoriades, *Ce qui fait la Grèce. I. D'Homère à Héraclite. Séminaires 1982-1983. II. La Création humaine* (Paris: Seuil, 2004). 该书讨论民主与哲学之间的关系及它们在古希腊诞生的意义。

[3] 被称为"30后一代"的作家和艺术家群体或多或少包括受到超现实主义启发的希腊诗人,如安德烈亚斯·埃姆比里科斯(Andreas Embirikos)、尼科斯·恩戈诺普洛斯(Nikos Engonopoulos)、奥德修斯·埃里蒂斯(Odysseus Elytis, 1979年诺贝尔文学奖得主)和乔治·塞菲里斯(George Seferis, 1963年诺贝尔文学奖得主)。他们受到保罗·瓦莱里(Paul Valéry)、T. S.艾略特(T. S. Eliot)以及乔治·西奥托卡斯(George Theotokas)等散文作家的影响。

也可以看到。①因此,考古学家、艺术史学家和文学评论家进行了各种尝试,以求更准确地描述它,一些哲学家和神学家则尝试对其进行定义。②最近,一帮所谓的"新正教"(neo-orthodox)知识分子,即那些直接或间接地受到俄罗斯侨民神学家影响的基督教思想家,形成了一个堪比俄罗斯的斯拉夫派的团体。③不幸的是,他们经常强调希腊民族不仅独一无二,还具有所谓的文化优越性。在迷惑性极强的哲学观伪装下,他们经常鼓吹民族主义的调子。④有时,他们索性谈论起希腊民族特殊的历史"命运",这不过是来自德国哲学传统中危险的浪漫主义思想的回声。⑤

然而,一批历史学家反对上述认为存在超过3000年几乎不间断的连续性的观点,也

---

① "Greekness"普遍用以翻译"Hellinikotita"一词,尽管那些希望避免使用"Greek"派生词的人可能更倾向于使用"Hellenicity"(参见上文第一章关于"希腊人"和"希腊民族"的注解)。关于考古学在阐述希腊身份认同概念方面的重要性,参见:Yannis Hamilakis, *The Nation and Its Ruins: Antiquity, Archaeology and the National Imagination in Greece* (Oxford: Oxford University Press, 2007); Dimitris Damaskos and Dimitris Plantzos, *A Singular Antiquity: Archaeology and Hellenic Identity in Twentieth-century Greece* (Athens: Mouseio Benaki, 2008).

② 这种独特的"思维和感觉方式"以多种方式,并以通常相互冲突的方式被描述。有观点认为,这些方式把握住了跨越诸世纪的希腊民族性格的特征。因此,它被描述为具有个人主义和创造力等特质,也与希腊民族的性格缺陷(如缺乏纪律、不服从权威、容易产生纷争和冲突、懒惰等)有关,但同时也表现出不忽视个体重要性的"以社会为中心"的政治承诺、有分寸感、人性、和谐、对立的和解、尊重"理性"、对限制和人的限度的意识、对生活的悲剧感、正义感、英雄主义、自主能力、热爱自由、对感官愉悦的恰当肯定、热情、自豪和慷慨。诗人,如奥德修斯·埃里蒂斯主张一种独特的"明度"(clarity)——不是浮于表面的、理性主义的性质——它伴随着"清澈"(limpidity)和"透光度"(transparent depth),并得益于自然中希腊光线充足的特殊事实。左翼历史学家尼科斯·斯沃罗诺斯(Nikos Svoronos)也谈到了一种"抵抗精神",据说它激发出一系列面对东南欧交汇处的外部威胁和侵略者的同仇敌忾和英勇无畏。斯沃罗诺斯最初用法语撰写了他的短篇著作《现代希腊史》,参见:Nikos Svoronos, *Histoire de la Grèce moderne*, Paris: Presses Universitaires de France, 1972 (1955). 他在一次采访中进一步阐述了这一思想,该采访被收录在他的著作《历史的方法》(*I Methodos tis Historias*)当中,参见:Nikos Svoronos, *The Method of History* (Athens: Agra Publications, 1995), pp. 159-160. 上述所有特征通常被认为是经过数世纪的积累而形成的文化特性,可以归因于希腊人所处的特定地理区域的生活状况(与景观、自然资源、气候等相关),尤其是与他们漫长而历经坎坷的历史经验相关,这些经验保存在集体记忆和大众想象中。

③ 在这些"新正教"和"希腊中心论"(Hellenocentric)的思想家中,最杰出的是神学家和哲学家克里斯托斯·雅纳拉斯(Christos Yannarás,也常拼写为Giannarás)。他受到海德格尔等哲学家的影响,鼓吹超越西方形而上学传统,并广泛借鉴东正教神秘主义神学。他提出了一种独特的社群主义的政治愿景,这体现了一种存在主义"道德"。据说,其原型来自希腊东正教会的传统。雅纳拉斯著述颇丰,其主要作品的英译本包括《道德的自由》(Christos Yannarás, *The Freedom of Morality*, New York: SVP, 1984)、《后现代形而上学》(Christos Yannarás, *Postmodern Metaphysics*, Brookline, MA: Holy Cross Orthodox Press, 2004)、《上帝的缺位和不可知性》(Christos Yannarás, *On the Absence and Unknowability of God: Heidegger and the Areopagite*, London: Continuum, 2005)、《东正教和西方教派》(Christos Yannarás, *Orthodoxy and the West*, Brookline, MA: Holy Cross Orthodox Press, 2006)。

④ 参见:Stelios Virvidakis, "La querelle Les droits de l'homme à l'épreuve de la politique", *Rue Descartes* 51.1, (Janvier 2006), pp. 47-58. 另见:Stelios Virvidakis, "National Identities, Epistemic and Moral Norms and Historical Narratives", Forth-coming in Proceedings of the Fifth Balkan Philosophy Seminar (Maltepe).

⑤ 然而,我们应注意到,"命运"一词通常在未对实质性的形而上学或目的论世界观做出承诺的情况下使用。参见:Kostas Axelos, "Le destin de la Grèce moderne", *Esprit* 216.7 (1954). 阿克塞洛斯的文章对当代希腊社会提出了一些洞见,这些观点对于研究侨居海外的希腊人的文化自我觉知有参考价值。后来,阿克塞洛斯主要根据海德格尔的思想发展出一幅更为天马行空的哲学图景。

反对存在一种如同藏匿于蚕茧中的"桑蚕"这一实体那般的身份认同(虽然经历变异,但仍保持其"深层的"核心)的观点,因为他们谴责其中潜在的本质主义和目的论意图,还担心其政治后果。人们经常指出,这些观点显露了未经证实的形而上学假设,而这些假设也应该从任何严肃的历史叙述中清除出去。甚至就"相同语言"的观念而言,希腊语从迈锡尼时代至今经历许多阶段的演变而存在不同的形式,而语言学家坚持一种关于口头语言一致性的严格标准,所以他们大多基于语法、句法和语义上的考量对此观念予以驳斥。事实上,许多当代语言学家在谈论古代、中世纪和现代希腊语时,更倾向于称它们是不同的语言。[1]总之,将"希腊性"的特征构想为一组跨越诸世纪的希腊文化的常性,充其量是艺术和哲学想象的投射或臆造——通常与流行的固有印象相关——它们可以并且应该成为批判性历史学、社会学和人类学审视的对象。从自由的道德和政治观点来看,它们在民族主义的语境中玩弄意识形态,让人无法接受。

尽管如此,人们仍可以不反对最终承认"在相当程度上的"文化连续性,对此也不必诉诸那些存有争议的形而上学的和评估性的假设。正如历史学家科斯塔·卡拉斯(Costa Carras)所主张的那样,将独特的语言和文化"核心"发展成一个或多或少同质的希腊民族这一过程,可以被视为涉及"对早期民族和宗教认同的剪裁和修饰"。[2]然而,形成民族实体所需的"剪裁"和"修饰"遵循一种建构模式(远远超出了所谓原始元素的简单发现和组合),最终将在巴尔干半岛的某些地区确立其身份认同,并构成一个民族国家。其实,还存在着许多微妙的问题:这种身份认同的本质及其演化方向,以及与其他身份认同为争取被确认并强化自身在相同或相邻地域的影响力而产生的冲突。它在很大程度上是在与这些"他者"的冲突中被定义的。

三

根据迪米特里斯·齐奥瓦斯(Dimitris Tziovas)的观点,我们可以区分出几种不同的视角或观念。它们体现在前文总结的那些考察希腊民族(the Greek nation)的产生及其遗产

---

[1] 凡涉及希腊语言及其不同变异、它们之间的共同点以及它们历经数世纪的演化的语言学和意识形态问题,对此研究的不同方法,可参阅以下文献:Antonis Liakos, "'From Greek into our Common Language': Language and History in the Making of Modern Greece", in A-F. Christidis(ed.). *A History of Ancient Greek: From the Beginnings to Late Antiquity*(Cambridge: Cambridge University Press, 2007), 1287–1295; Peter Mackridge, "A Language in the Image of the Nation: Modern Greek and Some Parallel Cases", in *The Making of Modern Greece: Nationalism, Romanticism & the Uses of the Past (1797-1896)*, eds. Beaton R. and Ricks D. (Farnham: Ashgate, 2009), pp. 177–187 ; Karen Van Dyck, "The Language Question and the Diaspora", in Beaton R. and Ricks D. (eds), *The Making of Modern Greece: Nationalism, Romanticism & the Uses of the Past (1797–1896)*(Farnham: Ashgate, 2009), pp. 189–198;另见:Peter Mackridge, *Language and National Identity in Greece: 1766-1976*(Oxford: Oxford University Press, 2010).

[2] 参见:Costa Carras, "Greek Identity: A Long View", in *Balkan Identities: Nation and Memory*, ed. Maria Todorova (London: Hurst and Company, 2004), pp. 294–326.

的主要传统方法中,[1]包括:

第一,象征-考古学的观念(symbolist-archaeological conception)。这一观念在很大程度上是从西方引进的,符合新古典主义理念,强调古希腊文化的"伟大",并推崇其价值观。采纳这种观点的人——如18世纪和19世纪的外国"希腊之友"(Philhellenes)——经常表达自己的失望,因为当代的希腊人不能再现其先祖的荣光。[2]前人的成就是当今希腊人难以企及的典范。

第二,浪漫-有机的观念(romantic-organic conception)。这一观念鼓励我们探索希腊民族从其古代起源,后经数世纪至今的演化。这一观念构成主流历史叙述的基础,维系"希腊-基督教"融合的观念,即从拜占庭时代末期开始,延续到奥斯曼统治的黑暗时期,古典时代遗产与拜占庭传统相结合,由此促成其现代复兴,最终形成了新欧洲国家的民族意识形态的基础。据此方法,"希腊性"不仅存在于过去的文物中,还存在于集体记忆、民间文化和普通人的生活方式中,只要这些都能够保留下来,而不被当代技术进步和消费主义思维所摧毁。[3]

第三,现代主义美学的态度(modernist-aestheticist attitude)。这一态度的阐发与"30后"一代人的文艺运动联系在一起。它将希腊性视为一个"动态的审美原型",影响了共同享有希腊土地上自然资源的所有人的表达方式。有观点认为,对"希腊性"的把握,是通过对潜在文化因素的共有继承物的觉识实现的。关于"希腊性"与共同希腊遗产的可能关系,其支持者表达了一种更为微妙、更为宽泛的观点,并没有预设关于"希腊性"的本质主义、形而上学的解释。可不幸的是,它仍可能导致另外的,但也许同样存在问题的保守审美的神话版本。[4]

---

[1] 迪米特里斯·齐奥瓦斯是伯明翰大学现代希腊研究所的教授。我以下的讨论基于他的文章《希腊性和"30后"一代人》,参见:Dimitris Tziovas, "Greekness and the Generation of the 30s" ("Ellinikotita kai I genia tou '30"), *Cogito* 6 (May 2007), pp. 6-9. 另见:Dimitris Tziovas, *The Transformations of Nationism and the Ideology of Greekness in the Interwar Period* (*I metamorfoseis tou ethnismou kai to ideologima tis ellinikotitas sto Mesopolem*)(Athens: Odysseas, 1989).

[2] 亚当安提奥斯·科莱斯(Adamantios Korais)是持有这种态度的典型学者。他是希腊启蒙运动的代表人物,生活在18世纪末和19世纪初的法国,即反抗奥斯曼帝国的独立战争以前及该战争期间。读者还可以研究那些游历希腊的人所写的见闻录。关于新古典主义理想的不同方法,请参见上文注解提到的Yannis Hamilakis (2007)和Dimitris Plantzos and Dimitris Plantzos (2008),另见谢拉德的著作。

[3] 第一种观念强调了希腊文化中的"原生希腊"(Hellenic)维度的重要性,而第二种观念则整合并强调了"东罗马帝国的"(Romaic)。可参见本文的第一个注解,以及:Michael Herzfeld, *Ours Once More: Folklore, Ideology and the Making of Modern Greece*, op.cit. 另见上述比顿(Beaton R.)和瑞克斯(Ricks D.)的著作。关于现代希腊文学的一种有趣的批判性方法展示了与基督教东正派信仰有关的"浪漫-有机的观念"的版本,参见:Zissimos Lorenzatos, *The Lost Center and Other Essays in Greek Poetry*(Princeton: Princeton University Press, 1980).

[4] 要了解这种方法的典型表达,可参见塞费里斯(Seferis)的论文:George Seferis, *On the Greek Style*, Selected Essays in Poetry and Hellenism, Athens: Denise Harvey, 1982. 另外,还可以参考塞费里斯与哲学家康斯坦丁·萨索斯(Constantine Tsatsos)的辩论中所表达的关于现代诗歌的观点。在这场辩论中,萨索斯大体上捍卫一种本质主义的希腊性观念,宣称这是希腊艺术创作从古代一直延续到20世纪的特征。参见:G. Seferis and C. Tsatsos (in Greek), *A Dialogue on Poetry* (*Enas Dialogos gia tin Poiisi*)(Athens: Hermes, 1988).

第四,现在,齐奥瓦斯倾向于第四种态度,即后现代的(postmodern)视角,他将其称为批判性或讽刺性的态度。这种态度或许可以在更早的作家那里找到迹象,比如康斯坦丁·卡瓦菲(Constantine Cavafy),他可以说是最伟大的现代希腊诗人。[①]"希腊性"因此被相对化,似乎甚至被剥夺了构成现代主义美学观点特征的那种抽象的和动态的统一性。它可能被视为一个开放的,但实际上空洞的概念,与我们当代的多元身份(如欧洲人、世界公民、国际主义者等)相符。所以,它也不再能成为任何反动的民族主义意识形态的基础。问题是,这样的观念会不会导致"希腊性"的泯灭或崩塌,从而损害了对其发现、阐发和最终秉承的一切兴趣?难道我们甘愿支持这种全面解构的尝试?

四

我认为,我们应该专注于阐述和应用上述第三种或第四种方法,或者两者兼用。我们必须问自己,当我们要消除希腊身份认同这一困惑的时候,以上种种方法是否可以生成一种规范性的思想,以帮助我们更好地批判地理解希腊的遗产及其对于今天的重要性,无论这种重要性是对于希腊人还是非希腊人,在欧洲或者欧洲之外。值得考虑的是,尝试将这两种方法在灵活而融贯的立场上结合起来有没有意义。但是,这是一个规范性的建议,我们将在最后再讨论此问题。对此,尽管在本文引言中表达了一些保留意见,但我们仍可以试图考察上述所有路径在决定文化自我觉识方面发挥重要作用的不同方式和程度。这不仅关乎知识分子的,也关乎不同社会阶层的希腊人的觉识。另外,也许我们可以设想这种自我觉识如何反映在他们的生活方式当中,并思考其更广泛的伦理意义。当然,如此复杂的任务无法在几页纸上完成,我们在此将要讨论的内容可视为对新问题的一种考察,对进一步研究的原则的一种思考。

事实上,人们不得不考虑到关于希腊性的前两种视角,即"象征-考古学的观念"和"浪漫-有机的观念"仍然以不同的方式并在不同的层面,通过国民教育体系、一部分希腊东正教会的神职人员的传道、大众传媒和政治话语,直接或间接地传播给年轻一代。第三种现代主义美学的态度也主要通过艺术和文学教化传播,通常表现为更精致的教育。可以说,尽管这些视角之间看起来不兼容,也不互补,但它们如今已经在不同的阶段和程度上被官方保守意识形态所秉持。现在,第一种观念的一部分已经过时,但第二种观念仍然非常活

---

① 当然,对卡瓦菲的这种后现代主义解读需要阐释,而这种阐释的方法论前提饱受争议。对卡瓦菲诗歌的相关解读,参见:Gregory Jusdanis, *The Poetics of Cavafy: Textuality, Eroticism, History* (Princeton: Princeton University Press, 1987).

跃,并为教会介入国家事务提供了意识形态基础,这是不幸的。[①]甚至一些老派的左翼思想家和政治家,他们想要抵制资本主义经济全球化的上升势头,有时会诉诸一种爱国主义,鼓吹希腊民族这种具有连续性的价值观,声称希腊民族维系着某种重要的有机统一。不幸的是,他们最终与排外的民族主义者结盟。自由派政治家和精明的知识分子更青睐现代主义观点,他们希望维护和捍卫一种容易被接受的且富有弹性的"希腊性"概念,而这个概念可以融入当代开放的欧洲身份认同的框架。

然而,思想更激进的知识分子认为,避免或对抗民族主义的唯一途径是采取后现代主义的、批判的立场,这有助于我们解构模棱两可的"希腊性"概念,无论它是如何被臆造出来的。在他们看来,我们作为开放民主国家公民的自我觉识,致力于推动真正世界主义的、不断发展的文化,根本不需要封闭的和同质的民族认同。因此,我们完全承认需要用多元、多样化的身份认同丰富我们的传统遗产。希腊不仅是东西方的交界处和多文明的交汇点,还是多民族、多宗教和多社会元素的火热熔炉,因而找不到"希腊性"的确切清楚的特征。尽管这种立场具有吸引力,但目前不仅不被代表国家官方意识形态,寻求纯洁、稳定和一致的人所接受,而且不为大多数希腊人所接受,因为他们感到在这种立场的威胁下自己关键的心理维度面临缺失,而它是根植于内心的自我观念,即对自己是谁的理解。可以说,希腊人没有准备好颠覆已经根深蒂固的假设,这些假设影响了维系许多社会部门和教育实践的意识形态。更重要的是,他们或许不愿意失去一种安全感(尽管可能具有误导性),这种安全感因一种强烈的情感——觉识到拥有共同的民族认同,并属于同一个明确界定的文化传统——而存在。事实上,在这个处于严重的财政和伦理危机,且国家发现难以容纳越来越多的近东地区的移民的时代,这一点可能尤为正确。

现在,如我之前所提到的,我无法估量在何种程度上民族和文化的固有印象——在希腊人的普遍想象中再现并通过国家的意识形态机制加强——既决定了个体的自我意识,又仍在流行于当代社会的共同生活方式中得以体现。这样的任务需要精确的社会学和人类学的实地研究,再辅以有关这些固有印象对日常生活实际影响的心理学研究。显然,消费主义和拜物主义的价值观处于主导地位,流行于世,迅猛的技术进步影响了社会的方方面面,并且促进了全球交流,互联网的应用对全球的影响以及大众传媒不断加强的话语权,都使得保护和弘扬独特民族文化遗产变得异常困难。尽管如此,我们可以猜测某些习惯、风俗和流行的活动,关于所谓"真正"的传统价值观的信仰和信念,对外国影响的惯常反应模式,在现代城市和农村的建筑和工艺品中体现的表达形式,那些塑造了我们所认为的特定生活方式的审美偏好和道德觉察,都可能会透露指向特定历史起源的文化根性的

[①] 一些神学家和神职人员谴责了希腊东正教会所展现的民族主义倾向,拒斥他们所强调的"希腊主义"(Hellenism),将其视为一种民族-种族主义的异端邪说。这类宗教人士有君士坦丁堡的希腊宗主教巴尔多洛买和阿尔巴尼亚的希腊大主教阿纳斯塔西奥斯。相反,塞浦路斯东正教会的神职人员则表现出某种民族主义态度。实际上,许多保守的信徒都奉行的观点是信仰基督教东正教并参与教会生活正是现代希腊身份认同的一种基本特征。另见上文注解中提到的雅纳拉斯的著作(Yannarás, 1984、2004、2005、2006)。

存在,这些根性应该以系统的方式进行考察。因此,我们可以期待确认当今希腊人的"希腊性"是可能的,无论它如何被构想出来,是否具有共同历史的一以贯之的特征。①

在结束这个不可避免的粗略分析之前,我们应该简要回顾一下讨论中提到的规范性问题。对于寻找希腊文化认同,我们应该采取什么样的立场?我们应该如何对待关于这样一种想象之物的心理需求?它毕竟吸收并整合了从漫长的历史经验中继承下来的不同要素。有没有一种方法可以让我们保持相对纯粹的传统生活方式的特殊性,以拒斥世界全面一体化的模式,因为这可能会招致乏味和平庸的社会一致性,使得希腊人成为同质化的全球共同体(global community)的成员?我们的人文教育是否可以追求一个复合的"全球本土化"(Glocal)的社会生活理想,形成文化的自我觉识和自我确认,在不断发展的多样性和传统性中依旧保持其同一性,并形成一个将来自过去的丰富遗产融入面向未来的、面向外部的国际共同体的合作模式?这种教育理想又会有多大的实际效用呢?

当然,以本文简短的篇幅,我连开始讨论这些复杂的问题都不可能。这些问题需要跨学科和比较研究,涉及哲学、历史和社会科学的合作,并涵盖许多国家和不同地域文化传统的类似问题。我中意一种立场,这种立场在尊重普遍的伦理规范和价值观的同时,也允许我们对这一主张(我们某些方面的民族文化遗产具有与众不同的性质)的重要性持有扬弃的态度。②换句话说,正如我已经提到的,我不愿意一味追求具有讽刺意味的做法,即解构和摒弃有关"希腊性"的所有观念,但也不愿意选择复辟本质主义和目的论,或者纵容那种要求忠于真正原型的排外政治观。③这种视角的一致性、稳定性和实际成果将是另一项深入而费力的研究课题。④

---

① 与"希腊性"相关的种种典型固有印象,由知识分子阐发,并在普遍流行的叙述中再现,参见上文有关"希腊性"这种独特的"思维和感觉方式"的注解。
② 就此问题,我的立场接近于夸梅·安东尼·阿皮亚(Kwame Anthony Appiah)在他的著作中阐述和捍卫的观点。参见:Kwame Anthony Appiah, *The Ethics of Identity* (Princeton: Princeton University Press, 2005). 另: Kwame Anthony Appiah, *Cosmopolitanism: Ethics in a World of Strangers* (London: Penguin Books, 2006).
③ 我意识到这一谨慎而中庸的观点需要进一步解释和阐发,从而探索一个我们最终可能纳的开放的、无咎的和宽泛的"希腊性"概念。无论如何,即使我们接受了关于民族和文化认同的那种彻底的反现实主义的观点,甚至接受了解构主义的观点,我们仍然会在基本的认知和伦理规范方面拒绝这两种类似的方法,因为它们可能导致某种害人害己的虚无主义。对道德规范的一种基于现实的、中立的解释,可参见:Stelios Virvidakis, *La robustesse du bien* (Nîmes: Éditions Jacqueline Chambon, 1996).
④ 本论文的初稿于2010年9月在雅典举行的欧洲文化议会中的分会上陈述。该会的总体主题是"欧洲及其希腊遗产"(Europe and Its Greek Legacy)。我要感谢与会者,特别是佩尔·斯滕巴克(Pär Stenback)对此文的提问和点评。我感谢各位同事和朋友,特别是文淑辩(Moon Suk Byeon)、弗拉基米尔·格拉代夫(Vladimir Gradev)、丹尼斯拉娃·伊利耶娃(Denislava Ilieva)、瓦索·金(Vasso Kindi)、凯特·帕帕里(Kate Papari)和安娜·瓦西拉基(Anna Vasilaki)。感谢他们对本文修改的建议,并为我提供了重要的文献资料。完善后的论文于2010年11月在北京举行的"中国社会科学论坛"上作为参会论文,并于2011年5月在雅典的挪威研究所被同行评议。我还要感谢在此之后继续参与讨论的朋友,感谢他们提出的问题和意见,我将会在未来的研究中做出思考。

Investigation to "Greekness" from Multi-perspectives

Stelios Virvidakis

Zhang Pengju, He Yuxi, Cui Yanqiang (trans.)

Abstract: "Greekness" is the central theme of a study on Greek nation, culture, and society. The identity originated with both the objective and subjective factors is a kind of self-consciousness and self-determination of Greek nation and Greek culture. This paper deals with the significance and peculiarity of a particular Greekness, and sketches normative proposals for the investigation to it. Most importantly, this paper considered four perspectives on Greekness, including "symbolic-archaeological concept", "romantic-organic concept", "the attitude of modernist-aesthetics", and "postmodern perspective". This paper suggested that we have to ask ourselves whether these may be viable and useful as regulative ideas for confronting the puzzle of Greek identity, with a view to attaining a better critical understanding of the Greek heritage and of its eventual importance today.

Keywords: Greekness; self-identity; national identity; cultural identity

斯多亚派的世界主义与环境伦理学*

作者：西蒙·肖格里
译者：张鹏举　吕　燕　崔延强

摘　要：本文旨在重构古代斯多亚哲学对环境伦理学的核心问题的处理情况，即尤其从斯多亚派的世界主义的视角考察哪些自然实体具有内在价值，我们人类对待环境应当采取何种态度，以此确定某一环境保护案例在道德上是否具有正当性。一方面，斯多亚派的世界主义与当今的一些环保理念相契合，他们将"与自然和谐一致"的生活视为所有人的正确目的；另一方面，他们的思想中暗含人类中心主义，否认自然世界中任何非人类部分（非理性的存在）具有内在价值，而不应当予以道德关切。本文针对后一方面做出了批判性的评论，指出斯多亚主义必须接受改造，其结果将是一种能为更多的环境保护案例作辩护的理论。

关键词：斯多亚主义　环境伦理学　世界主义　人类中心主义　自然实体

作者西蒙·肖格里（Simon Shogry），牛津大学哲学系教授，主要研究柏拉图和希腊哲学，最近的研究领域为斯多亚派的逻辑学、认识论和伦理学（Oxford, OX12JD）。译者张鹏举，西南大学哲学系博士研究生（重庆　400715）；吕燕，西南大学哲学系博士研究生（重庆　400715）；崔延强，中希文明互鉴中心中方主任、首席专家，西南大学教授、博士生导师（重庆　400715）。

请试想如下的森林景色：流水潺潺，淌过林间，小鹿俯身啜饮清澈的溪水，鸟儿在古树冠上啁啾着，树上垂蔓丛生，昆虫密布。这里，许多动植物都濒临灭绝。虽然全面的科学调查尚未完成，但一家矿业公司报告称，开采森林中的木材和其他资源会显著提高收益。他们设想的举措将吸引大量投资，促进当地经济发展，并创造了大量的稳定就业岗位。

---

* 本文译自 Simon Shogry, "Stoic Cosmopolitanism and Environmental Ethics", in *The Routledge Handbook of Hellenistic Philosophy* (New York and London: Routledge, 2020), pp. 397-409.

环境伦理学的一项任务就是,通过阐明并捍卫普遍的环境价值论,说明上述开采作业在道德上是否正当。在阐释该理论时,环境伦理学家会确定哪些自然实体具有"内在价值"(intrinsic value)。这一专业术语可用不同方式理解(Jamieson,2008:68-75;Regan,1981:22),但就我们的目的而言,它归于如下解释:当且仅当某实体的利益在道德上是有意义的时候,它才具有内在价值。例如,这家矿业公司的钻头显然没有内在价值。至于钻头是否涂了油,是否在使用一次或一百次后被弃用——总的来说,钻头的状况和弃留——不是道德行动者在决定如何行动时应当考虑的问题。相反,任何具有内在价值的实体都值得我们予以道德关切(moral concern),即我们在评估是否采取对它有所影响的行动时,应当考虑它的利益。因此,环境价值论确定道德延伸到自然领域所达到的程度。我们设想的森林中的动植物——单个的动植物以及由它们组成的更庞大的生态系统——是否具有与矿业公司的钻头同等的道德地位?

当代环境伦理学的许多开创性研究(如 Routley,1973)都反对一种环境价值论——人类中心主义,即认为只有人类才具有内在价值。因此,在我们上面的案例中,为了判定开采作业是否正当,该理论会让我们考虑保护或破坏森林对现在和将来的人类有何影响,例如保护森林有什么美学和科学效益,以及破坏森林能有多大的经济价值。但是,该案例的其他特征则无关道德评估,因为人类中心主义否认森林中的动植物、河流和整个森林生态系统具有内在价值。从人类中心主义的观点来看,一切与人类无关的东西都在道德上与矿业公司的钻头没有分别。因此,尽管开采作业会掠夺、杀害和损伤森林中的非人类实体,但是这一事实除了会对现在或将来的人类产生影响之外,没有任何道德意义。

在过去的五十年里,环境伦理学家受制于人类中心主义众所周知的局限,于是对那些自然实体具有的内在价值做出了更为宽泛的解释(相关的一般性讨论,请参见 Campbell,2018:57-60)。有些环境伦理学家之所以摒弃人类中心主义,其动机在于,此种理论从根本上误解了人类在自然中的地位:与其把人类想象成一种居于主导地位的、占有一切的力量——这种态度被认为蕴含在人类中心主义当中——我们不如采纳一种谦恭的同位视角。另一些伦理学家还主张,人类中心主义是"物种主义",因为它将道德关切置于一种任凭设想的特征之上:某对象是否属于"智人"这类物种。无论如何,将道德关切的范围延伸至人类以外,非人类中心主义证明更多的环境保护案例是正当的。虽然我们仅仅引证环境保护对现在和将来的人类的影响,就有可能为许多相关案例做辩护——考虑到气候变化将对人类生活和经济活动造成的巨大损失——但如果一个人将内在价值赋予一切有感知的生物(Singer,2011,1975),或者一切生物(Taylor,1986),甚至生态系统(Rolston,1975;Naess,1973),乃至这个"大地"本身(Leopold,1949),那么环境保护的正当性就更容易得到阐明。

因此,当代环境伦理学研究哪些自然实体具有内在价值?我们人类对待环境应该采取何种态度,以此确定某一环境保护案例在道德上是否具有正当性?本文旨在考察古代斯多亚哲学——在古希腊和古罗马时代的早期阶段——是否有任何与这些当代研究项目相关的内容,并重构斯多亚派对这些环境伦理学的核心问题的处理情况。

在古代斯多亚派的理论中,我将重点讨论他们著名的"世界主义"(cosmopolitanism)——得益于最近所关注到的学术成果(Vogt,2008;Brennan,2005;Schofield,1991),我们现在对斯多亚派这方面的思想有了更好的理解。但是,要评估斯多亚派的世界主义如何处理环境价值问题,我们也需要考察斯多亚派的其他观点。我们之所以如此,是因为斯多亚哲学具有系统性、连贯性的特征。为了阐明和捍卫他们的道德理论,斯多亚派借助了他们关于自然世界的解释。的确,如果不注意斯多亚派物理学的核心观点,要理解他们的世界主义的立论动机便不可能——大致说来,世界主义就是宣称所有人都是同一个"cosmopolis",即"世界城邦"的一员,因而都有资格受到道德关切。

在某些方面,斯多亚派的物理学与当今的一些环保学者的观点非常契合。正如斯多亚派所设想的,宇宙是一个有生命的存在,是一个统一的有机体,每个人、动物、植物和岩石都是其中不可分割的一部分。因此,把人从整个自然中分离出来,这在斯多亚派的思想中是没有意义的。正如我们将看到的,这类物理学命题影响了斯多亚派的伦理观,他们将"与自然一致"的生活视为所有人努力奋斗的正确目标。因此,按照斯多亚派的说法,自然所展现的秩序和结构为人类提供了最好的生活样板。

然而,必须立即注意到的是,斯多亚派的伦理学,特别是他们的世界主义赖以建立的哲学基础与当今环境伦理学的主流理论截然不同。首要的是,斯多亚派是坚定的人类中心主义者。我们掌握的古代文献清楚地表明,斯多亚派认为正义不会延伸至非人类的动物,更不会延伸至植物或者"大地",因为只有人类拥有理性,而正义要求我们仅仅考虑那些拥有理性的行动者的利益。[①]在此,斯多亚派有效地否认了自然世界中任何非人类部分具有内在价值。这一观点也体现在斯多亚派的世界主义之中。虽然我们应当把任何一个人,不论他的地位如何,都看作我们整体中的一员,值得我们的道德关切,但任何动物或植物都配不上这种地位,因为它们缺乏理性。明显更糟的是,斯多亚派的物理学显而易见是目的论的。斯多亚派在许多情况下都认为,动物是为了人类被创造出来,植物是为了动物被创造出来。因此,从现代生物学的角度看,由他们的原则而来的种种观点即便不令人厌恶,也毫无希望地过时了。

鉴于古代斯多亚派思想中的这些有悖于主流的观点,评估他们的世界主义与当代环境伦理学的相关性就成了一项精细的工作。我们需要做的不仅仅是注意斯多亚派的观点被认为与当今环保文本之间表面上的相似性。本文试图通过详细考察斯多亚派自身隐微

---

① 斯多亚派将拥有理性视为唯一的"与道德相关的标准"(参见 Goodpaster,1978)。因此,爱比克泰德(Epictetus)这样评说驴子,如果它可能获得理性,"那么它将不再服从于我们……而将与我们平起平坐"[参见爱比克泰德的《论说集》(*Discourses*)2.8.8]。请注意,严格说来,斯多亚派认为神,还有人都拥有理性。因此,在非神圣的实体中,只有人类拥有理性。我先把这个复杂的问题放在一边,稍后再来考虑神圣理性的某些意蕴。[译者按:爱比克泰德的《论说集》(*Discourses*)后简写为"*Diss.*"。]

的观点,阐明它们如何可能与环境问题产生联系。这项工作绝不是简单地贴标签的过程。

首先,我将呈现斯多亚派对"只有世界城邦中的有理性的成员才……"这一命题的论证——例如,道德关切仅延伸至我们的人类同胞,不能做其他延伸——并在斯多亚派的物理学中探索这一观点的依据。其次,我将说明,斯多亚派的世界主义与其他的人类中心主义一样,允许对环境和对非人类实体加以保护,只要这些活动最终有益于人类。然而,这种保护环境的证明理由并非全无根据,部分原因在于斯多亚派把欣赏自然美景也纳入美好生活当中。自然赋予人类思考物质世界的秩序和复杂性的能力,环境恶化会破坏这一和谐的系统,因而阻碍人性的自然目标。我探索斯多亚派哲学的这些方面,评估它们在多大程度上可以证明环境保护的正当性,其后将会以对斯多亚派理论的批判性评论结尾——尤其针对他们的这两点主张:其一,唯有人类拥有理性;其二,只有理性的生物才值得道德关切——并思考它们对于斯多亚派的方案是否不可或缺。在探究这些议题的过程中,我希望说明,斯多亚派的世界主义及其所属的更宽泛的伦理学和物理学框架能有效地解决当今的环境价值问题。

斯多亚派的世界主义和斯多亚派的物理学

与其他希腊化时代的哲学流派一样,斯多亚派诉诸他们的自然世界理论来捍卫他们所描绘的最好的人类生活。特别是,斯多亚派的世界主义有赖于斯多亚派物理学的关键特征,我们现在来谈一谈。

宇宙按斯多亚派所描述的那样,并不是牛顿物理模型中依循固有规律而运动的惰性物质的集合,而是一个活生生的有机系统,所有事物都被囊括其中,作为它的一部分。这些所有部分统一成单一的生命体,正是宙斯的所在。宙斯没有被设想为一位薄情寡义的奥林匹斯神祇,而是一种关于活动和变化的无所不在的物质原则。宙斯在宇宙中无处不在——存在于人类、动物、植物、岩石以及基本的物理元素,即土、气、火、水之中——他按照自己的思想来管控这些自然实体,并为宇宙的运行制定一项包罗万象的理性规划。因此,斯多亚派的宇宙受制于一种极其复杂的、正在发生的思维活动,而这一活动发生自宇宙中无所不在的神圣心灵。(Cooper, 2012:152-153; Cooper, 2004:224-228)的确,宇宙作为宙斯理性的产物,据说是神意的安排:凡在世界中实际发生的都例示了有可能的最好的安排。(Cicero, *DND* 2.86-87,相关的一般性讨论,请参见 Sedley, 2007:210-238)[①]多亏宙斯一丝不苟的治理,我们生活的宇宙是一个美丽的、有序的创造物,每种动植物都对这个单一的、无所不包的、活生生的系统做出了独特的贡献。

从这一粗略的总结中,我们可以想到斯多亚派的物理学是如何引起环境伦理学家的

---

① 译者按:Marcus Tullius Cicero, *De natura deorum*(马库斯·图留斯·西塞罗:《论诸神的本性》),简写为"*DND*"。相关引文的翻译参考了[古罗马]马库斯·图留斯·西塞罗:《论诸神的本性》,崔延强、张鹏举译,中国人民大学出版社,2023。

兴趣的,而他们感兴趣的主张是,人类不存在于自然之外,而是全然融入自然之中。事实上,斯多亚派的思想似乎启发17世纪的哲学家巴鲁赫·斯宾诺莎(Baruch Spinoza)提出了泛神论,而他的思想又影响了20世纪深层生态学的创始人。(Brennan and Long, 2016)这些学者在充溢着神圣理性的自然概念中看到了他们的"生物圈平等主义"(biospheric egalitarianism)的起源,并且指出他们的观点与斯多亚派的观点存在某种关联。(Cheney, 1989;另见Stephens, 1994和Castelo, 1996中的批判性评论)

不过,尽管根据斯多亚派的理论,人类、动物、植物和岩石确实都是宇宙的一部分,但人类拥有特权地位,是宙斯的"支脉"(*DL* 7.143)或"盟友"(Seneca, *Ep.* 92.70)。[1]在此,斯多亚派想要表达的是,相较于宇宙的其他部分,人类获得了更为集中的那一份神圣理性,获得了一种恩赐,让我们能由自己运用理性。宙斯的理性在宇宙中随处可见——例如,在知觉敏锐、运动灵敏的动物中,或在有节律生长的植物中,甚至在岩石一直保持形状不变这一相对不起眼的事实中——但只有人类的心灵被宙斯赋予依据对象的构成来思考有结构的思想,从而制定行动路线的能力。人类心灵的这些精妙的认知能力——我们的理性——让我们成为宇宙的如此这般的一部分,其性质最为接近整个宇宙的本性(*DL* 7.86)。

人类由于理性的运用而与动植物相区别,这是斯多亚派伦理学一种极为重要的物理学主张,因为这构成他们对人性目的论分析的关键。运用理性是人类的特征,而合乎道德地运用理性——正确地思考自己的处境,并以此做出适宜的行为——足以获得幸福,也是过上美好生活的唯一目的。尽管这种成就对植物和动物来说无法实现,因为它们完全缺乏理性(Seneca, *Ep.* 76.9-10),斯多亚派仍然在动植物的生命中设定了自然目的,并根据它们的自然目的是否达成来解释这些生命成功与否(Klein, 2016: 180-191; Stephens, 2014: 212-222)。正如西塞罗笔下的斯多亚派发言人的话:

> 大地上产出的庄稼和水果是为了动物食用,动物被饲养是为了人类所需(就像马是为了驮运,牛是为了耕地,狗是为了狩猎和看守)。人类活着是为了思考和模仿世界,人类绝非完美,而是完美世界的一个微小组成部分。(*DND* 2.37)

在同一部著作的后面,还有如下论述:

> 宇宙中的一切,以及人类所利用的一切,都是为了人类而创造和准备的。(*DND* 2.154)

在自然界中的方方面面,生命的产生都是为了实现某种目的。在许多事例中——例如,马、狗和牛——目的包括对于人类的某种用处。(另见 Porphyry, *LS* 54P)[2]事实上,西塞罗笔下的斯多亚派发言人不仅在森林、山脉和海洋分布的地方,还在贮藏于地下的丰富矿产中,继续设定了人类中心主义的目的。(*DND* 2.159-162,另见 Sedley, 2007: 234-235)我

---

[1] 译者按:Diogenes Laertius, *Vitae Philosophorum*(第欧根尼·拉尔修:《名哲言行录》),简写为"*DL*"。此外,Lucius Annaeus Seneca, *Ad Lucilium Epistulae Morales*(吕齐乌斯·安涅·塞涅卡:《道德书信》),简写为"*Ep.*"。

[2] 译者按:参见 A. A. Long and D. N. Sedley, *The Hellenistic Philosophers*。该书简写为"*LS*"。

们稍后将仔细考虑这一观点对斯多亚派关于妥善对待动物和整个环境的解释有何影响。现在,我们应该考察斯多亚派的目的论如何为他们的世界主义提供支撑。

至此,斯多亚派关于"oikeiôsis"["亲缘"(affiliation)、"适宜性"(appropriateness)]的学说开始显露出相关性。(Vogt,2008:99-110;另比较Stephens,1994:279-282)尽管斯多亚派将某些生物(如马)依照人类的用处有目的地分门别类,但他们也承认与人类并非直接相关的自然目的。例如,公牛天生长角是为了防御(Hierocles, LS 57C),海龟长壳来保护自己(Seneca, LS 57B),蜜蜂相互合作来筑巢(Cicero, De Fin. 3.63;另比较 DND 2.123-124)。①其实,西塞罗讲过,早期的斯多亚派的克律西波(Chrysippus)对无数种类的动植物的目的论功能进行过分类,阐明它们的物理结构中蕴含的自然目的(De Fin. 4.28)。进一步说,斯多亚派声称,每种动物生来就具有感知自身目的论功能的能力(一种"自我感知"的能力),并且会被任何维系这种功能的东西[与这些动物相适宜(oikeion)的东西]所吸引。如我们所见,蹒跚学步的孩子努力迈出第一步,或有翻倒的乌龟想要摆正身体,即使会有痛苦,动物也要追求与它们的构成相适宜的状态(DL 7.85-86)。因此,从出生开始就追求目的论上的成功,这对于每种动物都是注定的,就像来自宙斯神意的另一种有益的分配。

自然中的目的论规则将每种动物都带向与其"oikeion"("亲缘的"或"适宜的")的东西。它用以支持斯多亚派关于世界城邦正义(cosmopolitan justice)的观点,据此所有人类同胞都应当受到道德关切。这些观点之间的联系难被发现,除非我们回想一下斯多亚派的一些预设。首先,保持对适宜事物的与生俱来的倾向,作为一种关于有生命事物行为的普遍事实,不仅适用于动物,也适用于人类。其次,与希腊化时代的其他"襁褓论证"相似,斯多亚派认为,有关新生儿的行为模式的事实指明我们成年人"应当"如何行动。(Klein,2016;Brunschwig,1986)最后,斯多亚派认为相互合作和社交适合人类——这是人之为人的本质特征,也是我们人生各阶段的一部分自然目的(Plutarch, LS 57E)——就像这也适合其他生物,如蜜蜂或蚂蚁那样:

作为人这一事实要求,没有一个人被看作其他人的异类。我们身体的一些部位,例如眼睛和耳朵如此这般,就像为了它们自己而被造出来一样。其他的部位,如腿和手也增强了其他部位的效用。同理,某些体型巨大的动物只是为了它们自己而被创造……〈但是,〉②以蚂蚁、蜜蜂和鹳为例——它们是为了其他同类而行动。不过,人类之间的联系要紧密得多。因此,我们天生就适合交往、集会并组建国家。(De Fin. 3.63)

人类生来就是为了与他人建立联系——我们"适合共同体"(koinônikon),也正如另一处文献所表明的。(Arius in Stobaeus, Ecl. 2.109;另比较 Seneca On Anger 1.5.2-3;2.31.6-

---

① 译者按:Cicero Marcus Tullius, De finibus bonorum et malorum(马库斯·图留斯·西塞罗:《论目的》),该书简写为"De Fin."。
② 译者按:中文"〈 〉"中的内容是译者所做的必要的补充。后文不再详注。

7)①这种形成相互关切的联系的目的论倾向解释了人类当前的行为(例如,我们为什么生活在城市中),也为我们应该如何行为树立了一种理想的模式(作为同一世界城邦的成员,适当考虑所有人的利益)。(Hierocles, *LS* 57D)因此,斯多亚派在自然的目的论结构那里,找到了关于人类形成共同体倾向的解释,以及一种最好的人类共同体的图景。鉴于我们是什么样的人,以及我们所拥有的自然目的,我们应该把每个人都看作与我们相关,并认为他们值得关切。如果我们要"与自然和谐一致",就必须接受这种世界主义的观点。

不过,如果我们打算遵循自然的指示生活,为什么斯多亚派认为我们的关切必须延伸到"所有人"呢?这是斯多亚派的观点,在许多文献里面都得到证实。(请着重参阅Vogt,2008:86-90;另比较Schofield,1991:104-111)在一个让人印象深刻的图像中,斯多亚派的希洛克勒斯(Hierocles)画了一组同心圆,用以表示我们所亲近的人,从自己开始,向外延伸,从家人到朋友,再到国家同胞,直到最后一个圆包含了"全部人类":

一个好脾气的人,在恰当地对待每一个群体时,他的任务是把这些圆圈以某种方式向着中心聚集在一起,不断积极地将这些圆圈一圈又一圈地围住。(Hierocles, *LS* 57G)

斯多亚派的世界主义要求我们感受到与所有这些圈子里的成员的亲近关系,即使在"遥远的米西亚"(*LS* 57H),将他们转移到我们关注的中心,公道地对待他们。(Cicero, *De Off.* 1.12,3.42)②

最近的一项学术成就在于,将该主张植根于斯多亚派所认为的成年人都具有理性的这一观点中。(Schofield,1991:67-74;请比较Vogt,2008:105-110)按照这种对斯多亚派观点的解释,正是因为我们都拥有理性,人类集体才构成了在共同的律法之下生活着的单一的共同体。如马可·奥勒留(Marcus Aurelius)所言:

如果心灵是我们共有的,那么理性也是我们共有的,我们由此都是理性的。如若如此,规定做什么和不做什么的理性也为我们所共有;如若如此,法律也是共有的;如若如此,我们都是公民;如若如此,我们就参与了一种政治制度;如若如此,宇宙就像是一座城市。(*Med.* 4.4;另比较Cicero, *De Leg.* 1.31, *DND* 2.79,148)③

马可在这个短小精悍的推论中证明,所有人都要受到普遍法则的约束,都生活在同一个城邦,即宇宙当中,只要我们都拥有理性。如果我们假设理性仅仅在于"从手段到目的"的算计,那么我们就很难遵从此处的理路。但是,斯多亚派的理性概念更为坚实:正如马可所言,任何人都有理性,也因而共有对一系列价值观的承诺,而这些价值观规定了"做什么和不做什么"(Schofield,1991:67-72;Frede,1994)。所有理性的创造物都带有一种基本的观念倾向,它告诉我们应该如何对待彼此。斯多亚派认为,这些共同的社会性原则证实

---

① 译者按:Joannes Stobaeus, *Anthologium* (*Eclogae*)(斯托拜乌斯:《牧歌》),该书简写为"*Ecl.*"。此外,*On Anger* 即吕齐乌斯·安涅·塞涅卡所著的《论愤怒》(*De Ira*)。
② 译者按:Cicero, *De officiis*(西塞罗:《论义务》),该书简写为"*De Off.*"。
③ 译者按:Marcus Aurelius, *Meditationes*(马可·奥勒留:《沉思录》),该书简写为"*Med.*";Cicero, *De legibus*(西塞罗:《论法律》),该书简写为"*De Leg.*"。

了:所有人一起构成一个相互关心的单一共同体。(Magrin,2018)当然,斯多亚派承认我们的基本观念倾向能够进一步完善——要做到这一点,我们必须运用斯多亚派的逻辑和辩证法学说——这种完善的最终结果就是知识和智慧。在圣人身上,我们看到理性得以充分的发展,人类心灵与主宰宇宙的思想完全同步。(DL 7.87-88)

根据对斯多亚派世界主义的上述重建,共有的理性让所有人都有资格成为单一共同体的成员。意识到这一事实,并将所有人视为我们亲近的适合对象,我们就实现了相互合作的自然目的。圣人——完美的人类行动者——内化并遵守约束所有理性创造物的普遍法则(Vogt,2008:90-93),从而完全获得了世界城邦中的公民身份。但是,即使是那些没有成圣的人——人类中的绝大多数——也没有被排除在道德考虑的群体之外,因为我们共有的理性本性在我们发展初期就赋予了我们同一种恰当社交的基本准则。

斯多亚派的人类中心主义和为环境保护的辩护

不过,对于那些对当今环境伦理学感兴趣的人来说,斯多亚派对理性的颂扬有消极的一面,因为斯多亚派进一步主张,除了神之外,"只有"人类才拥有理性,于是将宇宙中所有非人类的部分都排除在道德关切的领域之外。这种人类中心主义的意涵在我们所掌握的关于斯多亚派政治哲学的最权威文献中得到清楚的阐释,紧接着就是对世界主义的介绍:

但是,尽管斯多亚派认为存在一种将人类联系起来的法则,但他们并不认为人类和其他动物之间存在任何这样的法则。克律西波有一句著名的话:其他所有事物都为了人类和神而被创造,但人类和神是为了他们自己的群体和社会而被创造;所以人类可以为了自己的利益而不受惩罚地利用动物。他补充说,人性就是这样一种调节个人和人类的公民准则:任何遵守这一准则的人都是正义的,任何违反它的人就是不正义的。(De Fin. 3.67)

希洛克勒斯的圆圈包含了"所有人",但没有进一步包含其他,正如我们可能已经由此猜到的,在斯多亚派看来,世界城邦正义要求将道德关切给予所有人,而非宇宙中除人类以外的任何部分。(请比较 Plutarch, LS 67A 和 Vogt,2008:86-90 的讨论)事实上,这似乎是克律西波佚失的著作《论正义》(On Justice)的主要命题之一:"我们和动物之间没有正义关系,在于它们的不同之处。"(DL 7.129)这种"不同"大概就是它们缺乏理性。(Seneca, Ep. 73.9-10, Porphyry, De Ab. 3.1.2)[①]

由于这种人类中心主义的承诺,斯多亚派凭什么支持环境保护呢?众所周知,正义要

[①] 西塞罗在这里提到了神,也提到了人类,动物就是为了他们而被创造出来的(参见 DND 2.133, 154)。在其他地方,神也被归入世界城邦的公民(DND 2.78-79, 154)。这些主张对于理解为什么人类必须思考和研究宇宙——宇宙是神的完美造物,是理性秩序和美的例示——来说很重要,但无助于理解我们为什么要对非人类的动物和植物负责。如 DL 7.129 所证实,从当代环境伦理学看来,"人类中心主义"是斯多亚派环境价值论的贴切的标签。[译者按:Porphyry, De Abstinentia(波菲利:《论节制》),该书简写为"De Ab."。]

求对世界城邦的成员予以应有的关切,也要求对所有人给予应有的关切,但不包含非理性的植物或动物。根据最近出色的学术成果,我们现在可以更准确地说出这种应有的关切到底是什么(Klein,2015;Cooper,2012;Vogt,2008;Brennan,2005),从而阐明斯多亚派如何为保护活动做出辩护。

斯多亚派在其他地方将"正义"定义为"将价值分配给每一位的知识",也就是说,分配给每个人。(Arius, LS 61H)"价值"(axia)是斯多亚派伦理学中的一个专业术语,指健康、财富、身体的愉悦和强壮等为正常人的生活提供便利且适合我们选择的事物。(DL 7.105)然而,有争议的是,斯多亚派否认幸福要求我们拥有一定数量的有价值的事物。如果我们是有德性的,那么过与自然一致的生活并不需要其他任何东西:无论健康或疾病,富裕或贫穷,有德性的人都是幸福的。(De Fin. 3.33, 3.42)因此,健康、财富等被视为"倾向选择的"(preferred)"无差别之物"(indifferent),它们的对立面——疾病、贫穷等——同样是"无差别之物",却要"避免选择"(dispreferred)。(DL 7.102-103;De Fin. 3.50)但是,这些标签应该谨慎使用,因为斯多亚派并不建议羞怯地或漠然地对待"无差别之物"。尽管拥有这些事物并不是幸福的必要条件,但它们具有价值,而且说白了,斯多亚派将它们描述为与德性有关的"问题"。(Plutarch, Comm. Not. 1069e)①我们选择何种有价值的事物,以及为什么选择,揭示出我们的思想与宙斯是否一致,是否彰显德性。(请比较 Arius, LS 58K;详见 Klein,2015)。

与这种对待"无差别之物"和德性的理解一致,斯多亚派认为正义的行为就是那些在人类中间公平地分配"无差别之物"的行为。这就是上面引用的斯多亚派对正义的定义所包含的思想:公正的行动者知道如何将有价值的事物分配给谁,就是说,无论在他本人所见到的任何情况下,他都知道什么算是公平地分配"无差别之物"。学者们争论,这位公正的行动者是基于分配"无差别之物"的一般规则得到这种认识的(Striker,1987),还是必须具体情况具体分析(Inwood,1999)。无论如何,斯多亚派认为,在每一种情景下都存在何为价值的公平分配的问题,以及这一事实为这位公正的行动者所知晓的事实。

因此,世界城邦的正义禁止破坏环境,在任何时候都禁止这种破坏在人类之间制造不公平的价值分配。例如,设想一家化工公司排放有毒废水,污染了一条河,由此降低成本,增加了股东的福利。但是,这条河也是附近城镇的水源。因为污染造成了疾病、死亡和经济困难,所以这种行为是不公正的。一个群体(股东)的价值收益来自另一个群体(城镇居民)的价值损失,这因而表现出不公正的特征,按照斯多亚派的说法就是:"为自己获得而剥夺他人,与正义格格不入。"(De Fin. 3.70)

为了一类人而剥夺另一类人,为了增加他们的福利而牺牲另一类人的福利,这比死亡、贫穷、痛苦或其他任何可能发生在一个人身体上或外部财产上的事情更有悖于自然。

---

① 译者按:Plutarch, *De Communibus notitiis adversus Stoicos*(普鲁塔克:《就普遍观念驳斯多亚派》),该书简写为"*Comm. Not.*"。

这是因为它首先破坏了人类的集体生活和社会。因为如果我们每个人都准备为了自己的利益而掠夺和攫取别人的利益,那必然会摧毁实际上最符合自然的东西,即人类的社会生活。(De Off. 3.21)

在通过污染河流而赚钱的过程中,股东们获得了超出他们公平份额的适宜选择的"无差别之物",因而做出了不公正的行为。在此,斯多亚派似乎在强调任何对"无差别之物"的不公平分配中所隐含的反社会态度——而不是对价值本身的剥夺——是导致行为不公的原因。如果一个人通过剥夺别人的价值来获得价值,那么他就会表现出一种邪恶的心灵状态,因为他不尊重世界城邦里的同伴,也误解了自己亲近之物的适宜范围。①此外,不管收益如何,化学污染会损害城镇的公共财产。这一事实对斯多亚派来说具有道德意义,因为他们对正义的解释要求我们尊重这类财产。(De Off. 1.20-21;De Fin. 3.67;另见 Brennan,2005:204-210 中更详细的讨论)

总之,斯多亚派的原则禁止环境恶化,一旦环境恶化伤害了世界城邦的成员——要么侵犯他们的财产,要么采取不公平的价值分配——其结果就是施恶者做了恶事。

那么,污染对非人类实体有什么影响呢?在我们上面提到的情景中,鱼会中毒,植物会枯萎,河岸哺乳动物会痛苦地死去。②河流本身会恶化,生物群落的功能也会变异。但如果单独思考它们如何对人类中的价值分配产生影响,那么这些事实都无关道德。因为正义仅仅延伸到理性的创造物,因为只有人类才天然地拥有理性,所以非人类实体的死亡和生病本身没有道德的意义。

由此,我们大体上就能明白,为什么西塞罗笔下的斯多亚派发言人会说"人类可以为了自己的利益而不受惩罚地利用动物"(De Fin. 3.67)。只要不影响人类中的价值分配,以这样或那样的方式对待动物、植物或"大地"就不需要任何道德上的理由。(请比较 DND 2.151-152)当然,在通常情况下,我们对待非人类实体的这类方式确实会造成影响。除了气候变化这种显而易见的例子之外,工厂化农业的活动可能最终损害全球人类的健康,因而照斯多亚派的理论看来是不公正的,因为这种掠夺价值的行径是为了私利。

在这里结束之前,我们必须考察斯多亚派思想中更深刻的一个方面,他们可能同意更大程度的环境保护,比我们目前做出的重构所表现出的程度更大。马可·奥勒留的《沉思录》中有一段话建议人们有良心地对待动物和其他非理性的实体:

对于非理性的动物、对象和一般事物,请以慷慨的精神和自由的思想对待它们,因为你有理性,而它们没有。就人类而言,既然他们有理性,就应该以符合共同体成员身份(koinônikôs)的方式对待他们。(Med. 6.23)

第二句话反映了屡经证实的斯多亚派的思想:我们的共有理性让所有人类都有资格成为世界城邦中的一员,从而得到充分的道德考量。相比之下,我们可能会倾向于忽略上

---
① 如果要了解基于德性的环境伦理学的当代阐释,请参见 Sandler,2007。
② 请注意,我在此有一次将考虑范围限制在非神圣的实体内。

述引文中的第一句话,认为这是一处没有理论根据的旁白。斯多亚派毕竟把非人类排除在世界城邦之外,并把许多动物描述成依照目的论的秩序为人类所用。那么,我们为什么应该以"慷慨的精神"(megalophronôs)对待它们呢？可是,正统的斯多亚派原则可能会证明马可在这里所表现出的贴心是有道理的。

据说,克律西波在他的著作《论自然》(*On Nature*)中这样描述某些动物的目的论目的,例如孔雀:

> 美丽是自然创造许多动物的目的,因为自然热爱美丽,喜欢多样性……孔雀的尾巴因为美丽而存在,这就是孔雀存在的目的。(Plutarch, *Stoic. Rep.* 1044c)①

正如马的自然目的即为人类驮运(*DND* 2.37),而猪的自然目的是为人类所食用(Porphyry, *LS* 54P; *DND* 2.160),孔雀的存在也是为了人类的用处。(请比较 Sedley, 2007: 231-238 中的详细讨论)不过,马和猪是为人体的正常运行提供便利,孔雀似乎有助于人类心灵的正常运转。人类的自然目的是与自然和谐一致地生活,或者说,是有德性地运用我们的理性天赋(Arius, *LS* 63A)。关于有德性的活动,有一种是对宇宙之美的沉思——对它的"多样性"、理性结构以及和谐的秩序的思考。(请比较 *DL* 7.100-101)正如西塞罗笔下的斯多亚派发言人所说:"人类活着是为了思考和模仿世界。"(*DND* 2.37)又如爱比克泰德所说:

> 〈宙斯〉引入人类作为他〈宙斯〉的学生和作品——不仅是作为学生,而且是作为这些东西的解释者。因此,人类在非理性动物活动的地方开始和结束是不对的;而我们应该在它们活动的地方开始,在自然于我们这里结束的地方结束。自然结束于研究和关注事物,结束于同自然和谐一致的生活方式。所以你要注意,不要在没有研究这些之前就死去。(*Diss.* 1.6.19-22)

为了实现我们的自然目的——完成宙斯创造我们所意欲达成的任务——我们必须研究宙斯的创造所表现出来的复杂性和目的论结构。对物理世界的沉思是实现人类最美好生活的要求,也是其中的一部分。②

当然,我们应该注意到,在斯多亚派思想形成的那个时代,人类活动没有对全球的生物多样性造成威胁,而且古人对今天所发生的物种灭绝和栖息地丧失的规模一无所知。但是,鉴于斯多亚派有这样的训诲,即对作为美好生活一部分的宇宙展开沉思——以及他们的具有目的论结构的自然概念,即宇宙的每一部分都对整体的有序和美丽有所贡献,我们很容易将以下观点归于他们。如果规模巨大,环境破坏就会威胁我们的理性有德性地得以运用,也就会阻碍我们自然目的的实现,因为这剥夺了我们沉思的合适对象。因为移

---

① 译者按:Plutarch, *De Stoicorum repugnantiis*(普鲁塔克:《论斯多亚派的自我矛盾》),该书简写为"*Stoic.Rep.*"。
② Magrin, 2018: 299-300 和 Stephens, 2014: 213-215 也讨论了这一重要段落。另见 *DND* 2.153。根据我的理解,斯多亚派为之辩护的是一种"弱人类中心主义",因为他们不仅将自然当作一个"单纯满足固定的、经常性消耗的价值的提供者,而且也是价值形成的重要灵感来源"(Norton, 1984: 135)。

除了对宇宙秩序的稳定贡献——某些种类的植物或动物,人类造成的物种灭绝就破坏了宙斯完美构建的造物(请比较 *DND* 2.88),从而妨碍了我们欣赏井然有序的整体。当一类物种灭绝时,自然就变得不那么"多样化"了(请比较上文引自 Plutarch 的段落),其结果是,有德性的行动者很少有机会想出构成幸福生活的卓越思想。

诚然,不存在直接的证据证明,斯多亚派正是用这些观点来论证环境保护是合理的。当然,在这些考察结果的背后,也确实不存在任何系统的理论,以之评判维护宇宙的目的论秩序与扩大人类的价值之间的冲突。也许沉思自然之美并不要求这种美的真实存在——难道电影胶片上的田园风光就足够了吗?不过,我认为,除了尊重公共财产和公平分配价值以外,斯多亚派学说特有的思想根源为环境保护提供了额外的理由。环境保护为圣人的沉思活动提供了一个不可或缺的场所,让他能够欣赏宇宙秩序中存在的和谐与美,从而达成人类的目的。

不蕴含人类中心主义的斯多亚主义可能吗?

已近文末,我将对斯多亚派的世界主义采取更加批判的态度,提出可能已经萦绕在读者心里的疑惑。

首先,人们可能会质疑人类中心主义的主张,即"有且只有"人类拥有理性。尽管斯多亚派承认儿童并非一出生就是理性的——据说他们年龄大一点儿后才能获得理性(Aëtius, *SVF* 2.83)——有人仍会反对说,并不是所有的成年人都拥有理性。[1]那些陷入"持续性植物人状态"的事故受害者,以及发育障碍的患者,看起来是明显的反例。此外,并非"只有"人类才拥有理性,当斯多亚派把宙斯和神圣的存在刻画为拥有理性的时候,他们自己似乎也认识到了这一点。(请比较 *De Fin.* 3.67)对于人类是唯一的理性拥有者的说法,另一处诘难可以在如此的主张中找到——存在"非人类的人"(Singer, 2011:94-100),即高级哺乳动物,如海豚、鲸或猿,它们使用语言,掌握推理,运用了某些在功能上等同于理性思维的东西。简言之,如果我们对斯多亚派的理性概念信以为真,那么就很难理解为什么有且只有人类拥有理性。(请比较 Stephens, 1994; Castelo, 1996; Gill, 2016)。

为了回应这些反对意见,斯多亚派可以坚持认为,在"有且只有人类是理性的"这一主张中的"理性的"应该被理解为"自然地获得并运用推理的那种状态"(请比较 *Ep.* 124.8-9)。儿童、成年的事故受害者和发育障碍的患者可以被看作是理性的——他们有这种自然地获得理性的状态,尽管他们当前缺乏理性——而宙斯和神圣的存在不会这样,因为这类实体绝不会没有理性,并总能完美地运用理性。(*DND* 2.21, 36, 39; *Philo SVF* 3.372)然而,当谈及非人类的动物候选者时,斯多亚派似乎坚持他们哲学传统的设定(请比较 Aris-

---

[1] 译者按:参见 H. von Arnim, *Stoicorum Veterum Fragmenta*,该书简写为"*SVF*"。

totle, *NE* 10.8,1178b25-28),立即拒绝任何非人类动物都可以表现出作为理性标志的成熟的认知状态。①

因此,人们可能会试图修改斯多亚派的观点,以便将某些高级哺乳动物提升到理性的水平。这会把世界城邦的边界拓展到人类之外,但会保留理性作为成员资格的标准。(请比较 *Diss.* 2.8.8)按照这种新的斯多亚派观点,高级哺乳动物作为拥有理性的生物,就会要求有价值的事物,并且任何公平分配"无差别之物"的时候都必须考虑它们的利益。此外,这些非人类的理性者都有可能获得德性和幸福,因为理性的道德条件将不再仅存在于成年人类之中。

另一种情况是,人们可能会质疑斯多亚派的前提,即理性是内在价值的基础。不过,这是拒斥斯多亚派的核心理论,就如同人们不得不放弃正统的斯多亚派对世界城邦存在的证明——世界上存在一个由所有理性者组成的单一城邦,因为拥有理性势必要求共享同一套基本的社会规范。因此,这种观点必须从头开始,为道德考虑阐释出一种新的理论基础。我猜想,其结果将是一种能为更多的环境保护案例做辩护的理论,而不再是典型的斯多亚主义。②

---

① 译者按:Aristotle, *Nicomachean Ethics*(亚里士多德:《尼各马可伦理学》),该书简写为"*NE*"。
② 感谢 Richard Hutchins(理查德·胡琴斯)、Alex Bolton(艾利克斯·波顿)、Christopher Gill(克里斯托弗·盖尔)和 Ian Campbel(尹兰·坎普贝尔)对本文初稿的有益讨论和慷慨反馈。我也感谢奥里尔学院古典学会(Oriel College Classics Society)的听众们提出的深刻问题。

Stoic Cosmopolitanism and Environmental Ethics

Simon Shogry

Zhang Pengju, Lyu Yan ,Cui Yanqiang (trans.)

Abstract: The paper aims to reconstruct how the ancient Stoic philosophy approaches the central questions of environmental ethics, that is, to investigate, especially from the perspective of their cosmopolitanism, which natural entities have intrinsic value, and what kind of attitude we humans should cultivate towards the environment, with a view to determining whether particular cases of environmental protection are morally justified. On one hand, Stoic cosmopolitanism chimes well with some environmental ideas today, for they identifies a life "in agreement with nature" as the correct object of all human; on the other hand, their thoughts imply anthropocentrism, and deny intrinsic value to any non-human part of the natural world, namely, any existence of non-reason for which they thus do not allow moral concern. The paper closes with a critical appraisal of the latter, pointing out that Stoicism must be revised to a theory justifying more cases of environmental protection.

Keywords: Stoicism; environmental ethics; cosmopolitanism; amthropocentrism; natural entity

教育探索

后危机时代的希腊高等教育:问题、对策与启示

何奥熹　崔延强

摘要:希腊作为受到全球金融危机冲击最大的国家,它的高等教育在"后危机时代"面临着多重挑战,具体表现为规模扩张和经济发展水平不匹配,人才培养和劳动力市场需求不匹配,创新水平与国家发展战略不匹配。为应对这些挑战,希腊实施了一系列具有前瞻性和针对性的改革措施,包括合理调整高等教育规模和结构,以适应经济发展的实际需求;改革人才培养模式,加强与劳动力市场的联系;推动产学研协同的科技创新和成果转化,实现产业转型和生产力提升。希腊高等教育改革措施取得了显著成效,为我国制定和实施高等教育改革政策提供了重要启示。

关键词:希腊　高等教育　后危机时代

作者何奥熹,西南大学教育学部博士研究生(重庆　400715);崔延强,中希文明互鉴中心中方主任、首席专家,西南大学教授、博士生导师(重庆　400715)。

在2008年爆发的全球金融危机和2009年欧债危机的双重冲击下,欧洲各国进入了以缩减公共支出和改革社会政策为特点的"后危机时代"。[1]作为金融危机的重灾区,希腊实施了广泛的财政紧缩政策,教育、医疗、养老等公共事务和社会福利的经费投入大幅缩减,因而不可避免地损害了民众的就业权、教育权、健康权等各项权益。[2]在高等教育领域,面对教育需求持续增加和财政资源供给大幅削减的长期格局,及其引发的供需结构性失衡、创新水平偏低、人才流失严重、国际竞争力不足等一系列问题,希腊大学在战略目标、资源配置、结构布局、人才培养等方面做出了相应调整和变革。

---

[1] 聂晨:《自由市场还是政府主导?后危机时代英法两国学前教育政策转型的比较及启示》,《广东社会科学》2020年第5期。
[2] 齐明杰:《论债务危机对欧洲人权发展造成的冲击》,《理论月刊》2019年第3期。

一、金融危机与希腊高等教育

希腊将教育视为国家的根本任务之一,对经济社会的发展具有不可替代的引领和促进作用,这一宗旨被写入《希腊宪法》之中:"教育是国家的基本使命,所有希腊人都有权在国家教育机构接受各级免费教育。"根据2022年希腊通过的高等教育法(第4957/2022号法律)的描述,高等教育的根本任务是以公平正义、开放共享、交叉融合为基本原则,提供高质量的本科、硕士、博士教育以及职业资格培训、终身学习课程,培养具有责任担当、正确价值观和批判性思维的高素质人才,推动知识和技术创新及成果转化,服务于社会经济发展和国家区域战略需求。

(一)希腊高等教育概况

从层次结构来看,由于2018—2019的高等教育机构合并,现阶段希腊高等教育系统由24所大学(Universities)和1所教学法和技术教育高等学校(the Higher School of Pedagogical and Technological Education)组成,受教育和宗教事务部(Greek Ministry of Education and Religious Affairs)统筹管理。[1]在高等教育系统重组行动中,有11所大学根据改革要求调整了组织结构,合并了16所技术学院(Technological Educational Institute),这些技术学院侧重于对实用性和专业性技能的培育,曾主要开设应用技术、医疗保健、农业、管理、艺术和设计等应用性专业。虽然《希腊宪法》明令禁止建立私立高等院校,并且规定高等教育机构应该在国家的监督之下运作,接受政府统一拨款,但希腊仍有小规模的私立高等教育机构。根据希腊法律第4093/2012号和第4111/2013号,这些机构被定义为"非正式的后中等教育和培训服务提供者",提供本科和硕士阶段的课程。私立院校授予的学位在就业市场中曾经不被承认,直到2005年9月欧洲议会和欧洲理事会发布第2005/36/EC号指令,规定希腊私立学院的毕业生经认证程序后可获得与希腊公立大学毕业生相同的就业权利,包括在政府公共部门的从业机会。从学科和专业结构来看,希腊高等教育提供文、理、工、农、医等学科门类下的多种专业教育,根据经合组织(Organization for Economic Cooperation and Development,OECD)2021年的数据统计,工程、制造和建筑类专业规模最大,注册学生占学生总数的21.77%,其次分别是工商管理和法律专业(20.34%)、艺术和人文科学(13.45%)、社会科学和新闻(12.57%)、自然科学、数学和统计(9.44%)、健康科学(7.66%)、教育学(4.68%)、农业、林业、渔业和兽医(4.02%)、信息与通信技术和服务业的就读学生最少,分别是3.36%和2.71%。[2]

---

[1] Eurydice. "Greece Higher Education: Higher Education Structure", November 27, 2023, accessed June 24, 2024, https://eurydice.eacea.ec.europa.eu/national-education-systems/greece/higher-education.
[2] OECD, *Supporting Entrepreneurship and Innovation in Higher Education in Greece* (Paris: OECD Publishing, 2020), p. 19.

(二)金融危机下的希腊高等教育

希腊是受金融危机影响最严重的国家,从2008年起国内生产总值(GDP)大幅下降。与其他西方国家不同的是,使希腊陷入长期经济衰退的并不仅仅是全球性的金融危机,还有危机前希腊国内治理的结构和功能紊乱问题,主要表现在超额军费开支、公共部门效率低下、低竞争力、投资与贸易不平衡、财政管理失当等,这些问题使得希腊经济条件异常脆弱,天然具有主权债务危机倾向。①为避免彻底破产,希腊不得不求助于欧盟委员会、欧洲央行和国际货币基金组织的救助计划,从而分别于2010年、2012年和2015年获得总计3260亿欧元的贷款。②根据救助计划的要求,希腊政府实施了一系列财政紧缩政策,如减少政府支出、增加税收、降低最低工资、减少就业保护立法、下放集体谈判权以及放开严格管制行业的准入机制等。③相关政策在不久之后就波及高等教育领域。第4009/2011号法律对高等院校的组织结构、经费管理、战略规划和问责机制进行了全面改革,包括削减高等院校经费,对所有公立教育机构的教学和行政人员实施减薪,限制教职工的招聘、续聘和更换,裁减行政人员以缩小公共部门规模和降低工资成本等措施。此外,希腊于2018年—2019年实施了一系列高等教育机构的合并与重组,以实现高等教育资源的合理配置,缩小办学规模以及降低办学成本。

从2017年起希腊经济实现反弹,2018年GDP的增长率为1.9%;2020年由于新冠肺炎疫情影响,希腊经济社会再次面临"停摆"危险,GDP下降9.3%,但希腊反应迅速,将经济资源向旅游业转移,从而使经济在2021年再次回暖,④GDP增长率达到8.3%;2022年和2023年继续增长5.6%和2.0%。在高等教育领域,希腊根据国家战略要求对教育政策、治理体系、办学结构进行调整,相关的危机应对措施成效显著。但总体来说,希腊整体经济、金融状况仍然较为脆弱,紧缩政策的实施和一系列缺乏连贯性、一致性的改革降低了民众对政府的信任,官僚主义、腐败盛行以及利益集团盘根错节等沉疴痼疾导致各个领域的改革难以实行,这使得高等教育长期以来面临的一系列问题显得更加严峻,在支撑引领科技创新、经济发展等方面的动能难以得到有效释放。

二、后危机时代希腊高等教育的问题

希腊债务危机和财政紧缩政策实施中暴露了高等教育长久以来的弊端:一是规模扩张和经济发展不匹配,二是人才培养和劳动力市场需求不匹配,三是创新水平和国家发展

---

① 刘爱文:《西方主权债务危机定性问题研究述评》,《学习与实践》2014年第9期。
② 谢世清、修忆:《希腊主权债务危机的演变和援助效果评析》,《宏观经济研究》2017年第7期。
③ Chletsos M. and Roupakias S., "Education and Wage Inequality Before and During the Fiscal Crisis: A Quantile Regression Analysis for Greece 2006–2016", *Review of Development Economics* 24, no. 4 (2020): 1333–1364.
④ OECD, *Supporting Entrepreneurship and Innovation in Higher Education in Greece* (Paris: OECD Publishing, 2020), p. 17.

战略不匹配。这些问题不仅削弱了希腊高等教育服务于国家战略和经济社会发展的质量，更对其在知识经济时代的国际竞争力和全球影响力产生了负面影响。

（一）规模扩张和经济发展水平不匹配

高等学校经费总额占GDP的比例和生均经费是评估高等教育经费保障的重要指标。高等教育规模的扩张势必意味着更多的经费投入，否则就会影响办学质量，导致科技与社会经济的衰退。因此希腊高等教育的扩张对经费的更高需求与经济发展的现状之间产生了深刻矛盾。[1]

首先，20世纪末到21世纪初，希腊高等教育规模得到了极大的扩张。希腊进入高等教育普及化阶段的时间为20世纪与21世纪之交，与日本、意大利等发达国家大致相同，但其普及化之后毛入学率的增长则远超后者驶入"快车道"，于2010年突破100%，并在2021年增长至150.2%。[2]从学生人数来看，1993年—2005年的增幅最大，大学和技术学院本科阶段每年入学人数几乎翻了一番，从1993年的42 000人增加到2005年的80 000人；[3]危机爆发后，大学每年入学人数仍小幅度上涨，2021年本科及同等学力入学人数约为83 000人。[4]其次，希腊是欧盟成员国中毕业率较低的国家之一，大部分学生无法在4年内顺利获得本科学位。根据经合组织数据，在2014—2015学年，希腊的本科生群体中高达54%的学生在项目的第六年或更长时间内仍未完成学业，[5]在校生人数不断攀升，因而极大地增加了高等教育的财政压力。由于人口出生率的下降，希腊高等教育规模不再大幅扩张，但高入学率和低毕业率的复杂局面下庞大的高等教育体量以及其导致的高额经费投入，给金融危机后的希腊政府带来了不小的压力。

在高等教育规模不断扩张的同时，经费预算却在金融危机后持续下滑。希腊高校的教育经费主要来自国家预算以及教育和宗教事务部的资源。国家预算由两部分组成，一是普通预算，用于支付运营费用；二是公共投资预算，由纯粹国家资助和由国家、欧盟或其他机构共同的资助组成，财政部、教育和宗教事务部以及各高等院校都参与了经费分配。金融危机之前，希腊高等教育预算和支出逐年增加，根据经合组织公布的数据，2005年高等教育支出占GDP的1.5%，超过了欧盟1.3%的平均水平。金融危机后，基础设施和公共

---

[1] Tsiatsiou E. et al., "The Impact of the Debt Crisis on the Salaries of Teaching and Research Staff in National Higher Education Institutions in Greece: A Case Series Study and Literature Review", *Cogent Social Sciences* 10, no.1 (2024): 1–11.
[2] World Bank Group, "School Enrollment, Tertiary (% Gross)-Greece", March 27, 2024, accessed June 24, 2024, https://data.worldbank.org/indicator/SE.TER.ENRR?locations=GR.
[3] Kyriazis A. and Asderaki F., *Higher Education in Greece* (Bucharest: UNESCO Publishing, 2008), p. 160.
[4] OECD, "Students Enrolled by Type of Institution, Education at a Glance Database", March 25, 2024, accessed June 24, 2024, https://stats.oecd.org/.
[5] OECD, *Reviews of National Policies for Education: Education for a Bright Future in Greece* (Paris: OECD Publishing, 2018), p. 211.

运营资金被大幅削减,2014年的资金削减约为11%,2015年更是高达24%。①高等教育支出占希腊GDP比例从2005年的1.5%下降至2019年的0.9%,生均经费从6 320美元下降至4 300美元(2019年欧盟平均水平为17 289美元)②,且由于GDP逐年下降以及通货膨胀等因素,实际高等教育总体经费和生均经费下降的相对幅度更大。欧洲大学协会在《2016年公共资金观察报告》中将希腊列为因经费削减而导致高等教育系统难以为继的六个欧洲国家之一,③如果面临严重经费不足困扰的希腊高等教育无法获得充足的资金来源,缓解办学压力,就难以保证人才培养、知识创新和社会服务的质量,从而导致科技创新水平和国际竞争力的下降,阻碍高等教育和经济社会的可持续发展。

(二)人才培养和劳动力市场需求不匹配

高等教育最本质、最关键的职能是人才培养,需要满足劳动力市场对高层次人才的需求;劳动力市场需求是人才培养和评价的主要依据,为高等教育改革提供了标尺。希腊劳动力市场受到金融危机的重大冲击,大学毕业生就业率在2014年降至低谷,仅为68.5%,而同年失业率高达19.1%;而欧盟即使在经济低迷时期就业率也保持在83%以上,失业率从未超过6%。2014年—2022年,由于经济回暖,整个欧盟大学毕业生的失业率持续下降,希腊的降幅最大,于2022年下降至8.5%,但仍然超过欧盟的平均水平(3.2%)。④这是因为一直以来希腊高等教育作为人才供给侧与作为需求侧的市场之间存在严重错位,且金融危机使本已问题重重的高等教育与劳动力市场之间的脆弱联系导致的问题愈发凸显。

首先,国家现有的生产模式无法为大学毕业生创造足够数量的高质量工作岗位,造成"有人无岗"就业难。其一,金融危机引发的岗位减少和希腊高等教育规模扩张导致了劳动力供给过剩,在大学毕业生人数逐年增加的同时,劳动力市场对他们的吸纳能力却没有相应提高,从而加剧了二者的不匹配。2000年—2008年,毕业生供给(46.5%)略低于需求(49.5%),失业率有所下降(2008年降至6.3%),而2009年—2016年金融危机期间,毕业生供给(17.3%)远高于需求(3.2%),导致失业率居高不下。⑤就业市场低迷造成了大量人力资本的闲置,且经济压力和职业受挫使得这个群体对社会和政治安定产生了负面影响。其二,高等教育扩张和产业萎缩还造成了过度教育的问题。欧盟的《2020年欧洲高等教

---

① Stamelos G. and Kavasakalis A., "Quality Assurance in Greek Higher Education: Tensions, Development and Implementation", in *Quality Assurance in Higher Education: A Global Perspective* (New Dehli: Studera Press, 2017), pp. 1–18.

② OECD, "Expenditure on Educational Institutions Per Full-time Equivalent Student, Education at a Glance Database", March 25, 2024, accessed June 24, 2024, https://stats.oecd.org/.

③ Pruvot E. B. et al., "Strategies for Efficient Funding of Universities in Europe", in *The European Higher Education Area: Between Critical Reflections and Future Policies*(New York: Spinger, 2015), pp. 153–168.

④ OECD. Educational Attainment and Labour-force Status", March 27, 2024, accessed June 24, 2024, https://stats.oecd.org/.

⑤ Efstratoglou A., *Employment and Professions in the New Century in Greece* (Athens: INEGSEE, 2018), p. 11.

育:博洛尼亚进程发展报告》统计的毕业生受教育或技能水平与其工作所需的教育或技能水平差异数据显示,46.1%的希腊高校毕业生从事着与其学历不匹配的低技能职业,该比例位列欧盟成员国的第三位。[1] Zmas认为,这是因为希腊的工业还未进入成熟阶段就开始采取"去工业化"措施,经济重心向服务业、金融业等第三产业转移,从而导致了低成本产品的本地化生产、高新技术产品进口增加、中小型企业家族化经营等问题,这种不以知识密集型活动为导向的产业结构严重限制了对高技能人才的需求,科技的进步和生产力的提升。[2]

其次,高等教育系统与劳动力市场之间的联系薄弱,大学毕业生技能水平无法满足劳动力市场需求,造成"有岗无人"招工难。根据经合组织每年的成人技能调查,希腊接受过高等教育的劳动者其文化程度、数学能力和解决问题能力相对于其他欧盟国家偏低;且拥有高等教育学位的劳动者虽然比没有学位的劳动者的技能水平更高,但二者技能差距明显小于其他国家的平均水平,这说明高等教育并未有效转化为劳动技能。[3]一份2005年—2015年的调查显示,虽然希腊大学毕业生在劳动力市场中的总体比例有所增加,且预计在2030年达到40%,但在高技能岗位中所占的比例以每年1%的速度下降。[4] Dimian等人通过统计希腊各行业的克鲁格曼专业化指数(KSI)和教育错配指数(EMI),证明了希腊劳动力教育水平与满足劳动力市场需求所需的教育水平之间的差异逐渐增加,成为导致高失业率与高空缺率并存的重要原因。[5]产业界也表明难以找到具备必要技能的年轻雇员,理论化、百科全书式的教学模式已经无法满足行业企业对于高层次应用型人才的需求,[6]劳动力市场与高等教育人才培养出现严重错位。此外,随着电子信息技术、自动化生产以及人工智能技术加速更迭,对高技能劳动力的需求增加,对低技能劳动力的需求减少,许多传统职业正在以一种不可逆的方式退出人们的视野,[7]加剧了低技能劳动者的技术性失业风险。据统计,希腊目前近40%的劳动者所从事的岗位极大可能被自动化技术

---

[1] European Commission, *The European Higher Education Area in 2020: Bologna Process Implementation Report*(Luxembourg: Publications Office of the European Union, 2020), pp. 113–115.

[2] Zmas A., "Financial Crisis and Higher Education Policies in Greece: Between Intra- and Supranational Pressures", *Higher Education* 69, no. 3 (2014): 495–508.

[3] OECD, *Reviews of National Policies for Education: Education for a Bright Future in Greece* (Paris: OECD Publishing, 2018), p. 22.

[4] Green F. and Henseke G., "Europe's Evolving Graduate Labour Markets: Supply, Demand, Underemployment and Pay", *Journal for Labour Market Research* 55, no. 2 (2021): 1–13.

[5] Dimian G. C. et al., "Unemployment and Sectoral Competitiveness in Southern European Union Countries: Facts and Policy Implications", *Journal of Business Economics and Management* 19, no. 3 (2018): 474–499.

[6] Zmas A., "Financial Crisis and Higher Education Policies in Greece: Between Intra- and Supranational Pressures", *Higher Education* 69, no. 3 (2014): 495–508.

[7] 王袁欣、刘德寰:《混合技能与人机协作:人工智能社会职业风险前瞻及人才培养路径转型》,《中国出版》2023年第20期。

替代,高于经合组织34%的平均水平。①随着全球经济环境和产业结构变化,希腊出现的人才培养和劳动力市场脱节、产业吸纳人才能力偏低、高技术创新人才匮乏、人才技能与社会需求不匹配等问题严重限制了希腊科技实力和产业竞争力的提升。

(三)创新水平和国家发展战略不匹配

创新是引领国家和经济社会发展的重要动力,是国家发展战略的核心目标。希腊国家发展战略多次强调创新的价值。2018年出台的《希腊:未来增长战略》(Greece: A Growth Strategy for the Future)指出要多路并举整合推进创新水平的提升。第一,为实现经济增长和可持续发展,重点支持关键性的创新型和知识密集型企业建设,推进从低端制造业向高附加值产业转移,从而在全球产业链体系中获得竞争优势。第二,构建中小企业网络和产业集群,保障其生存与发展空间,激发整个市场的创新创业活力,缓解就业压力,推动经济发展方式的转变,使希腊的产业不仅能够巩固和提升在国内市场的地位,还能获得国际市场机遇,增强对海外人才和投资的吸引力。第三,以数字化、大数据、物联网等高新技术和高技能创新人才赋能农业食品、信息和通信技术、能源、环境、制药、卫生、运输和物流、文化和旅游等传统行业,推动其升级转型,促进经济的多元化发展。②2020年出台的"国家恢复计划"(The National Recovery and Resilience Plan)和2021年出台的《2021国家外向型战略》(National Strategy for Extroversion 2021)都多次强调了创新对于希腊科技和经济进一步融入全球网络的重要意义。

然而,希腊的创新资源约束趋紧,自主创新水平不高,研发与生产的协调机制尚不完善,科技成果的落地转化率亟待提升。首先,希腊整体和用于高等教育的研发支出(R&D Expenditure)低于欧盟平均水平,限制甚至阻碍了高校的各项创新活动。金融危机对希腊高等院校的研究活动产生了一定的影响,研发支出占GDP的百分比在2008年至2012年之后有所下降,但开始恢复了上升趋势,2022年达到GDP的1.49%,其中高等教育领域占比为0.44%,但这两项数据均低于欧盟的平均水平(2.24%和0.48%)。③其次,希腊整体创新水平一直以来明显落后于欧盟。根据欧盟委员会《欧洲创新记分牌》的统计数据,2022年希腊创新指数达到近10年的最高值,为欧盟平均水平的80.2%。在2014年—2023年,希腊的创新水平有所提高,与欧盟平均指数的比率从62.6%提升至79.5%,因此增长27%,是涨幅最高的5个国家之一,但希腊在欧盟国家创新水平排名中仍处于第三梯队。④另外

---

① OECD, *Reviews of National Policies for Education: Education for a Bright Future in Greece* (Paris: OECD Publishing, 2018), p. 22.
② Ministry of Development, "Greece: A Growth Strategy for the Future", September 17, 2018, accessed Fune 24, 2024, https://www.mindev.gov.gr/greece-a-growth-strategy-for-the-future/.
③ Eurostat, "EU Expenditure on R&D Reaches €352 Billion in 2022", December 1, 2023, accessed June 24, 2024. https://ec.europa.eu/eurostat/web/products-eurostat-news/w/ddn-20231201-2.
④ European Union, *European Innovation Scoreboard* (Luxembourg: Publications Office of the European Union, 2022), p. 55.

值得注意的是，希腊在文献发表方面的表现良好。经济与工业研究基金会的调查显示，2000年—2014年希腊文献发表的增长速度显著超越了欧盟；与此同时，希腊发表文献的平均引用次数从2000年—2004年的3.0次增加到2010年—2014年的6.1次，而同期欧盟的平均引用次数从4.5次增加到6.1次，希腊的文献引用增长率明显高于欧盟。2010年—2014年，以大学为发表机构的文献数量占总量的84.5%，其中又有28.9%为独立撰写，不涉及与任何校内或校外机构的合作。[①]由此可以推测，希腊高等教育或许还处于以个人兴趣为学术导向的高深知识生产的"象牙塔"阶段：一方面高等教育跨学科和跨界的合作创新严重不足，高校还未在知识创新活动中充分发挥枢纽作用；另一方面高等教育有效利用创新资源推动创新成果转化效率不高，知识的生产和应用脱节。作为创新的重要主体，希腊高等教育结构体系和知识生产模式迫切需要深化改革，推动人才链、创新链、产业链、资金链的深度耦合，推动希腊经济的可持续增长。

三、希腊高等教育改革措施

高等教育被视为希腊应对经济下行和财政紧缩带来的一系列挑战，以及为后危机时期的经济新结构做出决定性贡献的重要途径。高等教育机构的规模调整和区域结构重组，与不断变化的经济和劳动力市场的相互联系，以及大力推进产学研协同的科技创新和成果转化，是构建基于交叉、协调、创新和可持续发展的高等教育体系和新生产模式的必要条件。

(一)合理调整高等教育规模和区域结构

首先，根据高等教育承载能力和经费条件合理缩减高等教育规模。第4777/2021号法律规定，从2021—2022学年起通过引入"最低入学基数"(Elahisti Vasi Eisagogis)减少进入希腊大学的学生人数，即如果学生在学校考试中取得的平均成绩低于各系设定的最低基数，且总分未达10分的及格线(满分为20分)，将不能被大学录取。[②]高校还针对特定专业的必修课程引入独立的欧洲教育考试，并设定了入学所需的最低分数要求。据统计，2021年有35 598名学生因此条规定失去了接受高等教育的机会，占报考学生总数的三分之

---

① Foundation for Economic and Industrial Research (IOBE), *Higher Education in Greece: Impact of the Crisis and Challenges*, (Athens: IOBE Publishing, 2017), p. 251.
② Mareta D., "The Neoliberalisation of Higher Education: Examining the 2021 Higher Education Transformation in Greece", *Globalisation, Societies and Education*, 4 (2024): 1–13.

一。[1]此外,第4777/2021号法律和第4957/2022号法律还规定,超过项目规定时间2年未能完成学业的学生将面临被开除学籍的风险,但学生仍保有在多年后参加结业考试并重新获得学位的权利。鉴于大学学制通常为4至5年,这一规定实质上为学生设定了最长6至7年的学业完成期限。这一举措虽能够有效缓解因为毕业率低造成的高等教育被动扩张问题,但同时也引发了社会各界的广泛争议和强烈反对。

其次,重新规划高等教育区域布局和结构,强化区域内的学术资源整合与要素流动,从而确保高等教育的可持续发展。希腊借鉴了丹麦高等教育网络重组的成功经验,根据第4009/2011号法律推出了ATHINA项目,旨在将大学发展与区域发展需求紧密结合,通过整合大学、技术学院和科研院所优化高等教育结构、强化知识创新能力、提升资源利用效率,从而增强大学的国际竞争力和知名度。然而,ATHINA项目在实施期间并未取得预期成效,高等教育系统的整体结构、规模、机构运作和组织管理方面均未见显著变化。[2]尽管如此,"孤岛效应"给学术机构带来的困难,以及高等教育机构合并与资源再分配在推动治理模式转型升级、提升教育质量和促进区域发展方面所展现的潜力,均凸显了改革的必要性。为此,2017年的高等教育法(第4485/2017号法律)再次对高等教育结构和学术资源配置进行了重新规划,并在2018年—2019年得到了实施,通过合并各类学术组织推动高等教育的集群化发展机制,创设良好的区域协同发展环境,充分发挥高等教育机构的科技创新动力和辐射能力。该法律要求地区高等教育与研究学术委员会面向区域发展需求制定高校与科研院所的合作计划,引导多元主体共同参与高等教育的结构性改革,通过自下而上的诱致性变迁降低改革过程中的风险。2022年出台的高等教育法(第4957/2022号法律)进一步强调,高等教育机构的合并和重组须遵循以下原则:首先要以《国家高等教育发展战略》为依据,满足高等教育和社会经济发展的需要;其次,突破原有学科专业壁垒,促进学科之间的交叉融合,从而不断催生新的学科生长点,并且在跨学科的科技前沿领域加强投入;最后,合理调控入学人数和毕业人数,优化师生比结构,促进高等教育由"量的积累"转向"质的提升"。这些原则充分体现了高等教育以国家需求、学科交叉、资源共享、效率提升、协调发展为导向的高质量建设目标。

---

[1] Bakouli N.. "Βάσεις 2021: Αποκλεισμός χιλιάδων μαθητών και μείωση τμημάτων με ευθύνη Μητσοτάκη - Κεραμέως" [Baseis 2021: Exclusion of Thousands of Pupils and Reduction of University Departments Are the Responsibility of Mitsotakis and Kerameos], August 27, 2021, accessed June 24, 2024, https://www.news247.gr/paideia/ vaseis-2021-apokleismos-chiliadon-mathiton-kai-meiosi-tmimaton-me-eythyni-kerameos.9335956.
[2] Foundation for Economic and Industrial Research (IOBE), *Higher Education in Greece: Impact of the Crisis and Challenges* (Athens: IOBE Publishing, 2017), p. 19.

(二)改革人才培养模式,适应劳动力市场的需求

毕业生高质量充分就业是国家人力资源储备与高等教育促进经济社会发展的关键路径,也是大学人才培养的一大核心目标。为解决大学生就业能力结构性失衡的问题,希腊高等教育界通过广泛的产学研协同育人加强人才培养与劳动力市场的联系,强调专业性与职业性的有机融合,培养既有广博知识视野,又有解决复杂问题能力的跨学科、跨领域复合型人才。

第一,加强人才培养和劳动力市场的联系。根据第4452/2017号法律,希腊成立国家教育与人力资源发展委员会(National Education and Human Resource Development Council)作为教育与劳动力市场之间的纽带,持续监测和调控人才培养跟劳动力市场需求间的关系,解决二者的错位问题。委员会通过对大学院系的重组和专业结构的调整,鼓励旨在解决社会复杂问题的跨学科研究,创新学科组织和人才培养模式,促进学科之间的交叉融合,确保学科专业结构、人才培养结构与国家发展战略需求紧密衔接。[1]第二,发展职业技能教育,为国家建设提供高技能人才支撑。第4485/2017号法律引入了由高校、政府和企业协同开展的两年制职业教育计划,通过利益相关者共同制定培养方案和课程安排,培养拥有创新能力和实践能力的技能型人才,使其能够满足知识密集型产业和社会数字化转型的要求,提高劳动者的就业竞争力和职业发展潜力,同时也使高等教育与实体经济的联系更加紧密,成为推动国家经济建设的核心动力。第三,促进专业教育和实践教育相结合,以优质实践课程提升学生就业能力。第4957/2022号法律规定,在本科和硕士阶段要将专业实践教学纳入人才培养的正式制度,鼓励地方政府、用人单位与高校深化产学研合作育人。例如亚里士多德大学(Aristotle University of Thessaloniki)主动与行业建立定向合作关系,邀请当地企业家担任客座教授,加强校企在学生培养和实习就业方面的合作,帮助学生通过岗位实践深化专业技能学习,增强职业适应性,促进人才供需双方的深度对接与精准融合。第四,加强创新创业教育。希腊高等院校的创业教育正逐渐兴起,越来越多的高校根据经合组织发布的高等教育创新框架(HEInnovate Framework)指导意见,通过开设创新创业理论和实践课程以及在专业课程中融入创新创业教育等途径,激发学生的创新思维,培养其创业精神和能力。例如亚里士多德大学开设了27门与创业相关的课程,注册学生达2507人。这些课程涵盖了与创业相关的基础知识和实践技巧,具有跨专业、跨学科的特点,从而更好地帮助学生掌握创业过程中解决复杂问题的能力。[2]高校强化创业教育,提高创业服务水平,不仅能提高就业率、降低失业率、提高就业质量、增加大学毕

---

[1] Esos.gr, "President of the EKAKAA (Former ESYP) at the Esos: The Triple Success Story of Educational Reforms (Πρόεδρος Ε.Σ.Ε.Κ.Α.Α.Δ. (πρώην ΕΣΥΠ) στο esos: Το τρίπτυχο επιτυχίας των εκπαιδευτικών μεταρρυθμίσεων)," November 4, 2017, accessed June 24, 2024, https://www.esos.gr/arthra/49963/proedros-esekaad-proin-esyp-sto-esos-triptyho-epityhias-ton-ekpaideytikon.

[2] OECD, *Supporting Entrepreneurship and Innovation in Higher Education in Greece* (Paris: OECD Publishing, 2020), p. 40.

业生收入,还能为经济发展和科技进步贡献力量。塞萨利大学(University of Thessaly)的衍生公司FoodOxys由营养生物化学和人体新陈代谢领域的杰出研究团队多年创建,在世界著名科学杂志上发表了超过180篇论文,并且通过人才引进的方式将股份分配给毕业于该大学生物化学和生物技术系的青年研究人员。[①]这一成功案例有力证明了希腊高等教育在科技创新、人才培养、社会服务等方面发挥了无可替代的作用。

(三)加强产学研协同创新和科技成果转化

产学研协同创新是对多元主体利益关系协调平衡和资源要素有效分配的实践探索,也是科技成果落地转化和商业化的关键机制,不仅能为利益相关者创造经济价值,还能通过溢出效应对就业、文化和社会产生积极影响。希腊通过颁布法律和开展项目,为大学研究成果转化和商业化进程提供了资金、行政、人才、制度支持,加强了大学、科研机构、企业之间的交流碰撞,为希腊产业创新和经济腾飞提供了动能。

第一,加大对高等教育科技创新和成果转化的经费支持。为增加高等教育研发经费投入,希腊根据第4429/2016号法律成立了研究与创新基金会(Hellenic Foundation for Research and Innovation),由欧洲投资银行和国家公共投资资助,初始资金为2.4亿欧元,用于支持博士生和博士后研究、一线科研人员的高质量课题研究、研究设备的购置、初创企业的运营等。基金会在2016年—2023年,共资助917个研究项目,共发放1439项奖学金,为青年科研人才提供了大量的科研岗位、科研机会和学术资源支持,在一定程度上减缓了经济衰退带来的人才流失。[②]2021年3月,希腊投资开发银行(Hellenic Development Bank of Investments)宣布成立AccelerateTT基金,用于支持创新创业教育、孵化中心和技术转让中心的建设和发展,从而加速科研成果的转化落地和市场推广。第二,加强科技创新和成果转化的行政服务支持。2024年的高等教育法(第5049/2024号法律)规定,每所高校都应设立"技术与创新转让中心",该部门作为独立单位直接受校长或负责相关事务的副校长领导,负责对教职工和学生进行创新创业精神、技术转让和科技成果商业化方面的教育,促进"创业型大学"的产生。此外,通过支持科技园、孵化园等产学研合作平台的建设,以及与地方政府、国内外大学、科研机构开展合作,加强大学与多元利益主体之间的联系,构建创新生态系统,提高大学和外部复杂环境之间的知识转移效率,从而更好地服务于社会经济需求。雅典大学(The National and Kapodistrian University of Athens)的阿基米德研究创新创业中心(The Archimedes Centre for Research, Innovation and Entrepreneurship)通过联合大学与产业界,为二者合作开发和使用大学知识产权提供便利,加快了科技创新成

---

① OECD, *Supporting Entrepreneurship and Innovation in Higher Education in Greece* (Paris: OECD Publishing, 2020), p. 36.
② HFRI, *Annual Report of the Hellenic Foundation for Research & Innovation (HFRI)*, 2024, p. 8.

果孵化流程,以及相关高新技术企业的建立。[1]第三,提供科技创新和成果转化的人才支持。第4957/2022号法律实施博士生教育改革,通过跨越学术与应用鸿沟的产业博士培养,加强高层次应用型人才供给,为大学科研商业化推广提供可持续发展动力。产业博士生必须与企业合作撰写博士论文,开展以市场需求为导向的应用研究,一方面获得在实践场域的学习机会,提升就业核心竞争力;另一方面解决实际生产中的真实问题,服务于新技术的研发和社会生产力的提升。帕特雷大学(University of Patras)与国家发展和投资部、教育和宗教事务部、希腊开放大学(Hellenic Open University)和地方商会合作开展UPatras IQ四年制产业博士项目,以学术机构和产业部门之间合作促进创新转化为技术和服务。[2]第四,改革科技人才评价标准。第4957/2022号法律规定高校教职人员的选拔和晋升评估不仅要基于候选人的教学能力、科研能力和国际影响力,还要通过专利获得数量评估其对知识应用和技术转让的贡献,以及考虑其参与成果转化和企业建设的情况。

四、希腊高等教育改革对我国的启示

在"后危机时代",希腊高等教育面临着规模扩张、经费缩减、劳动力市场需求转变、世界科技竞争日趋激烈等诸多挑战,实施了包括调整规模结构、改革人才培养、加强协同创新和成果转化等多层次、多方面、多样化政策,且已然取得显著成效,对于提升希腊高等教育综合实力、加强高技能创新人才供给、促进产业转型和生产力提升、推动社会经济发展具有重要意义。然而,希腊频繁的高等教育改革政策在实际运作中也暴露出若干问题,引发了广泛而深刻的批评。首先,希腊的高等教育改革在一定程度上落入了新自由主义"全球脚本"的陷阱,损害了教育公平,加剧了人才流失,削弱了教育在维持社会稳定和促进繁荣方面的核心作用。其次,希腊高等教育战略制定面临着长期思维与短期思维之间的内在矛盾。长期思维追求利他主义和社会繁荣,短期思维强调功利主义和工具性效用。这种矛盾使希腊在教育改革中难以摆脱急功近利的心态,难以保持足够的战略定力和战略耐心,做出立足国家和民族的长远利益的系统性规划。最后,频繁且缺乏一致性、连贯性的政策制定导致希腊高等教育系统难以保持高效而稳定的运作,并且产生了对于政策工具的过度依赖,限制了由多元利益主体协同推动的自下而上的变革,而这种变革是高等教育体系实现持续迭代优化的关键动力。[3]尽管面临着诸多问题,但希腊高等教育发展整体上仍呈现出向好的态势,可以在以下几个方面为我国的高等教育改革政策的制定与实施提供参考。

---

[1] OECD, *Supporting Entrepreneurship and Innovation in Higher Education in Greece* (Paris: OECD Publishing, 2020), p. 40.
[2] OECD, *Supporting Entrepreneurship and Innovation in Higher Education in Greece*(Paris: OECD Publishing, 2020), p. 42.
[3] Andreadakis Z., "Public Mission Under Scarcity: Behavioral Insights into Greek Higher Education", *Tertiary Education and Management* 26, no.1 (2019):91–104.

(一)推进高等教育布局结构优化

随着人口出生率逐步下降和高等教育规模持续扩张,我国社会正处于"人口红利"尚未消失、"人才红利"正在形成的关键时期,然而现阶段的高等教育布局结构和资源配置尚不能适应人口规模变化和经济社会发展需求。为加快教育强国建设,亟须对高等教育布局结构进行调整。第一,高等教育布局要与劳动力市场相适应。科学规划与合理调控高等教育规模发展和布局结构,避免同质化的普通本科高校及部分低成本专业无序扩张导致的人才培养与社会需求脱节问题。与此同时,加强高校的分类发展和分类管理,发挥高等教育结构要素对受教育者的引流、调整和整合作用,引导和支持普通本科、本科层次职业大学、高职学校在内的不同类型高校提高人才培养质量及服务经济社会发展的水平。[①] 第二,高等教育布局结构要与区域发展相适应。立足于区域经济社会发展战略需要、资源禀赋优势、人口规模结构、产业体系特点,合理布局高等院校以及科研机构资源,形成良好的空间网络格局,一方面构建区域协同发展生态系统,另一方面增强人才培养的适应性,充分发挥高等教育对区域创新水平和经济发展的正向辐射作用。第三,高等教育布局结构要与国家战略相适应。围绕国家重大战略需求开展学科专业建设,聚焦人工智能、集成电路、量子科学、生命健康等核心领域和人才急需,与经济发展目标以及相关的产业、科技、技术等外部元素进行有序衔接与有效互动,建立合作共赢的协同发展模式,为实现经济增长以及引领未来科技发展提供前沿技术支撑和高层次人才保障。

(二)完善产学研协同育人模式

随着我国市场经济的快速发展、科学技术的突飞猛进,企业对创新人才的需求的日益增大;而由高等教育普及化导致的高等教育体系与劳动力市场之间日益严重的错位成为我国建设人才强国和提升创新水平的关键阻碍,产教融合、科教融汇的办学理念和产学研协同育人模式成为解决人才培养和劳动力市场需求脱节问题的有效途径。第一,发挥高等院校的平台和节点作用。建设世界重要人才中心和创新高地需要人才培养主体进行多方协同,以高等院校作为交汇点。因此高校须超越传统的管理思维,在人才培养过程中发挥好统筹、协调、服务功能,充分聚集地方政府、行业企业、金融机构等各方资源,与多重利益相关者合力构建更具内生性和可持续性的产学研协同育人模式。第二,优化产学研协同育人的类型结构,服务劳动力市场需求。高校通过广泛而深入的产教融合和校企合作,研判劳动力市场对应用型人才、职业技能型人才和研究型人才的需求趋势,从而有效把握高等教育人才培养方向,增强人才培养的社会适应性,建立面向社会、面向市场的育人体系。第三,完善产学研协同育人的层次结构。科学部署本硕博多层次的人才培养体系,尤

---

① 麦均洪:《促进高等教育结构优化调整 助力教育强国建设》,《中国高等教育》2023年第22期。

其是强化硕博高层次人才培养计划,以国家战略和行业企业的需求为导向,畅通高校与政府、行业企业、产业联盟、科研院所等多重利益相关者在关键领域人才培养的协同机制,加大实践教学在各阶段人才培养中的比重,培育适应劳动力市场需求且具有扎实理论基础、较强实践能力的复合型人才,为高等教育赋能知识创新、科技进步与产业转型提供智力支撑。

(三)聚焦高校原始创新能力提升

习近平总书记指出:"科技创新能够催生新产业、新模式、新动能,是发展新质生产力的核心要素。这就要求我们加强科技创新特别是原创性、颠覆性科技创新,加快实现高水平科技自立自强。"[1]

原始创新是科技进步的源头,往往基于科学原理方面的开拓性、颠覆性重大突破,在转化为产品、技术、工具后能够从根本上改变产业形态、推动产业转型,从而产生巨大的经济和社会价值。实现高水平科技自立自强和高质量发展须重视高校在原始创新中的主体作用,聚集优势资源推动高校原始创新能力的不断提升。第一,完善国家立法和政策支持。构建完备的原始创新知识产权保护制度,完善科技资源共享的相关法律规定;制定提升原始创新能力的支持政策,构建高校、企业、科研院所等多元主体协同的国家创新体系,加大基础研究和应用基础研究的支持力度,鼓励跨学科跨专业的交叉研究,为攻破"卡脖子"的关键核心技术提供人力、经济资源保障;优化高校创新激励机制,建立健全动态调整和分类优化的工资体系,避免简单以人才"帽子""头衔"对标薪酬待遇和学术资源分配,提高周期长、风险高、投入大的基础研究人才薪酬保障。第二,强化创新教育和环境打造。作为高深知识的生产机构、基础研究和重大科技突破的先头部队,大学应从国家和区域战略出发主动谋划布局,大力加强基础学科建设,鼓励基础研究和应用研究的交叉融合,超前部署引领未来发展的关键领域;推动科教融合,打造创新课程体系与创新创业平台,从重大科学项目中提炼科研选题,促使学生在科研实践和解决真实问题的过程中培养创新能力;创设校园原始创新生态和文化氛围,将科学家精神教育融入专业教育和实践场域,培养学生求真求实、甘于奉献的创新人格,从源头上强化高校创新能力,助力科技现代化和创新型国家建设。

---

[1] 习近平:《发展新质生产力是推动高质量发展的内在要求和重要着力点》,《求是》2024年第11期。

Higher Education in Greece in the Post-Crisis Era: Issues, Countermeasures and Insights

He Yuxi and Cui Yanqiang

Abstract: As the country most impacted by the global financial crisis, Greece's higher education system faces multiple challenges in the post-crisis era, mainly reflected in mismatches between the expansion of the higher education sector and the level of economic development, talent supplies and labor market demands, as well as actual innovation levels and national development strategies. To address these challenges, Greece has implemented a series of forward-looking and targeted reform measures, including rationally adjusting the scale and structure of the higher education system to align with economic development needs, reforming the talent cultivation mode to strengthen connections with the labor market, and promoting collaboration in technology innovation and transformation between higher education sectors, research institutions and enterprises to achieve industrial revolution and productivity improvement. The higher education reform in Greece have achieved significant results, providing important insights for the formulation and implementation of higher education reform policies in China.

Key words: Greece; higher education; post-crisis era

多元宗教及文化背景下的希腊跨文化教育

曾琳雅　胡　航

摘　要：随着全球化进程的加速,多元文化共存成为社会常态,跨文化教育成为提升国民国际竞争力和促进社会和谐的重要途径。希腊,作为欧洲历史悠久的文明古国,其在跨文化教育领域的实践与探索,对于世界范围内的教育发展具有重要意义,对于同样面临多元文化融合挑战的中国具有重要的参考价值。本文基于广泛的文献回顾,包括政策文件、学术期刊文章、报告及案例研究,旨在探讨希腊跨文化教育的产生背景、面临的挑战、应对策略及其对中国教育的启示,为全球教育多元化提供实践参考。

关键词：跨文化教育　教育挑战　应对措施　教育启示

作者曾琳雅,西南大学教师教育学院硕士研究生(重庆　400715);胡航,西南大学教师教育学院副教授(重庆　400715)。

随着全球化的深入发展,跨文化教育已成为当今世界各国教育发展的重要趋势。希腊作为欧洲文化的发源地之一,其跨文化教育具有深厚的历史背景和独特的文化特色。本文将从希腊跨文化教育的背景出发,分析其在发展过程中遇到的挑战,探讨应对措施,并为中国教育提供启示。

一、跨文化教育产生的背景

希腊作为一个位于欧洲东南部的国家,历史上是多种文化的交汇点,而希腊跨文化教育的出现,也源于其独特的历史和文化背景。自公元前334年马其顿国王亚历山大的东征,希腊文化进一步传播到东方,开启了东西方文化和教育相融合的新时期。在希腊化时代,希腊本土的文化和教育发生变化并被传播,影响了其他国家的文化和教育。这种跨文化的交流和融合为希腊跨文化教育的发展奠定了坚实的基础。

(一)社会变迁与移民新潮

希腊地区原本为不同的族群(如希腊人、土耳其人、亚美尼亚人)和宗教(如基督教东正教、犹太教、伊斯兰教)共存之地。奥斯曼帝国解体后,大多数新兴的巴尔干民族国家都强调以族群和宗教作为归属感的标志。希腊的政治和经济稳定使140万人口中的四分之一,在1945年—1974年移民的希腊人返回到希腊。随后,希腊意识到有必要重新制定其教育制度,以适应20世纪80年代的外国学生与第一波从美国、加拿大、德国、澳大利亚和南非返回的希腊移民。1991年苏联解体后,希腊接收了来自东欧国家的无证移民,中东以及亚洲和非洲国家的难民、移民。从那时起,大约有50 000人被迫无限期地留在希腊。[1]移民及难民人数在2015年达到顶峰,并且是在欧盟与土耳其达成协议以结束"无组织、混乱、不规则和危险""减少移民流动"后。

希腊人口构成的变化促使教育系统必须适应多元文化的教学需求,跨文化教育因此应运而生。在移民及难民激增的情况下,希腊政府被迫采取具体的教育措施,使教育具有欧洲和跨文化的维度。虽然从20世纪70年代中期开始,人们开始努力解决多文化和多语种问题,但一个关键点是通过了"希腊海外教育、跨文化教育和其他规定"的第2413/96号法律。第2413/96号法律通过前的时期可分为两个子时期,即1970年—1980年和1981年—1995年。1970年—1980年,希腊对外籍学生和外国学生"宽大处理",相对降低了要求,特别是在第一年和第二年的语言课程中。换言之,很可能会有人谈论对他们采取"积极歧视"的态度。随着20世纪80年代希腊的教育政策进入第二阶段,[2]从某种意义上说,减少需求的逻辑与采取补偿措施的逻辑相辅相成,教育部门采取了两项关键战略来促进这些群体的教育与社会融合。第一项战略是1980年,规定为返回希腊的学生举办接待班和辅导班,在学校系统之外,帮助他们学习希腊语(第1404/1983号法律),以满足从德国、美国、加拿大和澳大利亚返回希腊的学生的教育需求。1990年(第1894/1990号法律),接待班被纳入主流学校,如果地方当局愿意,可以设立接待班。1999年,该法律进行了修订(第1789/1999号部长决定),并将接待班定义为一种灵活的机构,以促进返回学生和外国学生"有效和积极地参与"希腊教育系统。第二项战略是1996年,第2413/1996号法律规定了为回国学生和外国学生提供跨文化教育,并建立了"跨文化教育学校"。当时,共建立

---

[1] Giannis Moysidis, "Intercultural Schools in Greece: Students' and Teachers' Perceptions of Their Intercultural Competence and Future Considerations" (PhD diss., King's College London, 2022).

[2] Katerina Papaioannou, "Educational Policies in the European Union for Intercultural Education: The Integration in Greek Education System", *Intercultural Education* 10 (2022): 12.

有26个跨文化教育学校(小学和中学),位于希腊的各个地区。[1]

综上可以看出,希腊跨文化学校及教育的出现与当时的世界格局、社会环境、希腊的政策氛围有不可分割的关系。周边一些国家动荡的社会境况导致希腊变为移民及难民的接收处,不同文化背景的移民及难民也为希腊的社会和教育带来了相应的挑战。因此,为应对多文化产生的教育压力,跨文化教育政策产生了,跨文化学校也随之在这种背景下建立。

(二)跨文化教育的定义

跨文化教育,至今在希腊仍极其盛行,其作为一种深入根植于希腊教育体系中的教育制度,通过促进不同文化背景、语言和传统的交流与融合,不仅显著地塑造了希腊的教育发展轨迹,而且极大地丰富了其教育多元化的内涵。

整个欧洲多元/跨文化教育的广泛目标相当相似。用非常宽泛和笼统的术语来表述:它们旨在改善任何特定社会不同人口群体之间的关系;提高少数种族和族裔以及移民的受教育程度;必要时提供语言支持;为年轻一代在多元文化社会中培养跨文化能力奠定必要的基础。根据Helmut Essinger(1991)[2]的说法,跨文化教育的主要原则如下。其一,同理心教育。这是关于学习理解他人,设身处地为他人着想,并从自己的角度看待他们的信仰和问题的教育。如果要做到这一点,教育应该鼓励年轻人对"差异"或"他人"的问题表现出兴趣,无论他们是作为邻居住在我们旁边的移民,还是生活在我们境内的其他人。其二,团结教育。培养学生形成一种超越群体、国家和种族界限的集体良知,有相同的价值观,并可能遇到同样的问题。在这种情况下,相互支持是合理的期望。其三,尊重文化差异的教育。这种尊重可以通过我们向外国文化"开放"来实现,同时通过邀请他人参与我们自己的文化来实现。其四,反对民族主义思维方式的教育,其目的是对其他民族开放、相互交流以及消除民族定型观念和偏见。Georg Auernheimer(1995)[3]讨论了跨文化教育所强调的一系列问题。第一是跨文化教育被视为社会学习,一个人通过这种学习获得社会能力,如同理心、宽容、团结等。第二是跨文化教育,即为一个人提供在不同文化之间对话的能力的教育。后者的一个条件是接受文化差异并有能力处理它。第三是通识教育,它提供了多元视角。

---

[1] Evie Trouki, "The Challenge of Cultural Diversity in Greece: Reflections on 'Intercultural Education Schools'(IES) Strategy for Creating Inclusive Learning Environments", *Power and Education* 4, no. 2 (2012): 219-229.

[2] Essinger, H., "Interkulturelle Erziehung in multiethnischen Gesellschaften [Intercultural Education in Multi-ethnic Societies]", in *Schule in der multikulturellen Gesellschaft. Ziele, Aufgaben und Wege interkultureller Erziehung[School in the Multicultural Society: Goals, Tasks and Paths of Intercultural Education]*, ed. Marburger H. (Frankfurt a. M.: Verlag für Interkulturelle Kommunikation, 1991), pp. 3–18.

[3] Auernheimer, G., *Einführung in die interkulturelle Erziehung [Introduction to Intercultural Education]* (Darmstadt: Wissenschaftliche Buchgesellschaft, 1995).

与大多数其他欧盟成员国相比,希腊的跨文化教育发展得相当晚。希腊的跨文化教育是在希腊公共教育系统制定和实施的学术和概念辩论以及相关政策基础上发展起来的。在希腊,"跨文化教育"的概念最早出现是在1996年颁布的一项法律中。1996年颁布的第2413号法律确定了"跨文化教育"的总体目标,并首次使用了"跨文化教育"一词。根据第34条:"跨文化教育"的宗旨是组织和使中小学能够为具有教育、社会、文化或其他智力特点的年轻人提供教育。[1]此外,有许多的学者对"跨文化教育"也进行了相应的定义。Markou(1997)[2]从学校及教学的角度指出跨文化教育是一个涵盖学校生活方方面面的过程,而不仅仅取决于少数族裔群体在学校的存在。它对所有儿童的影响可能特别积极,而不论其语言或文化背景如何。跨文化教育仍然是一种教学程序、一种哲学,设想学校和社会的重组。它涉及并回答在多元文化和多族群社会中出现的跨文化性质的问题,同时它允许学生表达自己。Gotovos(2001)[3]从教学法的角度提出跨文化教育表达了一种批判性的教学法,它怀疑人类、来自不同社会和文化背景的学生之间没有删节的有差异的神话,这些差异将被纳入经济和技术社区的统一政策中。Ladson-Billings and Gillborn(2004)[4]认为多元文化和跨文化教育已经发展成为满足少数族裔群体的教育需求(语言和文化)的一种方式,和/或更好地处理主要由"二战"后移民趋势产生的族裔、种族和文化多样性。同时,有学者也强调跨文化教育是变化的,其概念不是固定的、稳定的,或不受时间、地点和政治背景影响的。

在跨文化教育提出的背景下,希腊也相应地建立了跨文化教育学校。跨文化教育学校挑战了现有希腊教育体系的单一文化取向,不提倡"大熔炉"方法并专注于同化。除了主张需要整合代表不同文化背景的活动和材料外,还特别强调课程需要以多样性为导向的想法。跨文化教育学校采用其对应的公立(州立)学校的课程,并根据学生的特定教育、社会或其他智力需求进行调整。[5]希腊跨文化教育学校和公民教育围绕着四个轴心组织:希腊教育系统的组织、相关的教育立法、国家课程、教师在所进行研究的基础上实施跨文化教育以及公民教育的教学方法和实践参考。[6]

---

[1] Evie Trouki, "The Challenge of Cultural Diversity in Greece: Reflections on 'Intercultural Education Schools'(IES) Strategy for Creating Inclusive Learning Environments", *Power and Education* 4, no. 2 (2012): 219-229.
[2] Markou, G. "Introduction to Intercultural Education", *Electronic Arts*, 3 (1997).
[3] Gotovos, A., "Universality, Heterogeneity and Identity: Renegotiating the Meaning of Education"(PhD diss., University of Ioannina, 2001).
[4] Gloria Ladson-Billings and David Gillborn, *The RoutledgeFalmer Reader in Multicultural Education* (New York: Routledge-Falmer, 2004).
[5] Evie Trouki, "The Challenge of Cultural Diversity in Greece: Reflections on 'Intercultural Education Schools'(IES) Strategy for Creating Inclusive Learning Environments", *Power and Education* 4, no. 2 (2012): 219-229.
[6] Salicchi Evancia, "Introduction to the Greek Intercultural School: Promoting Intercultural and Civic Issues?" *Educa Gravia Plus* 15, no. 1 (2016): 348-365.

二、跨文化教育实施过程存在的问题及挑战

由于大量难民和移民的迁入,希腊出现了宗教多元化以及文化多元化的局面。为了希腊国家的安定,为了希腊文化更好地发展,为了应对此种情况,跨文化教育应势而生。但跨文化教育的实施并非一帆风顺的,在实施初期,政策的不完善、社会氛围的排斥、学校环境的抵触、教师队伍的不健全、学生的歧视等都成了跨文化教育实施的挑战,而这些挑战也不断推动着跨文化教育一步一步走向成熟和完善。

(一)政策层面:政策制定之疏漏与落实之无依

在希腊,教育政策并不是中性的,它具有明确的宗教取向,主要是由于当时宗教在宪法中地位的确立。这不是宪法悖论,而是立法者基于文化和社会特征的选择。[1]由此可见,希腊的教育政策在很大程度上是根据当时社会所盛行的宗教而制定的,于此就相应地使希腊的教育政策与宗教形态产生了密不可分的联系,从而进一步导致跨文化教育展开的困难。针对这样的社会背景,学者 Gropas R. 和 Triandafyllidou A.(2011)[2]讨论和探索了与移民有关的多样性带来的教育挑战,主要探讨了以下几个核心问题:希腊如何设计跨文化教育以应对不断增长的移民?如何看待它与希腊身份的关系?希腊教育政策针对当代希腊社会,特别是移民人口的主要目标是什么?这些是否在变化?如果是,朝什么方向发展?各利益攸关方的看法是否存在差异?结果表明:希腊跨文化教育的逻辑是分离的,而不是像法律所声称的那样满足学生的特殊需求。它使跨文化教育只与被确定为跨文化教育的26所学校相关,而与其余的教育单位无关。它无助于推动大多数人对希腊社会的了解及观念的转变。此外,研究者在与教育部门人员讨论希腊教育政策和跨文化层面时,大多数人员的第一反应是这不是他们职责的一部分。大多数教育部门的人员尚未认为跨文化教育与主流教育改革有关,他们认为跨文化层面不是一个优先问题。因此,这一层面仍未在政策部门得到巩固。2007年,一位雅典中等教育教师协会(OLME)的受访者强烈地批评了相关法律和宪法中相互矛盾的规定:宪法一方面说希腊有宗教信仰自由,另一方面说占主导地位的宗教是基督教东正教,这意味着这里有一个矛盾的领域。法律中说教育应该建立在基督教东正教传统的真正元素之上,同时又说,儿童应该学会尊重所有文明和所有民族的作品。在这个矛盾的领域内,任何政策都可以非常舒适地移动、调用一个或另一个因素。在政策层面上,儿童的文化特点显然也没有得到尊重。在以上教育政策的缺

---

[1] Greorgios Tsaousis, "Prevailing Religion as a Factor in Enhancing the Right to Education: The Example of Educational Policy in Greece", *Religions* 14, no. 7 (2023): 837.

[2] Ruby Gropas and Anna Triandafyllidou, "Greek Education Policy and the Challenge of Migration: An 'Intercultural' View of Assimilation", *Race Ethnicity and Education* 14, no. 3 (2011): 399-419.

陷和矛盾中,跨文化教育的实施进程极度缺乏稳定的政策措施保障,多元文化的宽容和理解受到了极大的阻扰。学者Giannis Moysidis(2022)[①]也提出希腊的政策在很大程度上是同化的,尽管大多数希腊政府文件提到"包容和融合是优先目标"。学者Katerina Papaioannou(2022)[②]对20世纪90年代初之前的体制框架和教育实践进行了全面评估,评估表明:法律虽规定了为回国学生和外国学生提供跨文化教育,并建立了跨文化教育学校,但其法律背后的精神接近于同化主义模式,因为它专门针对有"语言缺陷"的学生,尽管在某些地方它承认至少在理论层面上有权学习他们的母语和文化。此外,希腊政府在谈到跨文化教育时,只提到不同学生的需要,而至少在最初,它并没有考虑到跨文化教育方法应该针对所有学生。因此,人们可以很容易地得出结论,无论标题如何,相关法律的理论出发点更多地与"同化"的教育方法有关,而不是与跨文化教育有关,因为要求处理异质性的跨文化方法不仅涉及少数群体,而且同样涉及主导群体的成员。

通过各位学者的探讨和研究,可以清晰地看到希腊的教育政策更多地与希腊人在国外的教育有关,而不是与满足希腊移民儿童的需要有关,教育政策中对跨文化教育的支持存在着"名存实亡"的问题,政策中隐含着对宗教和教育同化的隐性支持、对多元文化融合的排斥、对外来移民学生的不尊重,政策的缺陷和不完善的问题自然而然地让希腊跨文化教育的发展陷入了矛盾和停滞中。

(二)社会及宗教层面:社会保守之固守与宗教偏见之藩篱

希腊独特的社会环境、宗教信仰的深厚根基、悠久且丰富的历史文化底蕴以及其多元文化共存的社会格局,共同构成了跨文化教育实施不可或缺的外部因素。这一框架不仅为跨文化教育的实践提供了肥沃的土壤,更为教育体系内实施多元文化教育策略提供了相应的现实条件。希腊社会和宗教环境作为跨文化教育的重要载体,其内在的包容性和开放性对于不同文化的共存与融合起到了至关重要的作用。这种环境背景极大地促进了希腊文化与外来文化之间的交流、碰撞与融合,进而推动了跨文化教育的快速发展。然而,在跨文化教育发展的过程中也必须正视所面临的社会及宗教层面的挑战,如人民思想的固化、种族主义中心严重以及宗教歧视等。应思考解决策略,以促进不同文化之间的和谐共处与共同发展。

研究者Evie Zambeta(2000)[③]指出,纵观现代希腊历史,语言的连续性以及东正教一

[①] Giannis Moysidis, "Intercultural Schools in Greece: Students' and Teachers' Perceptions of Their Intercultural Competence and Future Considerations" (PhD diss., King's College London, 2022).
[②] Katerina Papaioannou, "Educational Policies in the European Union for Intercultural Education: The Integration in Greek Education System", *Intercultural Education* 10 (2022): 12.
[③] Evie Zambeta, "Religious and Ethnic Identity in Greek Education", *Intercultural Education* 11, no. 2 (2000): 145–156.

直被视为民族认同的基点。不仅在学校,而且希腊社会的相当一部分人也认为东正教是希腊化的内在特征。在希腊的政治和文化背景下,"希腊-基督教文明"一词被用来强调希腊身份的本质及其独特性。这种观点最有力的拥护者是希腊东正教和保守派政治派别。Michael Damanakis(2005)[1]指出,教育实践中的抵制者是家长、教师和教育管理人员。学者 Nektaria Palaiologou 和 Daniel Faas(2012)[2]针对希腊的教育的"跨文化"程度,从政策制定者和教育工作者两个角度进行了探讨研究,研究结果不仅充分凸显了政府政策与学校实践之间的差距,传统主义者与进步主义者之间的差异,而且表明希腊还有很长的路要走。在文中他们也指出政策制定者、社会、教育工作者要摒弃以种族为中心,并在所有公立学校中全面实施跨文化教育,而不仅仅是在所谓的跨文化学校。Giannis Moysidis(2022)[3]在"Intercultural Schools in Greece: Students' and Teachers' Perceptions of Their Intercultural Competence and Future Consideration"一文中指出:宗教是身份和多样性的主要标志。在希腊,容纳人们不同的宗教关切并将其纳入以前基本上是同质的群体是其面临的最大挑战之一。

由上述可得,在社会及宗教层面,希腊人民绝大多数一直主张拥护希腊的东正教,他们将宗教视为身份的象征。受这样的思维影响,具有不同宗教信仰的难民及移民则难免不被希腊社会和人民接受与理解。此外,在不同的宗教信仰背后,又蕴含着人们不同的生活方式、处事态度、传统和经验。在这样如此不同的宗教及社会背景下,希腊社会自然对来自国外的人表现出强烈的仇外情绪,希腊的跨文化教育发展也面临着挑战。基于希腊社会的这种文化语境,个体文化身份的维护与坚守往往跟促进社会整体的文化融合与和谐共存形成了一种微妙的张力。这种张力不仅体现了希腊社会在多元文化背景下的内在矛盾,也揭示了其在实现文化多样性与统一性之间的复杂平衡过程。

(三)学校层面:校领导忧虑、学生偏见、家长歧视:多元文化学生之困与单一文化学校之桎

学者 Ruby Gropas 和 Anna Triandafyllidou(2011)[4]指出,一个社会构建教育系统的方式及其通过学校教育传播的价值观(教学方法、课程等),表达并决定了学生对"自身"身份和

---

[1] Damanakis M., "European and Intercultural Dimension in Greek Education", *European Educational Research Journal* 4, no. 1 (2005): 79-88.
[2] Palaiologou N. and Faas D., "How 'Intercultural' Is Education in Greece? Insights from Policymakers and Educators", *Compare: A Journal of Comparative and International Education* 42, no. 4 (2012): 563-584.
[3] Giannis Moysidis, "Intercultural Schools in Greece: Students' and Teachers' Perceptions of Their Intercultural Competence and Future Considerations" (PhD diss., King's College London, 2022).
[4] Ruby Gropas and Anna Triandafyllidou, "Greek Education Policy and the Challenge of Migration: An 'Intercultural' View of Assimilation", *Race Ethnicity and Education* 14, no. 3 (2011): 399-419.

对"他人"理解的主导看法。因此,它可以成为促进社会团结、平等和多元化的一体化工具。然而,它同样可以明示或含蓄地传播偏见和定型观念,从而根深蒂固地形成对文化对抗或各种直接和间接歧视的看法。

Bombas 的研究(2001)[1]涉及希腊学校校长和教师对外国人的看法,研究表明移民学生在语言以及文化适应方面苦苦挣扎,说明希腊学校对多样性怀有敌意。与这些调查结果相呼应,一个关于小学跨文化教育的项目(Giavrimis, Konstantinou, Hatzichristou, 2003)[2],发现移民的学业成绩低下,将其与消极的自尊和学习希腊语的问题联系起来。Dimakos 和 Tasiopoulou(2003)[3]探讨了中学生对外国出生者、同学、他们的家人和其他移民的看法。他们暴露出对多样性的矛盾心理,因为移民"被认为是可能会影响社会和对国家不利的"。作为希腊跨文化教育的主要专家之一,Michalis Damanakis 在他最近的著作(2005)[4]中指出,自 1996 年以来,教育部采取了一系列举措,以解决教育系统在跨文化领域的缺陷,特别是从"赤字"到"差异"的概念,从"外国人教育"转向"跨文化教育"。他认为,教育部已经立法和资助了教育计划,并鼓励跨文化实践,但家长、教师和教育管理人员对这些做法存在抵制。教育体系仍然具有"形式主义、专制教学法和不合时宜的教育知识,城市和农村地区之间的机会不均等,种族主义盛行,宗教氛围浓厚,充斥着对少数民族的排斥"(Kazamias, 2009:253)。[5]Palaiologou 和 Faas(2012)[6]也指出希腊从六七十年代的传统移民国家转变为 80 年代后期的移民国家。学者们普遍认为,跨文化教育往往难免有同化之嫌,强调学习希腊语言和文化,而忽视了少数族裔学生的语言及其文化背景。因此,学校内的跨文化教育通常通过民俗庆祝活动来促进学生对文化多样性的认可,而不走向接受不同的文化和宗教。尽管试图使课程现代化,但传统价值观仍占主导地位。希腊语课程强调历史教科书中国家主题的教学,无视科学研究的基本原理。希腊的学校未能在不同的文化之间建构批判性的对话,尽管做出了某些努力,但仍无视外国学生的需求。

除此之外,大量学者批判了单一文化学校的劣势,指出单一文化学校及政策的缺陷和不公,也从这一层面点明了在当时的社会背景下学校层面存在的问题。在实践层面,单一

---

[1] Bombas L., "Language and Non-Language Issues of 'Our Immigrant Students': The Opinion of School Principals as a Tool of Reflection and Dialogue" (paper presented at the 4th Annual Convention of Intercultural Education, Patras, Greece, 2001).

[2] Giavrimis P., Konstantinou E., and Hatzichristou C., "Dimensions of Immigrant Students' Adaptation in the Greek Schools: Self-concept and Coping Strategies", *Intercultural Education* 14, no. 2 (2003): 423-434.

[3] Dimakos I. C., and Tasiopoulou K., "Attitudes Towards Migrants: What do Greek Students Think About Their Immigrant Classmates?", *Intercultural Education* 14, no. 3 (2003): 307-316.

[4] Damanakis M., "European and Intercultural Dimension in Greek Education", *European Educational Research Journal* 4, no. 1 (2005): 79-88.

[5] Kazamias A. M., "Modernity, State-formation, Nation Building and Education in Greece," in *International Handbook of Comparative Education* (London: Springer, 2009), pp. 239-257.

[6] Palaiologou N. and Faas D., "How 'Intercultural' Is Education in Greece? Insights from Policymakers and Educators", *Compare: A Journal of Comparative and International Education* 42, no. 4 (2012): 563-584.

文化学校的政策不加批判地反映了规范文化的优越性,暗示了文化多样性群体的文化赤字。(Gundara,2000)[1]利用文化剥夺模式的学校领导和教师认为,与本国同龄人相比,移民学生处于劣势,能力低下且学业成绩不佳。(Zembylas and Iasonos,2010)[2]Banks 和 McGee Banks(2009)[3]认为,基于文化赤字范式的学校政策和课堂实践试图将学生与他们的原籍文化隔离开来,因为这些文化被认为是移民学生在学校表现不佳的主要原因。同时,他们谴责单一文化学校现状,指出单一文化学校旨在将移民学生从种族关系中"解放"出来,使他们能够接受主流社会的态度。Tiedt P. L. 和 Tiedt I. M.(2010)[4]解释说,模式的首要目标是将移民学生同化,使其认同主流文化。学校政策和课堂实践通过向移民提供文化和其他经验来促进移民的同化,这些经验据称可以弥补他们的认知和智力缺陷。同化寻求移民学生对学校价值观的调整,而不是为了满足儿童的需求而改变社会和学校的立场和政策。(Hajisoteriou,2012)[5]Hickling-Hudson(2003:382)[6]谴责单一文化学校是"文化上有问题的学校",通过暴力(情感和智力)要求移民学生"融入非常不尊重他们的文化框架"来延续种族中心主义的做法。单一文化教学法、学校课程、教科书和人际关系中的种族中心主义和对移民的敌意话语导致移民学生被边缘化和排斥,进而导致成绩低下和缺勤率高。[7]

综上所述,在面对多元文化的挑战时,仍有不少学校领导、学生和家长持单一学校文化教育的态度,他们对具有不同文化背景的学生暴露出担心和歧视,担心移民学生对希腊文化和宗教信仰的冲击。来自学校领导、学生和家长的偏见导致了移民学生在接受跨文化教育过程中受到了不公对待,这样的不公进而导致他们学业成绩较差,大量的单一文化拥护者又将移民学生成绩较差视为希腊教育和社会稳定维持的影响因素,周而复始,形成恶性循环。因此,不断加深着希腊人民对跨文化教育的偏见与不屑,导致跨文化教育的实践面临巨大的挑战与困境。

---

[1] Gundara J. S., *Interculturalism, Education and Inclusion* (London: Paul Chapman Publishing Ltd., 2000).
[2] Zembylas M. and Iasonos S., "Leadership Styles and Multicultural Education Approaches: An Exploration of Their Relationship", *International Journal of Leadership in Education* 13, no. 2 (2010): 163–183.
[3] Banks J. A. and McGee Banks C. A. (eds.), *Multicultural Education: Issues and Perspectives* (Needham Heights, MA: Wiley, 2009).
[4] Tiedt, P. L. and Tiedt, I. M., *Multicultural Teaching: A Handbook of Activities, Information and Resources* (Boston: Allyn and Bacon, 2010).
[5] Hajisoteriou C., "Intercultural Education Set Forward: Operational Strategies and Procedures in Cypriot Classrooms", *Intercultural Education* 23, no. 2 (2012): 133–146.
[6] Hickling-Hudson A., "Multicultural Education and the Postcolonial Turn", *Policy Futures in Education* 1, no. 2 (2003): 381–401.
[7] Hajisoteriou C. et al., "Global Cross-cultural View of Education", in *Globalization of Cross-cultural Education: Politics of Macro-and Micro-integration* (New York: Routledge, 2016), pp. 35–64.

(四)教师层面:教师应对力匮乏,存在歧视心理

1.教师缺乏应对来自多元文化背景学生的能力,教学存在困难

Yuen 和 Grossman 的调查(2009)[1]显示,教师难以理解和接受文化差异。Spinthourakis,Karatzia-Stavlioti 和 Roussakis(2009)[2]的研究表明,276 名准教师的跨文化敏感性量表(ISS)分数相对较高(92.48,标准 90.08)。然而,70%的参与者表示,他们没有做好充分的准备来处理与跨文化有关的问题。Nektaria Palaiologou 与 Catherine Dimitriadou(2013)[3]以希腊为例,指出跨文化/多元教育已成为职前教师教育课程的一部分。研究表明,教师往往无法与来自不同文化背景的学生一起参与学习过程。之所以出现这种情况,是因为这些学生在语言交流和识字实践方面通常存在困难,导致在多元文化课堂上被贴上"边缘化"或"文化隐形"的标签。Yurtseven 和 Altun(2015)[4]使用混合研究方法发现,教师缺乏文化敏感性,似乎很少或根本没有接受过多元文化教育。研究者 Natalia Chranioti 和 Eugenia Arvanitis(2018)[5]对 148 名希腊学校教师进行了调查,探讨了小学教师的跨文化敏感性,以及他们在多元文化背景下有效沟通的能力,指出了跨文化教育中教师面临的挑战:专业准备已成为学校教育系统面临的巨大挑战;教师反思自身能力和应对多元文化挑战的能力成为公共话语的核心;教师必须考虑到学生的文化背景,立即对学生的需求做出回应。传统上,希腊教师对多样性的反应是直觉的,源于种族中心主义和融合主义的立场。但最近,在难民问题上,人道主义观点占了上风。

2.教师依旧对跨文化背景的学生存在歧视心理

Dragona(2008)[6]认为,在希腊,大多数教师对文化多样性持消极态度。具体而言,在 910 名小学教师中,有 61%表达了支持种族中心主义和仇外心理的观点。Dimitrelou(2011)[7]的调查中也提到了低水平的跨文化敏感性,该调查记录了中学教师的观点。

教育从业者表明了对跨文化对话的更多赞赏,尽管这些观点似乎隐含着同化观点。

---

[1] Yuen C.Y. M. and Grossman D., "The Intercultural Sensitivity of Student Teachers in Three Cities", *Compare: A Journal of Comparative and International Education* 39, no. 3 (2009): 349–365.

[2] Spinthourakis J. A., Karatzia-Stavlioti E., and Roussakis Y., "Pre-service Teacher Intercultural Sensitivity Assessment as a Basis for Addressing Multiculturalism", *Intercultural Education* 20, no. 3 (2009): 267–276.

[3] Nektaria Palaiologou and Catherine Dimitriadou. "Multicultural/Intercultural Education in the Curriculum of Pre-service Teacher Education: A Case Study of Greece", *Multicultural Education Review* 5, no. 2 (2013): 49–84.

[4] Yurtseven N. and Altun S., "Intercultural Sensitivity in Today's Global Classes: Teacher Candidates' Perceptions", *Journal of Ethnic and Cultural Studies* 2, no.1 (2015): 49–54.

[5] Chranioti N. and Arvanitis E., " Teachers' Intercultural Sensitivity in Greek Public Schools", *Educational Journal of the University of Patras UNESCO Chair* 5, no. 2 (2018): 15–25.

[6] Dragona T., "Educating the Unfamiliar 'Other': Identities, Psychological Mechanisms and Ideology", in *Addition and No Subtraction, Multiplication and No Division*, eds. T. Dragona and A. Fragoudaki (Athens: Metaixmio, 2008), pp. 423–435.

[7] Dimitrelou A.,"Intercultural Proficiency and Readiness of Scholars in Intercultural Education and Pedagogy", in *Intercultural Education Migration Conflict Management and Pedagogy of the Republic* (Athens: Metaixmio, 2011), pp. 423–435.

他们的观点是,学校应该适应多样性,邀请和鼓励移民儿童,这些儿童既是外国人,其社会经济背景又比普通希腊学生更弱势,因此面临很大困难。然而,如果这些移民家庭和他们的孩子选择来到这个国家,他们应该适应当地的现实和民族文化。他们的文化和原籍国在这里变得不那么重要了,尤其是在日常生活中。[1]

各位学者以问卷、访谈及评价量表等方式对教师的跨文化敏感性和在跨文化教育中的观点进行了研究,可以看出:在跨文化教育中,教师缺乏应对多样文化背景学生的能力,教师无法更合理地开展课堂教学,且教师的教育不仅在知识层面,同样需要对学生的思维、情感态度、文化和自我认同感等进行培养和提升,而多数教师在此方面是存在欠缺的。此外,还存在部分教师对来自其他国家的学生具有歧视和仇恨心理,导致教育中出现不公平的现象。教师在教育中起着主导作用,上述教师层面存在的问题为跨文化教育的发展带来挑战。

三、跨文化教育挑战应如何应对

在应对跨文化教育所面临的问题与挑战中,希腊应如何从政策、社会、学校及教师等多个维度进行针对性的调整与优化?这些变革不仅会推动跨文化教育体系的逐步成熟与深化,而且对希腊的核心教育理念、教育质量及教育创新都会产生深远影响。这种影响显著地体现在教育生态的丰富性与多元性的提升上,为希腊教育的全面发展注入新活力与新动力。

(一)外界促进:全球化背景推动对跨文化教育的重视程度提高

全球化趋势影响了民族国家的结构,这既是现代的一个特征,也是承认、保护和保存构成现代社会的文化特性的迫切需要。在这种背景下,在管理多样性的努力中,教育部门已成为一个占主导地位的社会组成部分,因为它是形成文化认同的关键所在。随着国家成为多元文化实体,跨文化教育在学校教育过程中出现、重视并不断发展。[2]

此外,当今世界对跨文化教育的重视程度也在不断提高。《联合国2030年可持续发展议程》(UNESCO,2018)[3]等倡议获得了突出地位。包括希腊在内的193个国家已经承诺遵

---

[1] Ruby Gropas and Anna Triandafyllidou,"Greek Education Policy and the Challenge of Migration: An 'Intercultural' View of Assimilation", *Race Ethnicity and Education* 14, no. 3 (2011): 399–419.

[2] Katerina Papaioannou,"Educational Policies in the European Union for Intercultural Education: The Integration in Greek Education System", *Intercultural Education* 10 (2022):12.

[3] United Nations Educational, Scientific and Cultural Organization (UNESCO), "Progress on Education for Sustainable Development and Global Citizenship Education", 2018, accessed July 16, 2024, https://en.unesco.org/news/unescos-progress-report-education-sustainable development-and-global-citizenship-education.

守2030年达成的17个目标。目标4优先关注提供优质教育和终身学习,解决"弱势群体——包括移民儿童、难民和其他流离失所人口"的问题。[1]目标4.7将"对文化多样性的全球公民意识和欣赏"(联合国教科文组织,2017)与未来的可持续教育联系起来。

在全球化的宏阔视野下,跨文化教育的蓬勃发展得到了显著推动,这一趋势促使希腊政府及社会各界对跨文化教育的重视到达新的高度。在这样的时代背景下,跨文化教育的深度和广度均呈现出前所未有的增长态势,标志着其在全球化和多元文化交流中发挥着越来越重要的作用。

(二)政策层面:修订法条促完善,多方协同助发展

教育政策框架的坚实支撑让教育体系得以有条不紊地实施并不断趋于完善,确保着教育质量和效率的持续提升。在应对希腊跨文化教育所面临的挑战时,希腊政府亦逐步对教育政策进行了相应的调整与优化,诸如推行免费补贴政策、开设针对学生父母的希腊文化课程,以及协调私立部门共同促进跨文化教育的有效实施等举措,旨在全面保障跨文化教育的顺利推进。

教育政策在传播知识和技能方面具有重要意义,这些知识和技能决定了进入(全球)就业市场的机会以及个人和经济发展的机会。同时,教育部门可能是公共政策中最敏感和最具有政治色彩的领域之一,因为它在身份形成、民族凝聚力和民族意识方面起着决定性作用。教育政策是将个人融入新社区和不断变化的社会的重要工具。[2]

教育部鼓励移民学生入学,并承诺为他们的父母提供语言、文化的指导。[3]尼基·凯拉缪斯(Niki Kerameus)指出,历史主题应该放弃其社会学特征并重新设计以发展希腊民族良知(Filis,2019)[4]。她宣布她打算规范跨文化教育和希腊学校(主流和跨文化),对移民/难民提供进一步的教学。然而,希腊通过了一项新法案(第4823/2021号法律),——"升级学校、赋予教师权利和其他规定",宣布在中小学试验学校试行新课程。第2413号法律第35条也指出:"跨文化教育学校由国家教育部部长、宗教事务部部长和财政部部长共同决定设立,其他公立学校可进行跨文化教育。地方政府机构、教会机构和其他非营利性慈善协会建立跨文化教育学校也可获批准。这些学校可由私立教育账户提供补贴。"[5] Karami-

---

[1] S. Nicola, J. Wales, and E. Aiazzi, *Education, Migration and the 2030 Agenda for Sustainable Development* (London: Overseas Development Institute, 2017), p. 5.

[2] Ruby Gropas and Anna Triandafyllidou, "Greek Education Policy and the Challenge of Migration: An 'Intercultural' View of Assimilation", *Race Ethnicity and Education* 14, no. 3 (2011): 399–419.

[3] Giannis Moysidis, "Intercultural Schools in Greece: Students' and Teachers' Perceptions of Their Intercultural Competence and Future Considerations" (PhD diss., King's College London, 2022).

[4] 转引自:Filis, N., "Mere Thoughts on the Subject of History" (Translated from Greek), *Kathimerini*, September 15, 2019。

[5] Katerina Papaioannou, "Educational Policies in the European Union for Intercultural Education: The Integration in Greek Education System", *Intercultural Education* 10 (2022):12.

trou A.(2020)[1]调查希腊教师认为通过多种方式可以在多大程度上增加教师教育中跨文化教育的比重以及通过学校参与可以在多大程度上加深公众对跨文化教育机构的认识和了解。研究结果表明：各国的教育政策必须特别强调新技术的利用，强调所有学生的文化认同，这将消除跨文化教育中出现的主要问题。此外，Vicky Kantzou等学者(2017)[2]采用多案例研究的方法，重点研究为15岁及以上的移民和难民提供免费语言课程的非正规教育环境，对教师和学习者进行访谈，收集调查问卷并对教育过程进行观察。而这些课程在一些情况下是在非政府组织的资助下开设的，而在另一些情况下则是志愿者开设的。研究结果表明，人道主义组织和志愿人员对这一群体顺利融入社会和满足他们迫切的语言需求做出了非常重要的贡献。

综上所述，希腊教育政策的调整与变革，以及非正规教育领域的协同支持，共同为跨文化教育的显著进步提供了坚实的理论支撑和实践保障。这些政策与举措不仅体现了希腊政府对教育多元化和国际化趋势的深刻理解和积极回应，而且有效促进了希腊社会对不同文化背景学生的接纳和包容，从而推动了跨文化教育在希腊的深入发展和广泛应用。

（三）学校方面：多重调整课余活动，谱写跨文化教育新篇章

学者Skourtou E., Vratsalis K.和Govaris Ch.(2004)[3]指出，学校的作用是双重的：它是跨文化实践的舞台，也是培养儿童在多元文化社会中生活的教育机构，目标是支持文化丰富，增加对"他者"的理解和宽容，拒绝种族主义歧视和排斥，从而接受社会的多元文化构成。学校是实施系统化、专业化教育，促进个体全面发展，以及传承和创新知识文化的核心机构。作为教育实施的场所，各学校为应对跨文化教育的挑战，都做出了恰当的变动。

Evie Trouki(2012)[4]认为，跨文化教育学校内部发展的主要思想为："跨文化教育"是一种新的教学法，其目的不是减少差异，而是促进多样性作为个人发展和跨文化交流的知识来源。这些跨文化教育学校从学校角度谈及促进跨文化教育，主要包括以下解决措施。(1)根据他们的希腊语知识水平进行分组。(2)使用他们认为适合作为第二语言或外语学习希腊语的教育材料，以及他们自己开发的支持性教育材料(例如摘要)，或与学生合作(例如翻译、词汇表)，而不是完全使用官方教科书。(3)课外活动(如国际象棋俱乐部、音乐节、戏剧、报纸和网页开发)的实施侧重于对学生的语言和文化教育。(4)特别强调使用非

---

[1] Karamitrou, A. "Cross-cultural Dimensions of School Education in Greece and Ways to Strengthen Education" (CICERI2020 proceedings, IATED, 2020).

[2] Vicky Kantzou et al., "Language Education for Refugees and Migrants: Multi-case Studies from the Greek Context", Διάλογοι! Θεωρία και πράξη στις επιστήμες αγωγής και εκπαίδευσης (2017): 18–34.

[3] Skourtou, E., Vratsalis K., and Govaris Ch., "Migration and Education in Greece: An Assessment of the Current Situation, Challenges and Prospects". [Athens: Institute for Migration Policy (IMEPO) report, 2024].

[4] Evie Trouki, "The Challenge of Cultural Diversity in Greece: Reflections on 'Intercultural Education schools'(IES) Strategy for Creating Inclusive Learning Environments", Power and Education 4, no. 2 (2012): 219–229.

语言活动,让学生熟悉他们新的教育和社会环境,这是他们未来生活所必需的。(5)接纳具有跨文化背景学生的班级在支持学生克服语言困难并能够成功加入常规班级方面发挥着重要作用。(6)为学生提供学习和使用少数族裔语言的机会,以促进学生学习和尊重其他文化。(7)需要灵活的课程,使学校能够调整内容和活动,以适应学生的特殊语言和文化特征。(8)有必要通过利用学生的文化资本和促进文化间对话的教育活动来丰富国家课程。(9)建议必须开发针对移民学生语言和文化资本的教育内容和活动,以提供一个包容性的学习环境。Hajisoteriou、Karousiou 和 Angelides（2018）[1]在他们对成功改进文化多样性学校的必要部分的研究中指出,包容性政策、学校文化和实践以及包容性的发展应该被重新概念化和扩展。为此,他们认为,重要的是要了解学校改进的动态。Kesidou A.（2019）[2]指出,应从课程和教科书中消除偏见、定型观念和敌人形象。这意味着不仅要展示文化差异,还要展示族群之间的相似之处。利用历史、文学、音乐等组织不同文化背景的学生参与共同项目,通过不同文化之间的对话与交流让学生认识到现有的文化相似性。

学校应当全面审视并优化其教育策略,不仅要在课堂教学上实施合理的调整以适应不同文化背景学生的需求,促进他们的适应与成长;同时,还须在课余活动、教科书内容以及学校整体环境等多个维度进行深度改革。这一综合性举措不仅有利于外来学生的和谐融入,增强学生集体的凝聚力,促进其相互交流,更有利于推动学校整体管理水平的提升,以及教育质量与效率的显著提高。这种全面的教育改革,也体现了学校对多元文化教育的深刻理解和积极实践,对于培养具备全球视野和跨文化交流能力的新时代人才更具有重要意义。

（四）师生层面:希腊师生理念同转变,助力移民学生共融入

1. 加大教师的培训与理念转化

从职前教师培训的角度来看[3],教师应具备跨文化敏感性。在跨文化方向上,大学课程应该使职前教师有能力提高学生的成绩,让所有学生参与教育过程,不仅强调知识,而且强调学生在文化多样性和多元文化适应环境中的情感和社会发展。为此,批判性媒体素养、视觉素养以及其他素养,可以作为跨文化教育的基石,增强社会正义意识,超越"宽容"和"尊重"的简单概念,达到对公平、社会正义和人权的批判性考量。更进一步,大学的师范教育课程应该提供社会正义教育,涉及"泛教育的批判性思维技能,允许跨越所有公

---

[1] Hajisoteriou C., Karousiou C., and Angelides P., "Successful Components of School Improvement in Culturally Diverse Schools", *School Effectiveness and School Improvement* 29, no. 1 (2018): 1–22.

[2] Kesidou A., "Educators and Researchers Prepare for Multicultural/Intercultural Education: A Greek Perspective", *Democratic Cross-cultural Civic Education*, (2019): 148–165.

[3] Nektaria Palaiologou and Catherine Dimitriadou, "Multicultural/Intercultural Education in the Curriculum of Pre-service Teacher Education: A Case Study of Greece", *Multicultural Education Review* 5, no. 2 (2013): 49–84.

共领域的跨文化讨论,并鼓励同理心和跨文化话语"。Kesidou A.(2019)[1]认为,在师资教育和在职培训中应采用跨文化教育原则,教师在这个过程中起着特殊的作用。在师范教育中引入跨文化教育,首先应旨在为教师提供特殊的能力和技能(接受多元文化社会、接受差异、消除偏见和种族主义),其次是提供适当的教育和教学知识。因为,愿意做某事是一回事,知道如何将其付诸行动是另一回事。除此之外,教师需要改进教学方法以满足学生的学习需求。教师在课堂上应创造一个温暖的人性化环境,同时,教师应根据学生的知识水平调整教学进度。同时,教师应考虑在教学过程中制造障碍因素。[2]学者Hajisoteriou C., Maniatis P., Angelides P.(2019)[3]批判性地讨论了在希腊制定和实施的关于刻板印象的互动课程,提出跨文化专业发展课程的内容和形式都尤为重要,以便将教师从偏见和刻板印象中解放出来,并培养他们在跨文化学校成功工作的技能。

2.提高希腊学生对移民学生的接受度与互动度

应提高希腊学生对移民学生的接受度,加深二者的社交互动。[4]移民学生与希腊本土学生间的社交互动可能会受到限制,因为前者很难理解希腊语并与希腊同龄人交流——这尤其适用于迟到的移民。一个令人鼓舞的消息是,希腊学生渴望与他们的移民同学建立友谊,尽管后者认为,当他们第一次进入希腊学校时,他们经历了希腊人的排斥和孤立。(Palaiologou,2000)[5]总体而言,移民和返回的学生没有"特殊教育"需求,但他们确实有特殊的教育和社会心理需求。因此,尊重人权并尊重多样性的民主教育制度就变得必要。[6]这些学生需要的是社会心理层面的有效干预(Giavrimis et al.,2003)[7],以及时间充分和质量合乎要求的第二语言教学。因此,希腊学生应提升对移民学生的认可和宽容程度,帮助他们及时获得心理的自我建构和认可,从而更好地融入新的环境。

综上所述,在希腊的跨文化学校环境中,教师和同学构成了移民学生最为紧密的社交网络。教师的专业素养、多元动态教学的实施能力,以及同学间的和谐友好关系,均对移

---

[1] Kesidou A., "Educators and Researchers Prepare for Multicultural/Intercultural Education: A Greek Perspective", *Democratic Cross-cultural Civic Education*, (2019): 148–165.

[2] Palaiologou N., "School Adjustment Difficulties of Immigrant Children in Greece", *Cross-cultural Education* 18, no. 2 (2007): 99–110.

[3] Hajisoteriou C., Maniatis P., and Angelides P., "Teacher Professional Development for Improving the Intercultural School: An Example of a Participatory Course on Stereotypes", *Education Inquiry* 10, no. 2 (2019): 166–188.

[4] Palaiologou N., "School Adjustment Difficulties of Immigrant Children in Greece", *Cross-cultural Education* 18, no. 2 (2007): 99–110.

[5] Palaiologou N., "School Adjustment Difficulties of Children with Bi-cultural Characteristics" (PhD diss., University of Athens, 2000).

[6] Palaiologou N., "School Adjustment Difficulties of Immigrant Children in Greece", *Cross-cultural Education* 18, no. 2 (2007): 99–110.

[7] Giavrimis P., Konstantinou E., and Hatzichristou C., "Dimensions of Immigrant Students' Adaptation in the Greek Schools: Self-concept and Coping Strategies", *Intercultural Education* 14, no. 2 (2003): 423–434.

民学生的融入过程产生深远影响。同时,教师及同学所展现出的积极情感态度与情绪价值,将极大地促进移民学生更快地适应新的学校集体和生活环境。这些要素通过提升教师素质、优化教学策略和构建和谐的社交氛围来促进跨文化融合与教育的可能性,不仅有助于移民学生个体层面的心理调适和社会适应,更为不同文化之间的有效融合与共生奠定了坚实的基础。

四、希腊跨文化教育对我国教育的启示

从希腊跨文化教育面对的挑战及应对措施中,我们可以窥见其对教育多元化和包容性的深刻理解和不懈努力。这些措施不仅为希腊的教育体系注入了新的活力,也为全球跨文化教育的实践提供了宝贵的经验。对于我国教育而言,希腊的经验无疑具有深刻的启示意义。

(一)注重文化的多元与开放性,创新课程与教学方法

希腊的教育体系从传统的、以本土文化为中心的教育模式[1],转向更为开放、包容和多元的跨文化教育模式。在课程设置上,增设多元文化课程、国际交流项目等;在教学方法和评价体系上,注重培养学生的批判性思维、跨文化交际能力以及解决问题的能力等。希腊跨文化教育的多元开放和创新进步也为我国教育的发展带来了许多的启示。文化的多元与开放性是其发展的重要特征。文化的多元性为不同文化之间的交流和融合提供了广阔的空间,而文化的开放性则促进了文化的交流和融合,推动了文化的创新和发展。在全球化的大背景下,我们也应该更加珍视和促进文化的多元与开放性,共同推动人类文化的繁荣和发展。中华文化博大精深,我们不仅要加强与其他文化的合作和交流,更应在我国教育进程中融入相应的教育理念,以增强我国文化软实力,推动文化创新,提升国家竞争力。在教育过程中着重课程与教学方法的多样创新,在课程设计与教学实践的革新进程中,整合多元文化元素并采纳高度包容及互动导向的教学策略。在课程内容中系统性地融入反映全球多样性的知识与视角,如不同文化的历史、艺术、社会习俗及思想体系,设计相应的教学活动以促进学生对多元文化的深入理解与尊重,构建一个多元化的知识体系与能力框架,为学生在全球化时代背景下有效学习与成长奠定坚实基础。

---

[1] Hajisoteriou C., Karousiou C., and Angelides P., "Successful Components of School Improvement in Culturally Diverse Schools", *School Effectiveness and School Improvement* 29, no. 1 (2018): 1–22.

(二)注重教育的包容与公平性,推进价值观教育

跨文化教育不仅有助于提高所有学生的学业成绩,还有助于培养他们的人际关系。Ainscow等人(2006)[①]将包容性视为"公平、参与、社区、同情、尊重多样性、可持续性和权利"的界限。教育的包容性与公平性不仅是对教育资源分配正义的追求,更是对教育本质与目的的深刻反思。面对庞大的人口基数和复杂的社会结构,教育的包容性与公平性面临着巨大的挑战。确保每位国民都能获得公平而有质量的教育机会,是实现社会和谐、促进经济持续增长和维护国家长远利益的关键。首先,在教育中,须优化教育资源配置,缩小各区域间的教育鸿沟,确保各地区获得充足的教学设施与高质量的教师资源。其次,应营造更具包容性的环境来鼓励具有不同文化背景的学生积极参与,表达个人观点,同时倾听并尊重他人意见,创造出一个无界限的学习社群。采用互动教学,通过小组讨论、角色扮演、跨文化案例分析等手段,增强学生的批判性思维、沟通技巧及团队协作能力,从而在实践中增强跨文化交际的敏感度与效能。最后,在教育过程中应融入尊重差异、促进包容的价值观教育,鼓励学生参与多元文化活动和国际交流,增进相互理解,减少偏见,培养学生的全球视野和文化敏感度。

(三)聚焦多方协同教育,共同谱写高质量发展新篇章

协同教育不仅是一种教育模式的转变,更是一种社会合作精神的体现,强调社区、家庭与学校之间的合作在促进文化理解与社会融合中的作用。整合政府、学校、家庭、社区以及企业等多方面的资源与力量,形成一种协同合作的生态系统,能全面促进教育信息的共享与资源互补,提升教育系统的整体效能,实现教育的可持续发展与社会的和谐进步。首先,应注重整合政府与社会资源,吸引企业、非营利组织参与教育,形成公司伙伴关系。其次,应加强学校与社区的互动。注重利用社区资源,如博物馆、图书馆等,开展校外学习活动,丰富学生体验,拓宽学生视野。最后,可推行跨学段、跨领域的合作。建立学区间合作机制,开设跨学科课程,开展综合实践活动,提供多样化的学习路径,培养学生的跨学科技能,满足其多元化、个性化的发展需求。关注教育的多方协同发展,意味着要打破传统的教育边界,构建一个多方互动、资源共享、优势互补的合作网络。

(四)关注教师教育国际化,增强跨文化意识与能力

为了更好地适应多元文化的挑战,促进教育的包容性与卓越性,教师教育的国际化也相应地成为全球化背景下教育领域的重要发展趋势。首先,应注重在教师教育课程中融入国际教育理论、比较教育学、全球教育议题等内容,使未来教师能够理解不同国家的教

---

① Ainscow, M. et al., *Improve Schools and Develop Inclusiveness* (Abingdon: Routledge, 2006).

育体系、教育政策及教育实践,拓宽其国际视野。同时,增加关于多元文化教育、跨文化交际理论的课程,使教师掌握文化多样性对教育的影响及应对策略。其次,注重采用工作坊、研讨会等形式,培训教师掌握如何在课堂教学中融入多元文化元素;设计包容性教学活动,尊重并利用学生的文化差异,促进其学习;有效管理多元文化班级,处理文化冲突,营造一个支持所有学生学习和成长的环境。再次,须注意教师的批判性跨文化思维的培养,鼓励反思自己和他人的文化偏见,理解文化相对性,学会从多元视角审视教育问题,避免文化霸权和刻板印象,促进教育公平与社会正义。最后,应注重技术的应用与资源的共享,利用现代信息技术,如在线课程、虚拟交换项目、国际教育资源库等,为教师提供跨文化交流的平台,促进国际教育经验与资源的共享,提高教师在全球化环境中的教学能力。总之,教师教育的国际化不仅要求教师具备专业知识与技能,更强调其跨文化意识与能力的增强,这对于培养全球公民、促进教育的国际化进程及构建和谐的多元文化社会具有重要意义。

在全球化的背景下,我国的教育也面临着来自不同文化背景的学生的挑战。如何有效地促进不同文化之间的交流和理解,增强教育的包容性和公平性,已成为我们不得不思考的问题。希腊跨文化教育的实践探索为世界范围内的教育发展提供了宝贵的经验。面对全球化带来的挑战和机遇,中国教育应积极借鉴希腊跨文化教育的成功经验,通过深入分析和学习其经验,我们可以找到更适合我国教育实际的应对策略,加强国际交流与合作,推动我国教育事业向更高质量、更加包容的方向发展。

Greek Intercultural Education in a Multi-Religious and Cultural Context

Zeng Linya and Hu Hang

Abstract: With the acceleration of globalisation, multicultural coexistence has become a social norm, and intercultural education has become an important way to enhance the international competitiveness of nationals and promote social harmony. Greece, as a country with splendid ancient civilisation and a long history in Europe, its practice and exploration in the field of intercultural education is of great significance to the development of education worldwide, and has important reference value for China, which is also facing the challenge of multicultural integration. Based on an extensive literature review, including policy documents, academic journal articles, reports and case studies, this paper aims to explore the background of the emergence of intercultural education in Greece, the challenges it faces, the strategies for coping with it, and its implications for Chinese education, so as to provide practical references for the diversification of global education.

Keywords: Intercultural education; educational challenge; strategy; educational enlightenments

令人印象深刻的科学教学实验展示了"齐普罗"
——大学实验室里的希腊传统精神

作者:迪米特里斯·克拉克斯
译者:傅厚力 胡 航

摘 要:令人印象深刻的科学教学实验(ISTE)教学方法基于建设性模式,学生从以前的课程中获得的知识和他们的经验可以在许多层次的教育中实施。通过ISTE,学生们可以在以往经验的基础上构建新的知识,因为他们参与的实验与日常生活直接相关。笔者一年的教学经验表明,ISTE模式在学校实施后,可以激发学生的学习兴趣和意愿,帮助教师评价学生的知识和观点,帮助学生避免错误信息,为评价许多对科学漠不关心的学生创造条件。ISTE教学方法基于大卫·奥苏贝尔的同化理论而产生。根据该理论,只有将新的想法和概念同化到已有的概念和想法中,才能有效地获得新的想法和概念,从而提供必要的心理支持。

关键词:教学方法 实验 蒸馏 齐普罗

作者迪米特里斯·克拉克斯(Dimitris Korakas),希腊约阿尼纳人,任职于希腊中等教育理事会(约阿尼纳 44006)。译者傅厚力,西南大学教师教育学院硕士研究生(重庆 400715);胡航,西南大学教师教育学院副教授(重庆 400715)。

一、导言

为了确定和理解化学专业本科学生在认知和情感领域表现不理想的原因,许多科学研究已经进行。已经确定的主要原因是:对主题缺乏感知的相关性和兴趣,动机差,缺乏先前的成功经验,自我效能低。

许多化学教师的教导目标涵盖基础知识的各个方面,但这往往导致教学不包括化学主题与现实应用之间的联系。(Mahaffy, 2015)[1]

关于大学化学教学,各种重要的看法被提出。例如:

"如果我们要支持和鼓励我们的学生更好地学习,我们必须首先了解学生是如何学习的,然后调整我们的教学来支持这一过程。"

"行为主义当然可以帮助理解与基本训练过程相关的简单问题,但当涉及理解更高层次学习的重要问题时,如概念获取、问题解决和创造力,它就不那么成功了。"(Byers & Eilks, 2009)[2]

"相反,建构主义则试图促进主动学习,引导学习者通过同伴和教师促进的学习过程来创造自己的概念。在建构主义理论指导下,教师扮演着完全不同的角色,他们是知识的推动者而不是传播者。"(Coll & Taylor, 2001)[3]

令人印象深刻的科学教学实验(ISTE)的教学方法是基于建设性的模式,学生从以前的课程中获得的知识连同他们的经验,可以在从幼儿园到大学的各级教育中实施。

科学教学实验(ISTE)的主要目标是使化学课对学生更有吸引力。

笔者一年的教学经验表明,ISTE 模式在学校中实施时,可以激发学生的学习兴趣和意愿,帮助教师评估学生的知识和观点,帮助学生避免错误信息,为评估许多对科学漠不关心的学生铺平道路。

通过 ISTE,学生们可以在以往经验的基础上建构新的知识,因为他们参与的实验与日常生活直接相关。这样一来,他们不仅仅只是信息的接受者,并且学习是观念变化的产物,这种变化源于他们对课程的兴趣增加和他们所承受的认知冲突。

ISTE 教学方法基于大卫·奥苏贝尔的同化理论。根据这一理论,新的思想和概念只有通过同化到已有的概念和思想中,学习者才能有效地学习,从而提供必要的心理支持。(Ausubel, 2000)[4]

真正的知识和理解只有建立在现有知识的基础上才有意义。换句话说,学习意味着理解的知识与先前的知识联系在一起——不是在对等的意义上,而是在赋予新意义的兼容性上。

因此,新知识与已有的知识是和谐互通的,而后者同时又被前者重塑。也就是说,学

---

[1] Mahaffy, P., "Chemistry Education and Human Activity", in *Chemistry Education: Best Practices, Opportunities and Trends*, eds. García-Martínez J. and Serrano-Torregrosa E. (Weinheim: Wiley-VCH Verlag GmbH & Co. KGaA, 2015), pp. 1–5.

[2] Byers B. and Eilks I., "The Need for Innovations in Higher Level Chemistry Education: A Pedagogical Justification", in *Innovative Methods of Teaching and Learning Chemistry in Higher Education*, ed. Eirs Ingo (London: RSC Publishing, 2009), pp. 5–22.

[3] Coll R. K. and Taylor T. G. N., "Using Constructivism to Inform Tertiary Chemistry Pedagogy", *Chemistry Education Research and Practice* 2, no. 3 (2001): 215–226.

[4] Ausubel D. P., *The Acquisition and Retention of Knowledge* (Dordrecht: Kluwer, 2000).

习不是按照课程的字面意思来吸收的,现有的知识也不是一成不变的。相应地,新的信息有助于巩固以前的知识。

学生可以通过这种将新信息与已有的想法大量联系起来的过程来学习。通过使用ISTE,学生参与有趣和有意义的学习过程和活动,这要求学习材料从学生认知背景的角度呈现,即以一种对他们有意义的方式呈现。例如,呈现自然科学实验是没有意义的,因为没有可以让他们整合新概念的框架。(Korakas,2021)[①]

二、ISTE教学方法

(一)阶段

令人印象深刻的科学教学实验方法的实施阶段如下:

(1)课程以激发学生兴趣的方式开始,并为学习活动提供概念框架。好奇心和创新是增强内在动力的重要方面。做一个令人印象深刻的科学实验可以吸引学生的注意力。

在这里应该指出的是,这个实验绝不能是老师的个人秀。因为"表演老师"会吸引不必要的注意力,让学生迷失方向。让人印象深刻但缺少具体意义和推理的实验不应该做。例如,装有有色液体的容器会沸腾、爆炸或冒烟。

相反,我们的实验必须与学习材料和目标相关,通过人格化来吸引学生的注意力,即使用与年轻人的认知水平和情绪相关的例子。

(2)通过提问和团队合作有效地鼓励学生积极参与实验过程,以提高他们的兴趣,鼓励他们变得更加活跃。同时,学生的表现也被老师不断地监控。

(3)不断地参考新的相关知识和反馈有助于增强学生的动力。它提供了他们在特定时间学习的信息,同时帮助他们了解他们所做的努力和获得的经验。

(4)作业:在报告的最后,ISTE方法建议我们提问,让学生进一步学习和巩固知识。

ISTE教学方法可以在各级教育的许多教学模块中实施。

下面将介绍一个应用ISTE的例子,它涉及蒸馏的教学。

笔者选择了传统的酒精饮料希腊齐普罗酒,因为希腊的学生经常花时间在酒馆里。在希腊,齐普罗酒和开胃菜一起供应。

类似的饮料在其他国家也有,比如塞浦路斯的Zivania等。

另一种与齐普罗酒类似的希腊烈酒是产于克里特岛的raki stafylis (Tsikoudia)。它们

[①] Korakas, D. "Impressive Science Teaching Experiments (ISTE) Presenting 'Tsipouro', the Traditional Greek Spirit, in the University Laboratory" (paper presented at the 9th European Variety in University Chemistry Conference, Educational Conference, Ljubljana, Slovenia, August, 2021).

唯一的区别是 raki stafylis 是一次蒸馏,而齐普罗酒是两次蒸馏。(Kana et al., 1991)①

(二)以激发学生兴趣的方式开始

齐普罗酒是一种希腊蒸馏酒。几个世纪以来,希腊齐普罗酒是由村民生产的。齐普罗酒的生产是在小型铜蒸馏器中进行的,卫生标准低于国家标准。

我们用的葡萄越好,我们酿的酒就越好。葡萄需要既干净又成熟。杀虫剂、有机肥和硫磺的喷洒肯定早在收获之前就停止了。葡萄收获后必须立即压碎或压榨。从优质的白葡萄渣或未发酵的红葡萄渣中生产蒸馏物的第一步是发酵。(Soufleros & Bertrand, 1987)② 如果果渣单独发酵,发酵时间约为30天;如果果渣与葡萄汁一起发酵,发酵时间则短得多。发酵应在尽可能低的温度下进行,以产生更绵长的香气。在发酵过程中必须去除茎,以限制蒸馏过程中糠醛的形成(这对健康有害)。

图 1　20世纪,村民用传统方法蒸馏齐普罗酒

(三)一些技术特点

在学生开始组装蒸馏器之前,我们为他们提供了一些重要的信息:

欧洲烈酒法规的引入为高质量的齐普罗酒的生产和装瓶铺平了道路。(Kokoti et al., 2023)③ 与此同时,这一发展标志着一种巨大的转变——促进了"蒸馏文化"的形成。齐普罗酒的工业生产以这种方式蓬勃发展。

齐普罗酒的蒸馏器是由铜制成的。(图2)原因是铜中和了硫化合物和脂肪酸,这些化

---

① Kana K. et al., "Cause of and Methods to Reduce Methanol Content of Tsikoudia, Tsipouro and Ouzo", *International Journal of Food Science and Technology* 26, no. 3 (1991): 241-247.
② Soufleros, E. and Bertrand, A. "Study on 'Tsipouro', Traditional Spirit Made from Grape Pomace, Precursor of Ouzo", *Journal International des Sciences de la Vigne et du Vin* 21, no. 2 (1987): 93-111.
③ Kokoti K. et al., "Volatile Aroma Compounds of Distilled 'Tsipouro' Spirits: Effect of Distillation Technique", *European Food Research and Technology* 249, no. 5 (2023): 1173-1185.

合物可能来自发酵或蒸馏,从而消除了蒸馏物中的难闻气味。因此,出现在铜内部的黑色物质需要定期清洗。

图2 铜制齐普罗酒蒸馏器

现代工业钢瓶已经有了很大的改进。(图3)它们的底部不是平的,而是中空的,以减轻黏性。有些还有机械搅拌器。瓶盖上装有温度计(或钟),帮助生产商控制蒸馏过程。锅炉上覆盖着铜盖,铜盖与冷凝器相连。在这种情况下,应特别注意使用纯铜制的管道或其他连接部件,而不是铅或塑料。

图3 现代工业齐普罗酒蒸馏器

近年来使用的冷凝器包括许多垂直铜管(螺旋)。(图4)蒸馏过程中产生的蒸气在其中流动。(Léauté, 1990)[1]冷凝器被放置在一个容器内,在那里水从下往上向后流动。收集齐普罗酒的容器过去是用锡制成的,但现在用不锈钢或玻璃制成。塑料容器对我们的健康是有害的。

---

[1] R. Léauté, "Distillation in Alembic", *American Journal of Enology and Viticulture* 4, no.1 (1990): 90–103.

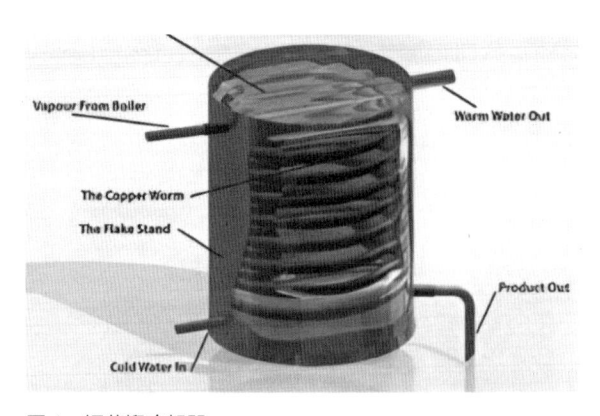

图4 铜蒸馏冷凝器

(四)学生积极参与实验过程

学生组装实验装置,实验开始。(图5)第一次蒸馏得到的馏出物(称为"souma")。蒸馏后的残留物被丢弃。在第二次蒸馏中,用第一次蒸馏物的80%~90%填充蒸馏液。在完成第二循环蒸馏后,我们除去第一馏分(约为初始蒸馏体积的5%)。这部分被称为"头",酒精含量很高。然后我们收集"心脏",它占初始体积的50%。这部分含有所需的成分,并在稀释后以达到追求的酒精度。剩下的馏分,被称为"尾部",被收集起来与渣一起放入蒸馏器,进行新的蒸馏循环。然而,双重蒸馏的齐普罗酒是一种更清澈的酒,香气和口感都更好。

图5 用铜制实验装置蒸馏齐普罗酒

测量齐普罗酒酒精含量的操作方法如下:

这种测量基于蒸馏物的密度与酒精含量的比例。更具体地说,将蒸馏液倒入一个有刻度的圆柱体密器中,将酒精比重计垂直浸入蒸馏液中。我们根据其表面水平的指示确定蒸馏液密度。(图6)

图6　齐普罗酒酒精含量测量

测量简单易行,而蒸馏液的温度应在测量前根据仪器的参考温度(通常为15℃)进行调整,因为密度受温度影响。仪器上有两种不同的刻度,即酒精体积百分比以盖·吕萨克刻度和以卡地亚度表示的密度(所谓的"格拉达")。(图7)

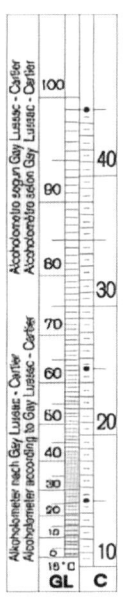

图7　酒精计上的卡地亚度和盖·吕萨克刻度的关系

(五)不断参考新的相关知识和反馈

化学和齐普罗酒:

从化学的角度来看,齐普罗酒是一种水溶液,主要由乙醇、其他醇类、挥发性酸、醛类、酯类等组成,这些物质存在于最初的混合物中,并传递给馏出物,赋予其独特的风味和香气。也有可能少量的非挥发性物质会留在馏出物中,特别是当蒸馏速率很快时。(Apostolopoulou et al.,2005)[1]

除了蒸馏产生的所需成分,还存在某些不需要的物质,这些物质对消费者的健康有害,比如:

(1)顺式茴香醇:这是一种有毒的异构体,源于蒸馏中使用的大茴香。它是头馏分的产物,需要从该馏分的其他蒸馏产物中分离出来。由于其毒性比反式茴香醇高20倍,因此在香醇中所占的茴香醇总量不应超过1%。

(2)甲醇,在乙醇之后与水一起蒸馏,被认为主要是尾部馏分的产物。(Léauté,1990)[2]

用传统蒸馏法,齐普罗酒中甲醇的浓度为每百升无水酒精50~84克(Soufleros & Bertrand,1987)[3]

根据欧洲法规(欧盟第110/2008号法规),馏出物中甲醇的最大允许含量必须低于每百升1000克100%的酒精。

(3)糠醛:其在齐普罗酒中的存在是糟糕的。齐普罗酒中含有大量的糠醛及其衍生物,源自未发酵的糖、不可发酵的糖和未去除的茎。齐普罗酒每百升100%酒精含有0.5至1.2克糠醛。(Soufleros & Bertrand,1987)[4]

这些事实突出了可发酵糖完全发酵技术的重要性。

(4)有毒金属,如砷、铜、铅等。根据欧洲立法,这些物质必须保持在允许的最大限度内。

(5)齐普罗酒的储存:储存在特殊的不锈钢或玻璃容器中。由聚氯乙烯制成的塑料包装会妨碍人的荷尔蒙分泌(对生殖系统有负面影响)。在玻璃容器或瓶子中储存齐普罗是消费者安全和卫生的基本保障。(委员会指令2007/19/EC)

(六)家庭作业

在演讲结束时,ISTE方法建议我们提出问题,并为学生提供进一步学习和巩固知识的动机。(Korakas,2021)[5]例如,我们可以要求学生准备报告:

---

[1] Apostolopoulou A. A. et al., "Differences in Concentration of Principal Volatile Constituents in Traditional Greek Distillates", *Food Control* 16, no. 2 (2005): 157–164.

[2] Léauté R., "Distillation in Alembic", *American Journal of Enology and Viticulture* 4, no.1 (1990): 90–103.

[3] Soufleros E. and Bertrand A., "Study on 'Tsipouro', Traditional Spirit Made from Grape Pomace, Precursor of Ouzo", *Journal International des Sciences de la Vigne et du Vin* 21, no. 2 (1987): 93–111.

[4] Soufleros E. and Bertrand A., "Study on 'Tsipouro', Traditional Spirit Made fom Grape Pomace, Precursor of Ouzo", *Journal International des Sciences de la Vigne et du Vin* 21, no. 2 (1987): 93–111.

[5] Korakas, D. "Impressive Science Teaching Experiments (ISTE) Presenting 'Tsipouro', the Traditional Greek Spirit, in the University Laboratory" (paper presented at the 9th European Variety in University Chemistry Conference, Educational Conference, Ljubljana, Slovenia, August, 2021).

来自世界各地的蒸馏酒；

乙醇和甲醇毒性的比较；

酒精饮料中的欺诈行为；

生产纯乙醇的方法。

三、酒精饮料的毒性

喝齐普罗酒健康吗？

滥用酒精往往会产生灾难性的后果（Anderson，2021）[1]，为了避免这听起来像酒精产品的狂热爱好者，需要向我们的学生指出以下事实：

任何量的酒精在空腹时约一个半小时内达到血液中的最高浓度，而同样量的酒精在饱餐期间或之后需要6个小时才能达到相同的浓度。原因在于酒精吸收快，代谢慢。

一个人在饮酒后的行为以及随之而来的负面影响，如头晕和头痛，取决于许多因素，最重要的是他们的身体状况和酒精的成分。

劣质酒中共存的物质，已被证实是导致头痛、口渴、眩晕和心理障碍等宿醉症状的罪魁祸首。

酒精滥用还与众所周知的慢性问题有关，最重要的是肝硬化和酗酒。

未成年人严禁饮酒。

永远不要忘记，酒精和驾驶是致命的组合。（Mason & Dubowski，1974）[2]

四、结论与探讨

令人印象深刻的科学教学实验（ISTE）教学方法可以在从小学到大学的许多教育阶段实施。

教师需要做好充分的准备，必须收集与实验有关的丰富的科学资料。

这种教学方法的主要目的是：吸引和保持学生对实验课程的兴趣；将科学（在本例中是化学）与日常生活联系起来；丰富学生的知识；协助消除科学文盲；让学生意识到消费品中可能存在着假冒伪劣产品等。

科学教学实验（ISTE）作为创新教学的工具，有望获得必要的支持，以便在学校实验室中应用。

---

[1] Anderson P., "The Impact of Alcoholic Beverages on Human Health", *Nutrients* 13, no. 12 (2021): 4417.

[2] Mason M. F. and Dubowski K. M., "Alcohol, Traffic, and Chemical Testing in the United States: A Résumé and Some Remaining Problems", *Clinical Chemistry* 20, no. 2 (1974): 126–140.

Impressive Science Teaching Experiments Presenting "Tsipouro": The Traditional Greek Spirit in the University Laboratory

Dimitris Korakas
Fu Houli and Hu Hang (trans.)

Abstract: The Impressive Science Teaching Experiments (ISTE) teaching approach is based on the constructive model, where the knowledge that students have acquired from the previous classes and their experience can be implemented in many levels of education. Using ISTE, students build new knowledge based on their previous experiences, because they engage in experiments that are directly related to everyday life. The yearlong teaching experience of the writer has revealed that, when implemented in school, the ISTE model can stir up students' interest and willingness to learn, help the teacher to evaluate students' knowledge and views, help students to refrain from misinformation and pave the way for the evaluation of many students who would otherwise be indifferent to sciences. The ISTE teaching approach is also based on David Ausubel's Theory of Assimilation, according to which new ideas and concepts can be learned effectively only through their assimilation into pre-existing concepts and ideas, which provides the necessary mental support.

Keywords: Teaching approach; experiments; distillation; tsipouro

法律研究

现代希腊法律体系考察

齐 静

摘 要：现代希腊法始于1821年独立战争后通过的第一部希腊宪法。尽管希腊的政治体制频繁变革，但现代希腊法律体系建立的议会民主制基础根深蒂固。带着古希腊文明的基因，综合了东西方宗教和理性的多重元素，现代希腊法以制定法，特别是法典，而非案例法作为其正式渊源，在欧洲大陆法律体系的总体特征上与中国特色社会主义法治体系具有共通性。作为欧盟成员国，希腊在希腊法和欧盟法并行体系下，以宪法为根本法，集直接适用的欧盟法、立法、习惯、总统法令和行政法规于一体形成了希腊的多元立法体系。

关键词：希腊法　法律传统　法律渊源

作者齐静，西南大学法学院副教授（重庆　400715）。

展现文明古国的历史担当，促进现代社会互利合作需要加强中希法治文明互鉴，应重视对希腊法的学习和研究，传承共同的法治文明基因，达成法治共同体共识。

关于"希腊法"，就其概念和表述所指，希腊研究者或法学者可能存在不同的理解。21世纪以前的英文著作中很少使用"Greek Law"，而更可能采用"Justice of the Greeks"的名称。[1] 与之形成鲜明对照的是，"罗马法"的名称在历史叙述、教科书编写和文献引用时似乎从未出现疑问。可见，首先明确"希腊法"含义的必要性。尽管众多独立的城邦林立使得讨论一个统一的"希腊法"是有问题的，但是，19世纪的学者们已经普遍认为，用路德维希·米特伊斯（Ludwig Mitteis）的话来说，不同城市的法律"基于相同的法律概念"。这种观点实际上否定了一部"希腊法"的存在，在20世纪以后受到了广泛批判，自此"希腊法"在著作和标题中开始出现并得到认可。[2] 事实上，近代以来的研究谈及"希腊法"似乎已经很明确是指现代希腊法，如果主题是古希腊法律文化或传统则命名为"古希腊法"。例如

---

[1] Sealey R., *The Justice of the Greeks* (Ann Arbor: University of Michigan Press, 1994).; Michael Gagarin, *Writing Greek Law* (Cambridge: Cambridge University Press, 1996).
[2] Michael Gagarin and David Cohen (eds.), *The Cambridge Companion to Ancient Greek Law* (Cambridge: Cambridge University Press, 2005), pp. 29-40.

1988年Konstantinos D. Kerameus与Phaedon J. Kozyris编著的《希腊法概论》(*Introduction to Greek Law*)①就是一部以希腊语以外的语言全面介绍当代希腊法的权威作品,目前更新至2008年第三版。Paula Perlman在其2018年出版的著作《21世纪的〈古希腊法〉》(*Ancient Greek Law in the 21st Century*)中,则加了"Ancient"以明确是当代对古希腊法的研究,表明一方面学术界已经普遍接受"希腊法"概念,另一方面对古希腊法传统和思想同当代希腊法做出了区分。当然,"古希腊法"也是一个泛指,并非一个完整统一的法律体系,是古希腊各奴隶制城邦和希腊化时代所有法律的总称。本文则主要是根据对当代希腊法学者的系列著作和观点的整理来介绍现代希腊的基本法律体系。

一、现代希腊法的政治历史背景

地理环境通常在一定程度上影响一个地区的经济、政治、文化和思维方式。希腊海岸曲折、岛屿和天然港口众多的环境特点,使其海运和贸易发达,长期的国际商贸往来加上传统的小国寡民城邦政治,逐渐形成了平等、民主、协作的政治法律制度传统。

这里的希腊指希腊共和国。现代希腊国家的建立始于1821年希腊摆脱奥斯曼帝国的枷锁的独立战争,并在1830年得到英国、法国和俄国的正式承认。1822年,希腊在厄皮道尔召开首届国民议会,通过了一部以法国《人权宣言》为蓝本的自由民主宪法,开启了希腊法律史的新纪元。但是,希腊并未因此真正进入自由、民主、法治的长期稳定状态。这样一个地处东西方世界交汇处,地缘政治极为特殊的国家实则一直处于政局动荡中。从1821年到1974年,希腊的政治变革不少于26次。②涉及法律体制变革比较重要的几个历史节点是1864年、1911年、1927年、1975年。

1862年,雅典人民革命推翻了奥托王朝,议会推举了丹麦的王子为"希腊国王",他在1864年颁布了一部新的民主宪法,扩大了人民自由和权利,引入单一的议会制,并将所有立法权赋予议会和国王,确立了司法独立原则。1864年宪法于1911年得到修订。1911年宪法包括大量创新性内容,如建立一个特别法庭核实议会选举的有效性,加强司法独立,简化立法和修订法律程序。

第一次世界大战期间和战后,希腊内部不同的战争立场导致短期的"国家分裂"(National Schism)。结果是希腊进入短暂的第二共和国(1924—1935年)阶段,在此期间的1927宪法确立了共和民主作为政府形式,设立了具有立法职权的参议院,参议院有权修

---

① Konstantinos D. Kerameus and Phaedon J. Kozyris (eds.), *Introduction to Greek Law* (Alphen aan den Rijn: Wolters Kluwer Law International Press, 2008).
② Philippos C. Spyropoulos and Théodore P. Fortsakis (eds.), *Constitutional Law in Greece* (Alphen aan den Rijn: Wolters Kluwer Law International Press, 2023), p. 41.

改宪法、解散议会等。但是再次出现的政变和独裁政权(1935—1946年),使得宪法未能有效实施。

第二次世界大战后,议会授权一个委员会起草1864/1911年的宪法修正案,并通过了1952年宪法。在政体上,君主议会制(1946—1967)、军事独裁统治(1967—1974)再次历史性反复,直到1974年7月,土耳其入侵塞浦路斯,希腊推翻独裁统治,经全民投票建立议会民主共和制第三共和国。1975年颁布了新宪法,即现行宪法,历经了1986年、2001年、2008年和2019年的修订。

尽管平均几年就有一场政局变化,希腊现代法律体系建立的议会民主制基础显然具有历史牢固性(宪法第1条),特别是1911年宪法和议会立法没有随着政局变动而丧失生命力。1910—1912年时任总理的埃莱夫塞里奥斯·韦尼泽洛斯在议会工作中,对公法立法做出了杰出贡献。证明韦尼泽洛斯推动的公共立法改革的有效性和持久性的一个有力证据就是,当时制定的宪法的许多条款在几十年后仍然有效,所采用的市政当局法律直到1997年仍然有效。[1]

从法律史角度来看,希腊法律经历了古希腊法到希腊式、拜占庭式和后拜占庭式的法律,再到希腊现代法五个阶段。现代希腊法律体系风格的形成源于东西两个世界交汇、碰撞、传承和融合的千年历史背景。比顿在《希腊三百年》中提出希腊既属于东方,也属于西方。[2] 一方面,希腊承载了欧洲历史文明的古希腊传统,坚定自己的欧洲人和欧洲国家立场,拥抱现代西方价值观和现代理性主义。希腊在和西方的碰撞与对抗中,留下了见证西化的创伤印记。比顿在书中对此提供了大量例证:如希腊王国建国伊始便有意将首都雅典打造成符合西方人想象中的可以体现古希腊荣耀的城市,保留古典遗迹,建设新古典风格的现代建筑,而代价就是将与古典风韵不协调的清真寺,甚至是拜占庭时期的教堂拆除。[3] 另一方面,希腊血液中始终流淌着东方浪漫主义、宗教传统和对拜占庭的虔诚,俨然他们的社会、文化、秩序和法律都无法消除基因中的东方元素。[4]例如,希腊1940年的民法典,绝非革命性的编纂,其基础是拜占庭法律,在很大程度上体现了现行法律如何通过司法判决和学术阐述发展起来,被认为是披着现代外衣的希腊民族传统法。[5]

现代希腊在努力实现其宝贵的法律思想文化遗产的价值,也意识到可以把东西方元素进行调和。希腊作为欧盟的成员国,其当代法律总体上体现着欧洲大陆法系的特征。

---

[1] Tsichlis Vasileios and Robert W., *The Politics of Modernisation and Public Law Legislation in Greece, 1910-1911* (London: King's College London Press, 2015).
[2] Roderick Beaton, *Greece: Biography of a Modern Nation* (London: Allen Lane Press, 2019), p. 462.
[3] 陈莹雪:《希腊的现代民族国家成长史》,《经济观察报》2021年7月5日。
[4] Tsichlis Vasileios and Robert W., *The Politics of Modernisation and Public Law Legislation in Greece, 1910-1911* (London: King's College London Press, 2015).
[5] Roderick Beaton, *Greece: Biography of a Modern Nation* (London: Allen Lane Press, 2019).

二、现代希腊法的法律传统

毫不夸张地说,大多数欧洲人认为西方现代文、史、哲、法的根源都在希腊。作为近代西方文明重要组成部分的政治和法律制度受益于古希腊时期确立的民主、法治思想似乎已经成了通说。甚至不仅仅是大陆法系中的公私法传统,英美法系中的衡平法、对抗式法庭辩论及陪审制度等都可以追溯到雅典城邦。因此,观察现代希腊法律必须融入古希腊法律传统的法律和思想发展史研究。一直以来,欧洲大陆和英美国家对古希腊法律的研究颇为丰富,主要集中在古希腊至希腊化时期,分别采用法学和史学的研究方法,包括对法律思想、法学理论、雅典法律和专门法律制度的研究。[1] 自20世纪,我国法律史方面的法学者也开始关注古希腊法传统及其现代影响的问题。

目前,希腊以外对希腊法律史的研究主要集中在古希腊荷马时期的法律和思想史等方面。新中国成立时,中国学者梅仲协、梁永汉等便关注了古希腊法律思想。[2] 但中国大多数学者主要是通过对苏格拉底、柏拉图和亚里士多德等古希腊伟大思想家、哲学家著述的研究,挖掘正义与法律、自然和理性的观念与思想,如何为古罗马、中世纪以及近代、现代的思想家所继承,从而成为西方法律思想的源头。一般认为,古希腊法律思想的核心内容,可概括为理性法、伦理法、自然法思想。[3] 在中国和古希腊法律起源的比较上,有学者把古希腊法律归为政治性契约法律文明。[4]

研究现代希腊法,不能仅仅停留在古典时期,有评论认为,古希腊时代的法律思想从来没有发展为科学。[5] 事实上,希腊法学家非常熟悉3000多年的希腊法史分期,古希腊时代之后,现代希腊法时期之前有三个重要的发展时期:希腊化时期、拜占庭时期、后拜占庭时期。这三个时期呈现了希腊法律发展的不同阶段特征。1821年希腊独立战争标志着希腊进入现代希腊法时期。

在被罗马帝国吞并以前,希腊是在马其顿统治下的希腊君主国(Hellenistic monarchies),东西方文化融合形成希腊化世界,希腊化法律广泛适用于地中海和中东地区。从5世纪开始,宗法观念之外,希腊城邦已经形成反映正义、自由、自治和专制的法律制度,如家庭法、财产法、商法,但尚未发展成为系统法学概念。柏拉图、亚里士多德和狄奥弗拉斯图这些哲学家著作中正义的理想、法律渊源和功能成为法律思想的丰富源泉。拜占庭帝国建立后虽然在很长时期内使得冲突的罗马法和希腊法并存,而且理论上,罗马卡拉卡

---

[1] 胡骏:《19世纪以来欧洲大陆国家的古希腊法律史研究》,上海:上海人民出版社,2015年;胡骏:《20世纪以来英美国家的古希腊法律史研究》,北京:法律出版社,2023年。
[2] 梅仲协:《古代希腊的法律思想》,《中华法学杂志》1948年第8期;梁永汉:《古代希腊的法律思想》,《钟声月刊》1949年第2期。
[3] 王平:《试论古希腊法律思想的核心内容》,《中南政法学院学报》1987年第1期。
[4] 庞朝骥:《中国、古希腊、古罗马法律起源特点之比较》,《法律文化研究》2006年第1期。
[5] Zepos P., *Greek Law* (Athens: Athanasios Sideris, 1949), p. 18. 转引自:Pablo Lerner, "Codification, Foreign Influences and Comparative Law: The Case of Greece and Israel", *Social Science Electronic Publishing* 84, no. B10 (2011): 5407-5422.

拉皇帝颁布的《安东尼尼安宪令》标志着罗马法取代希腊法,但希腊哲学和法律思想已经深深渗透进严格而僵化的罗马帝国法,形成罗马-希腊法。特别是《查士丁尼法典》的编纂,该法典在文艺复兴时期被重新发现,并在1100年后被科学地分析和适应时代需要,再次成为法律生活中的活跃力量。[1]拜占庭法律融合了罗马传统、基督教伦理和古希腊法律思想,对大多数东欧和巴尔干国家的法律体系产生了深远的影响。1453年土耳其人征服了拜占庭帝国,希腊法律史进入后拜占庭时期,但拜占庭法律并没有消亡,而是继续规范希腊人之间的私人关系。[2]究其原因,可能是具有宗教性的土耳其法律只适用于穆斯林,而土耳其法官具有普遍的司法管辖权,对非穆斯林自然适用基督教属人法。同时,地方当局和教会被赋予一定的特权和自治权,当土耳其法官试图将土耳其法律扩大适用于基督徒时,反而促使希腊人更多地去找地方当局和教会解决纠纷。于是,地方当局和教会逐渐从仲裁转为司法性质,加强了裁决的法律约束力,适用拜占庭法律也从私法领域扩大到刑法等公法领域。

除了古希腊时期,以上三个时期的希腊法律思想传统都是现代大陆民法和教会法的基础,对英格兰、欧洲大陆和美国都产生了直接影响。首先,大陆法系的发展离不开罗马-拜占庭传统。罗马-拜占庭法,指的是在拜占庭发展起来的罗马法。最后一部容易查阅的摘要是14世纪君士坦丁-阿美诺普洛斯的Hexavivlos。其次,现代希腊法律和法律体系又受到大陆法系国家德国、法国和瑞士法律传统的影响,例如,从19世纪初开始,法国法律在一定程度上盛行于商业关系中,特别是在航运业发达的岛屿上。19世纪德国的"潘德克顿学派"以罗马法文本,特别是对《学说汇纂》进行研究,从中抽取一般的法规则和法概念,并进行体系化。他们主张法律应具有明确的规则和原则,在合同、财产和家庭等私法领域应以个人的自由意志为决定性因素。希腊私法理论和实践正是在德国的"潘德克顿学派"法律思想的影响下发展起来的。但在继承法以及家庭法方面,又会发现拜占庭法律和希腊传统的突出影响。从根源上说,现代希腊法律都可能追溯到古希腊法律思想和传统,甚至普通法体系的发展也可以说归功于罗马-拜占庭传统。[3]

现代希腊法学家也是罗马法方面的专家,在对现代希腊法律进行阐释时,不但与君士坦丁堡陷落时期的法律重新建立了联系,而且会追溯其原始来源,即查士丁尼的《民法大全》,还会和罗马法的渊源以及那些被视为文明国家存在理由的原则建立联系。可以说,希腊化时期、拜占庭时期、后拜占庭时期的人文法律思想传统都是现代希腊法律形成的重要源泉。

---

[1] Christopher L. Blakesley, "Introduction to Greek Law", *The American Journal of Comparative Law* 39, no. 2 (1991): 446–453.

[2] Konstantinos D. Kerameus and Phaedon J. Kozyris (eds.), *Introduction to Greek Law* (Alphen aan den Rijn: Wolters Kluwer Law International Press, 2008).

[3] Christopher L. Blakesley, "Introduction to Greek Law", *The American Journal of Comparative Law* 39, no. 2 (1991): 446–453.

不仅是法律思想传统方面,古代希腊成文法律已经出现,希腊各城邦已经构建起了独具特色的法律体系和司法体系。①叶秋华教授给予古希腊法很高的评价,认为希腊法是西方法律史上的先驱者,是古代欧洲最早形成的一支法律体系,对罗马法以及东方国家的法律制度、法制文化产生了一定的影响,并在东西方法律之间架起一座桥梁。②同时,部分学者指出,尽管古希腊法律思想是西方法治理论的源头,其正义观是现代法治信仰和理想追求的借鉴,但其法治思想并不彻底。③部分学者批评古希腊的民主制,在主体上范围过于狭窄,是一种专制的民主制,所以古希腊的法律制度乏善可陈。④

具体到法律制度,可能比较突出的主要在于古希腊宪法和私法领域中的民商事立法,特别是涉外民商事立法对后世罗马法和大陆法系的影响不容忽视。⑤古希腊数百个城邦之间进行大量民商事交往,而各城邦间法律和习惯不尽相同,促进了调整涉外民商事关系规则的产生,主要包括内邦人与外邦人法律地位的确定,具体的涉外财产关系、涉外契约关系、涉外侵权关系、涉外遗嘱关系中的法律适用规则,以及解决涉外民商事纠纷的程序机制。⑥

三、现代希腊法的法律渊源

如果按照自勒内·达维德的法系分类,从希腊法的系统化、法官角色和法典化等方面看,希腊法的结构属于典型的大陆法系。⑦根据《希腊民法典》第1条,希腊法律的正式渊源是立法和习惯。

(一)立法

和大陆法系其他国家一样,立法是希腊法迄今为止最重要的法律渊源。明确的立法为主、习惯为辅这一趋势似乎符合民主原则,也符合国家在社会生活各部门中不断扩大的作用。同时,立法的主要渊源体现了希腊宪法的原则,即立法机构专门负责法律的制定过程,还满足了当代复杂的社会关系对清晰、精确和确定性的要求。

希腊宪法第26条规定:(1)立法权由议会和共和国总统行使;(2)行政权由共和国总

---

① 苗延波:《古代希腊法制新探》,《河南财经政法大学学报》2015年第1期。
② 叶秋华:《希腊法论略——古代欧洲最早形成的法律体系》,《法制现代化研究》1999年第636—647页。
③ 陈金全,梁聪:《古希腊法律思想的形成与演进》,《暨南学报》(哲学社会科学版)2006年第1期;马瑞灵:《古希腊正义观对我国法律品性建设的启示》,《青海社会科学》2009年第5期。
④ 王加卫:《古希腊与古罗马法律制度的差异及其成因》,《烟台大学学报》(哲学社会科学版)1996年第1期。
⑤ 何勤华,胡骏:《古希腊民商事立法初探》,《法学》2007年第6期。
⑥ 齐湘泉,王志鹏:《古希腊调整涉外民商事关系的法律与实践》,《美中法律评论》2007年第4期。
⑦ Zepos P., *Greek Law* (Athens:Athanasios Sidcris, 1949), p. 18. 转引自:Pablo Lerner, "Codification, Foreign Influences and Comparative Law: The Case of Greece and Israel", *Social Science Electronic Publishing* 84, no. B10 (2011): 5407–5422.

统和政府行使;(3)司法权由法院行使,法院的判决以法院的名义执行。

具体而言,希腊普通立法可以是法典形式或是法规形式,但通常指实质性而非形式性法规。例如财政预算类法规虽具有法规形式但不包含法律规则内容,所以不认为是实质上的法律,不是法律渊源。除了议会直接制定的法律,经议会授权的总统法令和政府内阁决议属于实质性法规的,也被视为立法。

(二)习惯

习惯是正式的法律渊源这一点似乎没有争议,但在现代法律体系中可以从形式、观念和实践三个层面体会习惯的地位。在形式上,《民法典》把习惯和立法并列为主要渊源,具有同等重要的地位。在观念上,习惯是比立法更为基本的渊源,是植根于社会现实而产生,不需要立法的制定和颁布程序。在实践中,在立法和编纂发达的现代社会,习惯发挥的作用有限。根据1946年5月7/10日第2条第II款法令,习惯不能废除成文法,意味着违反法律的习惯不被接受,而符合法律的习惯才可能被考虑。立法和习惯表面上平等,实际上立法享有绝对的优先性。

(三)司法判决和学说

与英美法系国家不同,法官没有立法权限。司法判决不是希腊法的正式渊源,法院的先例不具有法律约束力,即法官没有义务遵循该判决,即使该判决可能来自上级法院或最高法院。但是,下级法院通常会遵守上级法院的判决,特别是最高上诉法院(Areios Pagos)的判决起到重要的"准立法"作用。当法规使用"重要"或"不足"等一般性概念,或包含"道德"和"诚信"等一般性条款时,法官适用法律审理案件实则是对这些概念和条款进行解释,从某种意义上来讲是对立法的补充。因此,有些学者认为司法判决是"非正式"法律渊源。

希腊国务委员会,即可以对政府行政行为进行司法审查的高级行政法院,每年会出版几卷司法意见全文汇编,现在正在出版附有大量判决摘要的广泛索引。除此,希腊没有官方的司法判决汇编或报告。最近,民间出版了1967年至2005年最高上诉法院的判决集。一些法律期刊也会刊发各级法官和律师的信息及案件判决摘要。这些说明司法判决作为法律适用和下级法院审判的参考,其法律渊源的作用已经越来越受到重视。

同样,法学家的学说虽然不是法律渊源,但立法者的思想受其影响,学说确立了解释法律规则的方法。法官在说明判决理由时,通常会参考和引用经典理论和著名法学家的学说。从这种意义上来说,学说也是"非正式"的法律渊源。[1]

---

[1] Athena D. Efraim,"Review of *Introduction to Greek Law* (2nd Rev. Ed.)", *The American Society of Comparative Law* 42, no.1 (1994): 1219-1224.

四、现代希腊立法的体系化构成

(一)宪法

在希腊法律秩序中,处于最高位阶的宪法具有最高权威,非经必要严格程序不得改变。宪法第110条是禁止修改宪法条款,并规定了修改所有其他条款的特定程序;第93条第4款和第87条第2款赋予司法机关合宪审查的责任;第111条第1款规定废除以前任何与宪法相抵触的法律规定。希腊宪法的基本原则包括民主原则、代表制原则、权力分立原则、法治原则、福利国家原则,共同构成了希腊政治、法律和社会制度的核心价值。权力分立的原则主要体现在宪法第26条,立法权由议会和共和国总统行使,行政权由共和国总统和政府行使,司法权由法院行使。更准确地说,宪法使用了"功能"而非"权力"的术语,即"立法功能""行政功能"和"司法功能"。

代表制原则主要指宪法确立了代议制民主制度(宪法第51条)。国家权力通过自由授权的民选代表或议会信任的其他合法官员行使,或依法律授权。宪法第55条、第56条规定了可以当选议会议员的条件。共和国总统由议会以特别多数和程序选举产生(宪法第30条第2款)。凡持有希腊公民身份5年以上的,如果他们的父亲是希腊血统,或者自2001年修订以来,母亲是希腊血统,且年满40岁并具有投票能力(宪法第31条)的人都有资格当选总统。在希腊,代表制是一院制。另外,根据宪法第84条,政府必须得到议会的信任。政府有义务在首相宣誓就职之日起十五天内要求议会进行信任投票。[1]

作为国家治理形式的法治原则一直到2001年修宪才明确,即宪法第2条、第4条等规定的要求国家机关尊重所有个人的基本权利和自由。宪法保障人的价值、个人自由和权利,个人基本权利包括人格的自由发展、个人自由、知情权、保护个人资料的权利、良心自由、住宅不受侵犯、集会和结社自由、言论自由,特别是新闻自由、保护个人财产权、依法在法院受到司法保护的权利等。宪法规定法律面前人人平等,保障个人就业、工会自由和其他社会权利。

(二)国内法

1.公私二分法

希腊法律分为公法和私法两大类。尽管二者相互渗透,使得它们之间的区分具有相对性,但是涉及法律关系的性质和司法管辖的范围时,属于公法领域还是私法领域是必须明确的。例如,实质性行政纠纷的审理由现有的普通行政法院管辖,而民事法院对所有私人纠纷具有管辖权。

---

[1] Vasileios Tsichlis, "The Politics of Modernisation and Public Law Legislation in Greece 1910–1911" (PhD diss., King's College London, 2015).

阐明一个法究竟是属于私法还是公法,希腊法学界提出了各种理论。比较普遍的是主体性理论,即以法律关系主体作为区分标准。如果法律关系的主体是国家或公法的法律实体,那么调整该法律关系的规则就具有公法的特征。然而,随着经济社会的发展,国家或公权力主体在不行使公共权力时参与商业或私人性质活动所形成的法律关系如何定性,主体性理论很难解释。另一种权威理论认为,即使法律关系的主体是国家或公法实体,也不能将其定性为公法性质,要求公共权力必须在特定情况下实际行使。在法律关系中,一方当事人在一定程度上是以公共当局(或其代理人)的身份行事的,才称之为公法关系,其行政性质的纠纷由行政法院管辖;不以公共当局身份行事的,可能属于私法领域,由民事法院管辖。①

在这个问题的解释上,最好的例子就是公共采购。根据欧盟关于公共采购的第2014/24/EU号指令和第2014/25/EU号指令,希腊第4412/2016号法律规定了公共工程、用品和服务合同。第4413/2016号法律是关于订约当局和订约实体的工程和服务特许权问题的。公共采购合同关系中都包括公共主体,根据上述公私划分的理论标准,其行为是否以公共当局身份行事决定了是行政合同,还是私法合同,决定了由行政法院还是民事法院管辖。

在法院的裁决中,确立为公法上的行政合同须满足以下三个条件:(1)合同由国家或公法法人签订;(2)合同应受有利于公共机构的苛刻条款和特权的约束,从而暗示公共权力的行使;(3)满足某些公共目标。②实践说明确立行政合同的标准不仅仅考虑法律关系的主体,还考虑主体行为性质和行为目的要素。

2.法典化的部门法

希腊法律呈现出法典化和体系化的特点。除了成文法,还有总统法令和部长级决定。根据宪法第43条第1款,总统发布实施法律所需的法令。从位阶上来说,法令的地位低于成文法,部长级决定的地位低于法令。重要立法以法典的形式出现,即收集和系统组织特殊主题法规的综合汇编。最重要的法典和成文法有:《民法》《刑法》《民事诉讼法》《商法》《民事诉讼法》《刑事诉讼法》《行政诉讼法》以及《劳动法》《社会保障法》《知识产权法》《家庭和继承法》《公务员法》《国籍法》《农业法》《房地产法》《海关法》《印花税法》《强制征用法》《律师法》《公证人法》等。这些法典和法律构成系统化的希腊国内法体系。下文主要以《民法典》为例来说明希腊法本质上属于大陆法系,但融合了东西元素,也继承了希腊法律传统,是独特的现代法典化大陆法体系。

希腊早在1835年就决定制定《民法典》,实则先是陆续颁布施行了《抵押法》(1836)、《不动产登记法》(1856)、《未成年人与监护法》(1861)等单行法,到1946年《民法典》颁布,历时111年。

---

① Eugenia Dacoronia, *Tort Law in Greece* (Alphen aan den Rijn: Wolters Kluwer Law International Press, 2023), p. 20.
② Michael Stathopoulos and Antonios G. Karampatzos (eds.), *Contract Law in Greece* (Alphen aan den Rijn: Wolters Kluwer Law International Press, 2024), p. 32.

《民法典》不但将已有的单行法编入法典,而且融入了德国、法国和瑞士法律的多元要素,在深受德国《民法典》影响的同时,还借鉴了瑞士的《债务法典》和法国《民法典》,同时也结合了拜占庭法律的传统。例如人格的民事保护(《民法典》第57条)、禁止滥用权利(《民法典》第281条)、因不可预见的情况变化而解除或调整合同的可能性(《民法典》第388条),这些条款源于希腊法律传统,并非借鉴德国《民法典》。①

《民法典》由总则、债法、物权法、家庭法和继承法五个部分组成,包括2035条。总则部分致力于阐述贯穿整部法典的一般原则,涵盖了与法律能力、法律行为、人格、代理和委托、时效和除斥期间、正当防卫、紧急避险等相关的一般原则。第二部分是债法(第287条至第946条),被认为是合同法的主要内容。具体而言,规定了合同互惠原则、合同订立、履行、违约责任、合同解除。具体的合同类型包括买卖、租赁、服务、雇佣、委托、借贷等。其中第904条至第946条是关于不当得利之债、侵权行为债权人欺诈问题等非合同之债的关系。

《民法典》第914至938条主要规定的是侵权之债。和我国以及大多数国家的侵权法类似,希腊侵权法的目标主要是帮助受害人消除损害事件造成的不利后果,基本功能是充分赔偿受害人,目的不是让他变得更富有或惩罚侵权人。预防损害再次发生、分摊损失也是希腊侵权法的重要功能。侵权责任的承担是该部分的核心内容。侵权责任的一般构成要素是不法性、过错、注意义务、可责性。关于不法性,侵权法规定其行为的结果对他人的权利或受法律保护的利益的侵犯,而不是侵权人行为本身违反法律或规则。关于过错和注意义务,《民法典》第330条对疏忽大意违反注意义务进行定义时,注意到了不同职业或专业人群,确立了根据职业、教育、环境、年龄等应尽的注意义务的客观性标准。根据欧盟关于提供服务人员责任的指令草案(CONSOM 20/ECO 86/6378/92,12.5.92),希腊立法者规定了混合型严格责任,在 L.2251/1994 中不仅提出了关于生产者责任的规定,而且还提出了关于服务人员责任的规定。《民法典》第919条还将不法责任扩展到没有直接侵犯某一特定权利或受保护利益的情况,一些故意违反善良风俗的行为对他人造成损害的行为也可能构成侵权。

《民法典》家庭法部分规定了民事婚姻、夫妻平等、离婚等法律制度,父母子女关系、收养、抚养的法律效力,要求保护未成年人及其他法律上认定的无行为能力人。这些制度彻底改变了基于拜占庭法律和马其顿法律的宗法家庭制度,实现了整个希腊家庭法体系的现代化。《民法典》最后一部分继承法借鉴了《德国民法典》,反映了罗马法传统,是大陆法系中稳定的组成部分。

3.一般法和特别法

就具体的部门法而言,可以发现,各分支除了一般法,还有特别法。研究一个部门法

---

① Theresa Papademetriou, *How to Conduct Research in Greek Law* (Washington, D.C.: Law Library of Congress Press,1999), pp. 1–13.

时,应综合多个立法渊源。例如,希腊的合同法,主要渊源是《民法典》,分为两部分。首先是总则第127至200条,抽象地规定了法律行为法,包括单方面行为法和合同法。第二章有关于合同法的一般内容。除《民法典》外,还有一些特别法对具有特殊社会意义的特殊合同或因现代经济形式或特殊问题(尤其是对弱势缔约一方的保护)而形成的合同进行规范。而这部分法律和法规通常对《民法典》中的合同法起到补充、修订和更新的作用。目前,比较新的一些重要法律有:

PrD 34/1995(专业租赁法律条款编纂),主要经第2741/1999号法律修订。

关于住宅租赁的第1598/1986、1703/1987、1898/1990和1953/1991号法律,以及第2235/1994号法律。

关于"分时共有"(time-sharing)合同的第1652/1986号法律(另见第182/1999号总统令)。

关于租赁合同的第1665/1986号法律,经第3483/2006号法律等修订。

关于消费者保护的第2251/1994号法律,主要经第3587/2007号法律修订。该法律还调整了希腊立法,使之符合关于缺陷产品责任、关于滥用一般商业条款、关于在营业场所以外签订的合同的取消等方面的欧盟指令。

第2532/1997号法律,批准了《联合国国际货物销售合同公约》。

第2844/2000号法律,关于可公布的动产或债权合同以及其他提供担保的合同。

第3043/2002号法律是关于销售者对瑕疵商品和缺乏约定品质(即符合合同)的责任的法律,也是关于调整相关欧盟指令并修改《民法典》中关于销售合同规定的法律。[①]

除了民法典,家庭法还包括:

1996年,《民法典》又做了进一步修订,颁布了一项新的收养法。第2447/19962号法律废除了关于收养的家庭法第13章,代之以新的规定,并修改了对成年人监护的规定。

(三)国际法和欧盟法

关于国际法,希腊采用"二元论",通过纳入和转化的混合方式在希腊国内适用。根据宪法第28条第1款(a)项,普遍承认的国际法规则,即国际法的一般原则和国际习惯法,自动纳入希腊法律体系,在希腊国内直接使用;而希腊签署的国际条约,大部分须通过法令批准后,转化为希腊法律的一部分予以适用。特别是关于贸易、税收、经济合作和参与国际组织或联盟的公约,以及根据宪法其他条款规定,没有法令就无法适用的公约,或者可能给希腊人个人带来负担的公约,都必须通过法令批准才能在希腊生效。显然,宪法未将

[①] Michael Stathopoulos and Antonios G. Karampatzos (eds.), *Contract Law in Greece* (Alphen aan den Rijn: Wolters Kluwer Law International Press, 2024), pp. 75-76.

这部分的立法权授权给行政部门。①在希腊生效的国际法优先于任何相抵触的法律条款。因此,总体而言,国际法的一般原则、国际习惯法和已批准在希腊国内生效的国际条约的效力高于普通立法和法律而低于宪法。②

除了一般国际法,欧盟法作为一种很特殊的区域国际法也是希腊法的重要组成部分。希腊议会于1979年以300票中的193票多数通过了第945/19798号法案,签署并批准了希腊加入欧洲共同体的协议,1981年1月1日开始生效。1975年宪法第28条第2款和第3款为将欧共体法律纳入希腊法律秩序提供了法律依据。2001年修订案在第28条中添加了一个解释性声明,其中提到1975年宪法"第28条构成了该国参与欧洲一体化进程的基础"③。

根据宪法第28条,在符合重要的国家利益并促进与其他国家的合作的情况下,宪法规定的权限可以通过条约或协定赋予国际组织机构。欧盟法律对希腊法律秩序具有普遍影响。④当然,批准条约或协议或法案法令需要议会总人数的三分之二多数票通过。

1993年,欧盟正式诞生,希腊自然是欧盟成员国,欧盟法就成为希腊法律体系的一部分,而且具有优先于国内法的地位。欧盟法包括基本法(成立条约)和派生法(条例、指令、决定、意见、建议)。欧盟条例是直接适用于成员国的立法形式,因此也适用于希腊。通常条例不需要再次获得希腊议会的任何批准,自颁布之日起在希腊有效。⑤根据 CA (Athens) 8971/198519 和 SE 3312/1989,法院承认国家因违反条例而应承担民事责任。而指令需要通过某种法律性文件(如议会投票通过的决议、部长法令等)转变为内部法规,与其他国内法律相比,其有效性将取决于该法律性文件的有效性。根据《欧盟条约》第249条,指令"仅在所要实现的结果方面对其所针对的每个成员国具有约束力,但应让国家当局选择形式和方法。"

除了优先于国内法的欧盟法作为主要法律渊源(条约、附件和议定书)的规则外,不断增加的欧盟派生法,也称次级立法,对希腊公民也具有直接影响⑥。

---

① Philippos C. Spyropoulos and Theodore P. Fortsakis, *Constitutional Law in Greece* (Alphen aan den Rijn: Wolters Kluwer Law International Press, 2023), p. 77.

② Christopher L. Blakesley, "Introduction to Greek Law", *The American Journal of Comparative Law* 39, no. 2 (1991): 446–453.

③ Philippos C. Spyropoulos and Theodore P. Fortsakis, *Constitutional Law in Greece* (Alphen aan den Rijn: Wolters Kluwer Law International Press, 2023), p. 79.

④ Endri Papajorgji, "Selected Chapters of Greece's Law of Obligations Under the Limelight of European Law", *Mediterranean Journal of Social Sciences* 5, no. 20 (2014): 127–131.

⑤ Konstantinos D. Kerameus and Phaedon J. Kozyris (eds.), *Introduction to Greek Law* (Alphen aan den Rijn: Wolters Kluwer Law International Press, 2008).

⑥ Christopher L. Blakesley, "Introduction to Greek Law", *The American Journal of Comparative Law* 39, no. 2 (1991): 446–453.

例如,希腊债务危机后的"希腊危机立法"体现了欧盟法对希腊的深刻影响。[1]"希腊危机立法"指的是为了防止破产和继续偿还债务,希腊政府和"三驾马车"——国际货币基金组织、欧洲央行和欧盟委员会签署的三份谅解备忘录以及在希腊采取一系列的立法措施。[2]谅解备忘录属于国际条约,具有法律约束力,但需议会通过法案纳入国内法。希腊议会在使用紧急议会程序的情况下批准了三份谅解备忘录。谅解备忘录涵盖了经济和公共政策制定的所有领域的制度改革措施。一方面施行贷款援助处理希腊的主权债务,另一方面要求希腊采取经济补救的法律措施。谅解备忘录援引希腊危机"特殊情况""前所未有"证明法律措施是"必要的"。尽管谅解备忘录中部分条款有悖于希腊宪法中保障的某些权利(如第22条和第23条,即工作权和工会自由),但希腊国务委员会认为"必要性"构成其合宪的正当理由。

综合政治历史背景、法律传统、法律渊源和立法形式来看,现代希腊法律体系被认为是最现代和最复杂的大陆法系之一。[3] 希腊以宪法为国家根本法,立法深受东西文化思想的影响,沿袭了公私二分法传统,形成与欧盟法体系并行的体系,在国内适用国际法采取纳入和转化的混合方式,和中国法律体系呈现高度的相似性。

五、结语

现代希腊法不仅有厚重的古希腊文明思想为基奠,而且历经了几千年东西方元素的碰撞、融合和发展。现代希腊法律体系以宪法为根本法,以立法为主要渊源,以法典为特色,与欧盟法并行,在国内法和国际法二元论体系下在当代希腊的经济、文化、涉外关系等法治现代化进程中发挥着重要作用。

法治现代化是各国现代化的重要组成部分和鲜明特征。如习近平总书记所指出的,"法治是人类文明的重要成果之一,法治的精髓和要旨对于各国国家治理和社会治理具有普遍意义""和平、发展、公平、正义、民主、自由,是全人类的共同价值"。法治文明交流互鉴是达成人类价值共识,促进中国和世界现代化的重要途径。基于传统的相似的法律哲学和思想文化,对希腊法律和中国法律进行共通、连贯和全面的研究,用希腊和中国共同的法治文明智慧,应对全球危机和共同挑战,无疑对促进人类命运共同体的构建是必要的。

---

[1] Ioannis Primpas, "Observing Law-Making Patterns in Times of Crisis", *Theory and Practice of Legislation* 11, no. 3 (2023): 169–183.

[2] Ioannis Primpas, "Observing Law-Making Patterns in Times of Crisis", *Theory and Practice of Legislation* 11, no. 3 (2023): 169–183.

[3] Bruce Zagorias, "Book Reviews: Introduction to Greek Law", *International Lawyer (ABA)*, 1990, p. 859.

A Survey of Modern Greek Legal System

Qi Jing

Abstract: Modern Greek law began with the first Greek Constitution adopted after the Independence War in 1821. Despite frequent changes in Greece's political system, the modern Greek legal system is deeply embedded in parliamentary democracy. With the gene of ancient Greek civilization, integrating multiple elements of Eastern and Western religious and rational thought, modern Greek law relies on codified law, especially codes, rather than case law as its formal source, and shares similarities with the general features of the legal system on the European mainland and the socialist rule of law system in China. As a member state of the EU, Greece has a dual legal system consisting of Greek law and EU law, with the Constitution law serving as the fundamental law. It has formed a diverse legislative system by integrating directly applicable EU law, legislation, custom, presidential decrees, and administrative regulations.

Keywords: Greek law; legal tradition; sources of law

社区、报纸和法庭上的罪行和罪责
——(希腊)克里特岛的血仇社会案

作者：阿里斯·采安提洛普洛斯
译者：陈跃辉

摘要：文章通过回顾1955年希腊克里特岛发生的一系列报复性犯罪，分别从法律文件与传统社区、报纸媒体与传统社区这两对不同主体对血仇犯罪的差异性描述中展示了有血仇传统的社区和现代国家对于犯罪的不同话语表达，认为导致这种话语分歧的原因更多地与社会政治关系有关，而与法律的实际内容关系不大。司法领域对犯罪的处理与血仇社会对犯罪的处理有着不同的机制和目标，前者根据事实和法律，通过审理旨在做出终局性的官方宣告；后者并不像司法那样寻求重建社会关系或治愈当事人双方，也不寻求安抚社区的其他成员。此外，文章还讨论了不同种类的材料来源对社会调查的不同贡献及其局限性。

关键词：血仇社会　法律报道　媒体报道　话语差异

作者阿里斯·采安提洛普洛斯（Aris Tsantiropoulos），希腊克里特大学（University of Crete）哲学院哲学与社会研究系副教授，主要从事社会人类学的学术研究与教学（雷西姆农　74100）。译者陈跃辉，西南大学法学院讲师（重庆400715）。

本文研究的是在一个血仇社会中关于犯罪的各种话语：沃里西亚是希腊克里特岛上的一个山区社区。1955年，这里在不到半小时的时间内就发生了一系列报复性犯罪。这为我们提供了一个可供研究的范例，在这起事件中，当地人既是施害者也是受害者。除了从实地考察获得的研究材料外，本文所使用的材料均来自法院档案和报纸。本文的主要目的是调查在一个血仇社会中影响犯罪的不同话语产生的因素。从这个角度来看，本文有助于分析报复性犯罪（有时被称为"侵犯名誉的犯罪"）和对个人施加惩罚的现代国家法律制度的共存方式。在方法论层面上，本文讨论了不同种类的材料来源对调查重大社会现象的相对贡献和局限性。

克里特岛村庄的事件

1955年8月26日晚,在克里特岛中部一个约有450人的村庄,在为当地守护神圣法诺里奥斯举行的盛大节日期间,一个名叫马诺索斯·达拉斯[①]的村民拔刀杀死了他的邻居扬尼斯·阿夫格里斯,因为阿夫格里斯对达拉斯提出了多项指控。凶杀案发生后,村里的不同地方立即响起多声枪响,导致另外两人被杀:一个是达拉斯的兄弟,另一个是他的男性姻亲米哈利斯·塔拉西斯。紧接着,米哈利斯的亲戚科斯塔斯·塔拉西斯向阿夫格里斯的房子扔了一枚手榴弹。房子是阿夫格里斯的亲戚停放其尸体的地方,他们中的许多人仍然守在那里。爆炸造成3人死亡,14人受伤。在警察和军队的干预下,这场局部"内战"的升级得以避免。

随后的法庭诉讼并没有按照法律规定在克里特岛进行,而是在雅典进行。为诉讼当事人的安全起见,庭审采取了严格的保护措施。这种由法院下令的司法反常行为意在防止在法庭上继续进行报复性犯罪。[②]在法庭审理的15天里,许多村民被传唤为案件的"事实"做证,雅典报纸详细报道了这个克里特村庄的男女各自的法庭表演。在当地社区的社会记忆中,这些罪行造成的创伤从未远去,宛如刚刚发生。犯罪发生在克里特岛的一个村庄,这个村庄被公认为一个"血仇"的社会,[③]这是造成集体创伤并将其传递给后代直至今日的主要原因。[④]

在当地报道中,这些事实被描述为继第一次杀戮之后必然发生的一系列报复性犯罪。然而,第二起犯罪与第三起犯罪之间——即第一起犯罪与投掷手榴弹之间发生的犯罪的联系存在许多分歧。具体来说,马诺索斯·达拉斯之所以杀死扬尼斯·阿夫格里斯,是因为前者认为在村里担任护林员的后者说他(达拉斯)非法砍伐木材是对他名誉的冒犯,他被当面羞辱了。在第二起案件中,马诺索斯的亲戚西菲斯·达拉斯被杀,最初的被告是扬尼斯·阿夫格里斯女儿的丈夫和丈夫的兄弟。这些人最初也被认为是第三起犯罪的实施者,该起犯罪的受害者与不久将投掷手榴弹的男子有关(是亲戚)。一年后,在法庭上,证人将

[①] 出于道德原因,本文中使用的所有名称都是虚构的。只有村庄的名字才是真实的。出于同样的原因,本文中引用的个人,除了确认口头证词来自作者的实地调查外,无法确定其身份。

[②] 最近发生的另一件事使法院意识到在审理期间可能采取报复行动。1947年,被占领克里特岛(1941年至1945年)的德国军队处决的受害者的亲属在法庭上杀死了六名被控与德国人串通的被告人。

[③] 在"血仇社会"中,血仇是各个层面(社会网络、经济、政治、仪式)的结构性原则。See Black-Michaud J., *Cohesive Force: Feud in the Mediterranean and the Middle East* (Oxford: Basil Blackwell, 1975). 从这个角度来看,血仇可以被视为一种"完全的社会事实",这与Mauss对"礼物"的定义有关,即作为社会、经济、政治、法律、伦理、美学等层面的事实。See Mauss M., *The Gift: Forms and Functions of Exchange in Archaic Societies* (London: Routledge, 1990).; Tsantiropoulos A., *I Vendetta sti sighroni orini kentrikiKriti* (Athens: Plethron, 2004).

[④] 社会记忆在一个血仇社会中与犯罪有关,关于这种记忆的内容的详细分析,以及这种记忆传递给下一代并引发报复性犯罪的方式,See Tsantiropoulos A., "Collective Memory and Blood Feud: The Case of Mountainous Crete", *Crimes and Misdemeanours: Deviance and the Law in Historical Perspective* 2, no. 1 (2008): 60–80.

社区、报纸和法庭上的罪行和罪责——(希腊)克里特岛的血仇社会案

指认不同的罪犯。而且,直到今天,当地社区对这两起犯罪都有两种不同的说法。然后,在讲述科斯塔斯·塔拉西斯所犯的罪行时,人们声称:

就在第二起犯罪(杀害西菲斯·达拉斯)之后,科斯塔斯·塔拉西斯的妻子,也就是受害者的姑妈,离开了案发现场,迅速赶回家中,对丈夫说:"你还坐在这里无所事事吗?赶紧起来,去做点儿什么,他们已经杀了我们的姐夫。"他回答说:"我的刀和手枪在哪里?"他的妻子回答说:"为什么要用刀和手枪?去地窖拿一枚手榴弹,然后去阿夫格里斯家,他所有的亲戚都聚集在那里哀悼他,然后杀死尽可能多的人。"在心情烦乱的状态下,科斯塔斯·塔拉西斯听从了这个命令。[①]

分析当地关于这些犯罪的话语,可以确定事件不仅仅是两群兄弟姐妹之间的冲突。它还涉及(或为此提出指控)与这两个群体有亲属关系的人以及其他同村村民。从本质上讲,整个社区在某种程度上都卷入了这场血仇。当地人声称,第一起杀戮事件是催化剂,导致以前各家庭之间的争吵或紧张局势爆发为公开的敌对行为。讲述第二起犯罪,即杀害米哈利斯·塔拉西斯的其中一个版本,证实了这一观点。

根据这一版本,就在第二起犯罪之后,另一个叫达拉斯的人(马诺利斯)已经卷入了与塔拉西斯家族的血仇,因为之前塔拉西斯家族的一名成员杀害了达拉斯家的人。村民们促成和解的尝试失败了。离开第一个犯罪现场时,马诺利斯就已经打算利用这个机会为自己的宿怨报仇了。当他遇到米哈利斯·塔拉西斯时,后者开始辱骂他,并拔出了刀,马诺利斯拔出手枪(在德国占领期间获得)向他开了三枪。不过,至少还有另外两个版本,对行凶者的行为和动机做了差别细微的描述。一个版本是米哈利斯·塔拉西斯是被第一个受害者阿夫格里斯的女婿杀死的,因为他是马诺索斯的姐夫。另一个版本是,这起犯罪是由马诺利斯犯下的,但这个版本的理由是,由于马诺利斯和米哈利斯之间存在敌意,后者一直试图抓住机会报复前者对他的侮辱,因为马诺利斯的儿子此前曾侮辱米哈利斯女儿的荣誉。马诺利斯通过先杀死塔拉西斯来阻止这一切。在法庭上,许多证人推翻了自己先前的举证,或在向国家检察官提供的证词中自相矛盾,坚称行凶者不是最初被指控的人。

雅典报纸对该事件描述中的这些矛盾、含混和遗漏之处进行了评论,如"这个克里特岛村庄的每个人都在法庭上说谎""村民们有计划地、集体地试图误导法官和陪审员""这个案子的真相永远不会大白于天下"。他们还将这些证词定性为"伪证"。[②]然而,如果我们专注于当地对血仇的精确理解,而不是这样简单地贴标签,就可能做出有意义的解读。

血仇被认为是一种极端行为,它超越个人责任并立即转化为两个亲属群体之间的社会冲突,这意味着在自我身份(自我意识)和群体身份(群体、社会)之间形成了一种特殊的社会纽带形式。这种纽带是由一种受限制的个体化来定义的。换句话说,是由一个特定

[①] 作者于2009年1月5日对第一个受害者的儿子进行妻子的口头访谈。手榴弹是第二次世界大战遗留下来的。在"二战"(和内战)结束后人们非法地保留了它们。
[②] 这些评论在1956年6月15日至30日定期出现在报纸的专栏中。

的我们的高度情感依附来定义的——也就是说,该群体主要是由亲属关系联系在一起的一群人。此外,由于这些特定的意义,实施报复行为的责任被传递给后代,冲突随着时间的推移而延长,后代也参与其中。

在讨论复仇犯罪动机的地方话语中,这种形式的社会纽带具有"节点"的地位——也即"意义的终极固定物……试图主宰话语领域,阻止分歧的流动,构建一个中心"①。在父亲去世55年后,第一个受害者的儿子声称:

"一个人必须向杀害自己父亲的凶手的亲属报仇。不幸的是,我没有亲密的男性兄弟来支持我犯罪。当我还是个孩子的时候,我的父亲被谋杀了,我的亲戚向我施压,让我很早就结婚,现在很难做出报复的决定,因为我有了儿子。我的亲戚不应该强迫我结婚,我怪他们,因为他们阻止了我采取报复行动。"②

这些关于犯罪的声明将潜在的犯罪定义为一种由亲属关系决定的责任,而不是一种可怕的行为;人们还可以发现社会纽带形式的等级制度。一个人与后代之间的社会纽带比为了繁衍后代而建立的社会亲和纽带更加牢固。

考虑到每个人为了自己的利益而建立的纽带会随着时间的推移而有所不同,现实情况是,这些纽带取决于他与他人或群体建立的关系(亲和关系,为实现经济和政治事务而进行的合作关系,等等)。这些叙事中的矛盾和遗漏并非偶然。相反,正是在这些"浮动能指"的出现和他们对这些术语的定义中,社会网络中的不同位置(以及其中的变化过程)被反映出来,使得完整表述一个散乱无章的话语链成为不可能。③

当地叙事中强调的另一点是事件发生的时间短,强度大:"一切都发生在几分钟内。"枪林弹雨的感觉就像有人把泥土捧在手里扔出去一样。④记者在雅典报纸上抄录的法庭证词的语气强调了这一印象:

"突然,其中一名目击者说:'当我在我咖啡馆里时,我听到有人在哭:"救命,他们要杀了我。"我立刻从咖啡馆出来,看到扬尼斯·阿夫格里斯正试图站起来。血像喷泉一样从他的肩膀上喷涌而出。我刚抓住他,他就死在我怀里了。'与此同时,突然之间,从村子的十个不同的方向传来了枪声!录音的记者评论说:'尽管村民们还不知道受害者和行凶者是

---

① Laclau E. and Mouffe C., *Hegemony and Socialist Strategy: Towards a Radical Democratic Politics* (London: Verso, 1985), p.112.
② 2009年1月5日,作者在克里特岛沃里西亚对扬尼斯·阿夫格里斯的儿子进行了口头采访。
③ See Laclau E. and Mouffe C., *Hegemony and Socialist Strategy: Towards a Radical Democratic Politics* (London: Verso, 1985), p.112. 在克里特岛的血仇社会中,这种社会网络变化过程所特有的是在同一亲属群体中存在血仇的可能性。关于克里特岛村子的血仇社会中,个人在其社会网络中的位置的更详细的分析,亲属关系对他的行为的限制,以及潜在的、操纵这些以实现他的目的的策略,See Tsantiropoulos A., *I Vendetta sti sighroni orini kentrikiKriti* (Athens: Plethron, 2004).
④ 作者于2009年1月8日在克里特岛沃里西亚对第一位受害者的侄女进行了口头访谈。

谁,但他们抓起枪开始互相射击。谁在开枪?对谁开枪?没有人知道,这都是随机的。'"①

正如雅典报纸所描述的那样,当时描述这场"大规模的暴力狂潮"的地方叙事,是基于两个"节点"构建的。②第一个可以被描述为血仇暴力的模仿特征。在暴力中,有一种被模仿的欲望,它是一种基本的特性,定义了人类行为的整体性。这种欲望是通过模仿他人的欲望而产生的,最终,欲望的起源既不是生物的,也不是本能的,也不是对某种令人向往的对象的简单反应。在血仇中,由于冲突是随着时间的推移而延长的,并且牵涉到后代,最初的敌对对象消失了,模仿的对抗退化成为了冲突而冲突。每一个对手都变成了另一个对手的镜像,无休止地针锋相对,就像"模仿替身"一样。③在这种情况下,地方话语被构建为模仿犯罪。几乎所有的犯罪(第三起犯罪除外)都是在最短的时间间隔内完成的。然而,仅仅聚焦"模仿暴力"的概念是不够的,因为它忽略了在确定行凶者方面的分歧,以及所涉及的暴力的"疯狂"问题。用精神分析的术语来说,在针对扬尼斯·阿夫格里斯的犯罪之后,集体的极端暴力行为就被激发了。

本文的观点是,基于档案研究的历史语境化是解释这种集体的行动宣泄的先决条件。无论是当地人所说的"邪恶时刻",还是那个社会中血亲复仇的既定模式,都不足以解释这一现象。从这个角度来看,1955年当地社会经历的事件可以成为将血仇历史化的典型案例,实质上是为了研究这种现象与历史之间的相互联系。发生这些罪行的1955年是在德国结束对希腊的占领的10年以后,距1949年,即内战正式停止后仅6年,这并非巧合。具体来说,对书面资料和证词(报纸、历史和民间传说等)的研究精确地表明了1955年罪行的参与者与上述两个重要历史事实之间的重要联系。达拉斯是第一起犯罪的实施者,他曾是一个游击队组织的重要人物,该组织曾与德国人作战。其他参与犯罪的人的亲属组成了第一批游击队的核心,他们在这个村庄的山区有一个基地,并在占领克里特岛后立即与德国人作战。1943年,德军的一个营在村外的一场战斗中被这个游击队击败。德国人为他们的失败报了仇,处决了村里的一些人,把其余的人赶出了村子,然后炸毁了村子。这场战斗(杀死了第一个受害者扬尼斯·阿夫格里斯的一个近亲和一个当选村长的著名人士)继续被当作抵抗行动来庆祝。但作为这段记忆的一部分,人们相信,这场给整个社区带来悲剧性后果的战斗,是因为同村的一个村民向德国人出卖了游击队的阵地。这一信念无疑在战争刚结束时就引发了一场复仇行动。此后,内战中最重要的战役之一发生在村庄周围更广阔的山区,这也为充满敌意的记忆提供了潜在的可能性。④

---

① "所有人都被枪杀,谁也不知道他们是谁,为什么被枪杀。" Akropolis, 19 June, 1956.
② See *Akropolls; Apogevmatini; Athinaiki; Avgi; Eleftheria; Empros; Estia; Ethnikos; Kyrix; Ethnos; Kathimerini; Ora; Ta Nea; To Vima; Vradyni*, between 27 August and 20 September 1955, and between 15 and 30 June 1956.
③ Girard R., *Things Hidden Since the Foundation of the World*, trans. S. Bann and M. Metteer (Stanford: Stanford University Press, 1987), pp.12, 142.
④ Kontogiannis E., *Voriza*, Iraklion, 1987.

详细分析重大历史事件和随后的血仇之间的相互作用,作为当地人接受和体验历史事件并组织后续行动的文化模式,不是本文的目的。①的确,可以这样说,特定的时点和历史的呼应起到了"合点结构"的作用。②有人认为,这种结构涉及:

一系列情境性的关系,它是从操作性的文化分类和行动者的利益中提炼出来的。在这个情境中,"行动"的概念受到双重结构性的决定:一方面是基于文化框架的意图,另一方面是在其他项目和计划中恢复行动时产生的非预期后果。③

然而,从当地话语的角度来看,这一观点受到了挑战。将一个人的死亡视为在特定反对或敌视环境下发生的一次历史事件,与将其融入个人或家族历史的观念相重叠。从这个角度来看,过去的罪行成为一个影响现在现实的创伤性事实。④一位女性在犯罪发生时年仅15岁,由于是第一名受害者的亲属,她在受害者家中哀悼时,被手榴弹碎片击中,导致一只眼睛失明。她说:"许多男人都曾向我求婚,但他们都是鳏夫,而且都比我大很多。我不愿意嫁给一个结过婚的男人。但是年轻的男人们也不愿意娶我,因为我有一只眼睛失明了,他们担心我的另一只眼睛也会失明。最终,我嫁给了一个比我大且是鳏夫的男人。他和前妻有四个孩子。很快我就怀孕了,但就在我女儿出生的前一天,我的丈夫去世了。我先去参加了丈夫的葬礼,紧接着第二天就生下了我的孩子。我的婚姻仅仅持续了一年。我丈夫得了脑癌,但在我们结婚期间,没有人告诉我他的病情,可能是怕我因此不愿意嫁给他。在我们结婚的那段时间里,我曾怀疑他生病了,但他一直藏着他的药。我既当妈又当爹,照顾一个孤儿。这就是我的命运。但这样的命运不是来自上帝,而是来自人(指那个扔手榴弹的人)。"⑤

这段叙述与之前提到的第一位受害者之子的故事有着相似的模式。他被迫在很小的时候由亲戚安排结婚,目的是传宗接代。进而,他也必须考虑如果决定为父亲报仇,这将给他的家人带来什么后果。

另一段有趣的叙述来自第二位受害者的姐姐,她的弟弟年仅19岁,刚刚订婚。在传

---

① 从历史人类学的角度来看,笔者的研究主题是血仇与第二次世界大战和克里特岛内战的显著融合。在此背景下,英国特别行动署一名成员关于政治冲突的报告值得注意:尽管(共产主义游击队和英国支持的游击队之间的)和平条约已经被破坏,但持续存在并阻止内战升级为公开流血事件的重要因素并不是作为共同的外部敌人的征服者德国军队。一个希腊人可能会杀了另一个希腊人,然后逃走。但是,如果一个克里特人杀了另一个克里特人,即使是出于政治对立的原因,他也要承担血仇的责任。这不仅会毁掉他个人,也会毁掉他的亲人。在一个与亲属关系密切的岛屿上,即使是三级表兄也被视为近亲,惩罚是斩草除根。See Jack Smith-Hughes, *Aporiti Anafora tis draseos tis SOE stin Kriti 1941-1945* (Athens: Eleftheri Skepsis, 1997), p. 204.
② 必须指出,"法诺里奥斯"这个名字的字面意思是"揭露者"。
③ Sahlins M., *Islands of History* (Chicago: The University of Chicago Press, 1985), p.125.
④ 社会记忆在一个血仇社会中与犯罪有关。关于这种记忆的内容的详细分析,以及这种记忆传递给下一代并引发报复性犯罪的方式,See Tsantiropoulos A., "Collective Memory and Blood Feud: The Case of Mountainous Crete", *Crimes and Misdemeanours: Deviance and the Law in Historical Perspective* 2, no. 1 (2008): 60-80.
⑤ 作者于2009年1月8日在克里特岛沃里西亚对第一位受害者的侄女进行的口头访谈。

统的将死者遗骨转移到骨灰龛的仪式中,据说她弟弟的遗骨散发出了香气。这一现象在希腊东正教中被视为成圣的标志,因此他被认为是有福之人。[1]

从个人与其亲属群体(主要是兄弟姐妹,并通过婚姻与更广泛的亲属群体相连)之间紧密联系的视角来看,每个人的社会行为不仅作为当前的事实,也作为未来的可能性,对其亲属群体的共同事务产生重要影响。相反,对一个人荣誉的侮辱或对他的伤害,都可能对其整个亲属群体产生潜在的危害。[2]在以下叙述中,资料提供者谨慎地指出了个人在其亲属群体中的位置及其相关问题。那位被手榴弹碎片炸瞎一只眼睛的妇女,她与第一名受害者关系密切,同时也是另一名手榴弹袭击受害者的近亲,她谈到投掷手榴弹者亲属(谋杀案发生后均已移民)的情况时表示:"上帝是存在的,他们很可能会为自己的罪行付出代价。他们也有孩子。我在海底,突然浮上水面,同时上帝把另一个人打入海底。现在,杀害我妹妹的人的血亲有很多钱,但上帝在看着,我向上帝祈祷,他们将因为给我无辜的家人造成伤害受到惩罚。如果他们看到自己的孩子死去,像我的亲人一样被谋杀,只有那时他们才会知道这种痛苦有多么深重。"[3]

个体在地方犯罪话语中被视为"节点",这种观念源于"身份"的概念,根据这一概念,个体是社会确认的自我身份,具有社会意义,而非个体对自身独特身份的自我意识。[4]尤其是在地中海地区的人类学中,有一种价值观被概括为荣誉、羞耻的两极对立,这一观念与上述身份概念紧密相关。[5]这些个人价值观因为与每个人所属的社会实体不可分割地结合在一起,因此也与其社会和政治权力的大小紧密关联。它们存在于每个特定的个人身上,是因为它们得到了其他人的认可。文中强调了在地方性的归责观念中,犯罪被视为对个人社会联系的破坏。因此,个体所犯的罪行具有社会和政治的内涵,因为它与亲属群体之间的权力再分配过程——即社会过程——紧密相连。这表明,在特定的社会和文化背景下,犯罪不仅仅是个体的行为选择,而是深刻嵌入在社会结构和权力关系中的。这些

---

[1] 作者于2009年12月10日在克里特岛沃里西亚对第二位受害者的姐姐进行的口头访谈。
[2] 对于这种相互联系的更详细的分析,See Campbell, J. K. *Honour, Family and Parronage: A Study of Institutions and Moral Values in a Greek Mountain Community* (Oxford: Clarendon Press, 1970).
[3] 作者于2009年1月8日对第一位受害者的侄女进行的口头访谈。
[4] Mauss M., "A Category of the Human Mind: The Notion of Person; the Notion of Self", in *The Category of the Person: Anthropology, Philosophy, History*, eds. Michael Carrithers, Steven Collins, and Steven Lukes (Cambridge: Cambridge University Prees, 1985), pp. 1–25.; La Fontaine J. S., "Person and Individual: Some Anthropological Reflections", in *The Category of the Person: Anthropology, Philosophy, History*, eds. Michael Carrithers, Steven Collins, and Steven Lukes (Cambridge: Cambridge University Press, 1985), pp. 123–140.
[5] Peristiany J. (ed.), *Honor and Shame: The Values of Mediterranean Society* (Chicago: University of Chicago Press, 1966).; Gilmore D. (ed.), *Honor and Shame and the Unity of the Mediterranean* (Arlington: American Anthropological Association, 1987).; Albera D. and Blok A., *L'anthropologie de la Méditerranée/Anthropology of the Mediterranean* (Paris: Maisonneuve et Larose/Maison méditerranéenne des sciences de l'homme, 2001); Boehm C., *Blood Revenge: The Anthropology of Feuding in Montenegro and Other Tribal Societies* (Lawrence: University Press of Kansas, 1984); Ginat J., *Blood Disputes Among Bedouin and Rural Arabs in Israel: Revenge, Mediation, Outcasting and Family Honor* (Pittsburg: University of Pittsburgh Press, 1987).

价值观源于把社会和政治权力作为非强制性权威的观念,因此,当一个人侮辱另一个人时,他同时挑战了另一个人的社会联系形式。换句话说,对方作为社会和政治实体的整体存在受到了威胁。在这些竞争的背景下,指责一个人在当地的观念中构成了对其社会关系的破坏,个人犯下的罪行具有社会和政治内涵,因为它与亲属群体之间的权力再分配过程(即社会过程)相互关联。

哈布瓦赫主张,特定的过去之所以被保存下来并延续至今,是因为它与现在的文化形态仍然相关,这一论点在此处很有用。① 因此,在"血仇社会"中,任何同盟、对立或敌对的文化现状都与过去的事件和罪行相关联。在血亲复仇的文化模式下,由于这种关系会随时间的推移而不断延续并代代相传,因此这些"节点"构建了关于犯罪的当地话语。这些话语与其说是对发生在特定情况和特定原因下的事件(犯罪)的详细叙述,不如说是通过持续不断且普遍接受与荣誉和捍卫荣誉的需要相关的价值观来构建这些犯罪。显然,这种叙事方式为对"事实"不断修正以适应当前情况提供了空间,同时为过去犯罪的当前记忆提供了空间,作为一种"延迟(或称事后追溯性)行动",这一记忆被赋予了特定的情感,从而促使人们去犯下回应性的罪行。② 我们从沃里西亚人当前担忧的问题上就可以看出这一点,他们希望避免出现可能与1955年的罪行形成"联结结构"的社会情境,将过去和现在融合成一幅图像。

这个社区继续将这场血仇视为破坏社会纽带的一场创伤性事件。事实上,自1955年以来,该社区就没有庆祝过当地的圣徒节,礼拜活动也仅限于教堂的礼拜仪式。一位当地人表示:"我的村庄再也不能一起庆祝了。那些大家族已经分裂成三个派系。我们不再像大屠杀前那样团结了。让村里所有的家族共同庆祝当地的守护神……是不可能的。有一年,我们试图举行宴会来纪念当地的守护神,但人们并没有庆祝,他们的表现就好像是在参加葬礼。"③

另一个人补充说:"还有,人们非常担心会有类似的罪犯在节日期间横行。"④

关于血仇犯罪的法律报道与话语

该案件于1956年6月提交雅典的一家法院审理,为期15天的审判从清晨持续到深夜,许多村民出庭作证。通过对从法院档案中提取的材料进行分析,我们可以发现,关于

---

① Halbwachs M., *On Collective Memory*, ed. and trans. Lewis Coser (Chicago: University of Chicago Press, 1992).
② 这里使用了弗洛伊德所用的概念"延迟行动"的一个详细说明,即经验、印象、记忆痕迹,这些可能会在以后被修改,以适应新的经验或发展的新阶段。在这种情况下,它们不仅会被赋予新的意义,而且还会具有心理功效。See Laplanche J. and Pontalis J.-B., *The Language of Psycho-Analysis* (London: Hogarth Press, 1983), p.111.
③ 作者于2009年1月15日在克里特岛沃里西亚对第一位受害者的亲戚进行的口头访谈。
④ 作者于2009年1月15日在克里特岛沃里西亚对第一位受害者的儿子进行的口头访谈。

核心事实的法律话语构建与当地人的话语构建存在差异。这种差异在形式和内容层面均有所体现,源于血仇构建与法律构建的差异。正如波西普西尔(Pospisil)所指出的,血仇指的是一种"群体间现象";换言之,它指的是一个群体内成员无视或违抗整体政治组织的政治权威而进行的内部事务。[①]相比之下,法律是一种"群体内部事务",由更高的权威机构对构成争议各方的个别群体成员做出裁决,并诱使或迫使争议各方遵守该裁决所依据的条款。此外,尽管法律并不局限于司法程序,尽管谈判、调解和仲裁也是基于既定规范的法律实体,但现代社会中的现行刑法制度通过隔离有罪个体并使其直面权威机构,从而否定了群体凝聚力。惩罚不是针对被认为对群体内部其他个体或整个群体造成伤害的行为;发动惩罚的原因在于,个体的行为通过其严重性或反复实施的特性,威胁到国家内部更广泛的"社会"概念。[②]

尽管血亲复仇模式和司法程序模式之间存在这些矛盾,但正如历史和民族志证据清楚表明的那样,它们可以也确实能够在一个国家中共存。快速浏览记录沃里西亚人证词的法律报告表明,这些报告并不是口头证据的逐字摘要。每份陈述都以简短的文件形式出现(最多三到四页),其中用非常简短的句子总结了所提供的证据的要点。在极少数例子中,有一段非常简短(一或两行)的引用,表明是当地人的话。考虑到一些证据是在五个小时或更长时间提供的,构建这些话语的任务肯定非常艰巨。法律记录中使用的词汇凸显了概括的程度;所使用的相当多的词汇来自标准的字面或法律词汇。然而,这些词汇要么不存在于该社区的词汇中,要么即使存在,在当地方言中的表达也截然不同。

法律证词是根据现代国家法令及其法律建构的话语。法官只有资格评估个人罪责的相对程度并据此施加适当的惩罚,因为他不是以个人身份行事,而只是执行法律。此外,正如维迪耶所坚持的那样,在任何诉讼中,法官都证明了整个社会希望与受罚者保持距离的愿望。因此,法官的角色不是犯罪的复仇者,而是社会纽带持续存在的保护者。因此,判决的意图是惩罚在社会内部造成分裂的个人。[③]从这个角度来看,"个人动机"的概念对诉讼话语至关重要是合理的。因此,法官和陪审团成员必须回答的主要问题之一如下:被告人的动机是否具有犯罪性质,因此是否有必要判处非常重的刑罚?或者,他的动机是否是犯罪以外的动机,因此他是否在特定的心理压力下犯下了所指控的罪行?本文认为,正是基于这一逻辑,本案中的口头证词才被转化为书面证据,以下例子可以证明这一点:

"被告人有计划地实施犯罪。他射杀了他的父亲,他的岳母,还想杀我。"

---

① Pospisil L., "Feud", *International Encyclopedia of the Social Sciences*, ed. David Sills (London: Macmillan Press, 1972), p. 392.
② Rouland N., *Legal Anthropology* (London: Athlone Press, 1994), pp. 281-283.
③ See Rouland N., *Legal Anthropology* (London: Athlone Press, 1994), pp.123-124, 对 Verdier R. 的法律与交换理论的工作进行了概述。

"被告人马诺索斯·达拉斯曾经是一名游击队员,与德国占领者作战,他参加了一场在村里与德军的战斗。我相信他是在醉酒状态下犯下的罪行。"[1]

在同一框架下,"血仇"一词并未记录在法庭档案中,因为从现代国家法律的视角来看,"复仇"作为一种"原始法"形式,不可能被纳入法律论证和判决结果中。[2]然而,根据报纸上对口头证据的直接报道,很明显,当地人在法庭上经常使用这个词。

在法庭档案中,复仇犯罪被解释为"自行执法"。因此,第一起犯罪被正式描述为是因为受害者(扬尼斯·阿夫格里斯)指责马诺索斯·达拉斯为小偷而引发的;而在圣法诺里奥斯节期间,当达拉斯向阿夫格里斯敬酒以示和解时,阿夫格里斯不仅拒绝了,还将整杯酒扔到一旁,将其打碎。关于此事件的这特定细节,法庭档案中有一个非常罕见的当地真实话语的例子。据报道,马诺索斯·达拉斯在为维护自己的名誉而犯罪的前几天曾对一位邻居说:"我们作为一个家庭,绝不允许阿夫格里斯一家在社区众人面前谴责我们,将我们边缘化。"[3]自行执法并实施名誉犯罪的个人意义,与更广泛的现代社会所熟悉的道德价值观相联系,这与国家法律的逻辑是一致的。然而,这些与名誉相关的道德价值观的压力源自当地习俗。因此,辩护方另辟蹊径,试图证明被告人是在极度精神激动状态下行动的。

最后,这两种话语(当地社会话语和法律报告话语)之间的分歧源自截然相反的出发点。当地社会话语强调集体责任观念的主导地位,这是犯罪行为作为特定形式的社会纽带存在的证明。这一点不仅从采取此类行动的原因中显而易见,而且从谁采取行动以及谁被选为受害者中也显而易见。然而,从官方角度来看,在法庭上,同一个人被认定为扰乱秩序的对象,因为国家作为最高权威的存在预设了不同形式的社会纽带,并因此规定了一种不同的"个人"概念。血仇作为犯罪的所有这些社会和文化内涵都表明,它本质上是一种社区事务,因此不能轻易转化为在国家法律程序中导致判决的依据。这就解释了为什么辩护陈述如此简短,正如雅典报纸所指出的那样:

"所有六名被告人的辩护陈述都非常简短。他们没有提出任何确凿的证据来减轻他们的困境。因此,没有一名被告人发言超过十五分钟。所有被告人的证词都是针对证人的,声称他们只是因为同村人对他们的仇恨而被指控。"[4]

以下新闻报道中引用的对话体现了国家法律与血仇心态之间的完全对立:

证人:"现在燃烧着我们村庄的'火焰''永远'不会熄灭。"

公诉人:"它必须被熄灭。在法院做出判决后,关于这些罪行的一切都必须结束。"

证人:"这就像火山一样。村里的孩子们在成长过程中始终记得他们被谋杀的亲人。"

---

[1] Dikastika Praktica (transcripts), 1956, vol.1, General State Archives, Athens.
[2] 在希腊,表示"血仇"的常用词是"vendetta"。在意大利语中,除了"仇杀"一词,还有一个短语 ehome ikogeniaka(主要是在社区内部讨论中),翻译为"我们有家庭内部的麻烦"。
[3] Dikastika Praktica (transcripts), 1956, vol.3, General State Archives, Athens.
[4] Dikastika Praktica (transcripts), 1956, vol.3, General State Archives, Athens.

公诉人："他们必须忘记。无论法院做出何种判决，都必须是最终解决方案。如果下一代人不忘记，灾难就会降临到你们的村庄。"①

值得注意的是，在当代希腊，每当克里特岛（或克里特人）发生血仇犯罪案件时，今天的法律报告都会表现出相同的结构，而克里特岛仍然是希腊唯一的"血仇社会"。②

关于血仇犯罪的雅典报纸和话语

雅典报纸对克里特岛这个村庄的当地人的法庭表现进行了广泛评论，这与克里特岛报纸上对该事件本身和审判的有限报道形成鲜明对比。几乎整个村庄的人都前往雅典打官司，在那里，农村人和城市居民之间的对比愈发明显。雅典媒体每天都在发表关于此案的详细评论，包括对证人证词的逐字摘录。与法律记录相反，血仇的维度在报道中占据主导地位。

在特定地方发生的复仇犯罪介于自然（本能）和文化（常被定义为"习俗"）之间的边缘性，③为公民社会创造有关两种不同思维方式的话语提供了参考点。一种以希腊农村社区为特色，另一种以城市人口为特征。这种话语具有历史真实性，描绘了"二战"后希腊社会新身份的形成。此外，正如阿芙德拉（Avdela）在她对同一时期希腊名誉犯罪的研究中所指出的那样，道德既是社会形成协议的关键领域，也是便于国家政治领导层干预的关键领域。④这种干预指的是一个文化适应的过程，其致力于用现代共识和符合现代公民社会期望的个人主义道德来取代"传统"价值体系（即荣誉和耻辱）。⑤在社会价值观转化的过程中，"犯罪"概念占据了主导地位并非偶然：它有利于将国家主导的法律和秩序观念强加于内战后希腊的社会文化关系。"犯罪"作为一个流动的、可能含糊不清的概念，浓缩了政治领导层在不同的历史环境和文化背景下对他们无法治理的群体或情况的不安和恐惧。⑥

通过分析雅典报纸上关于沃里西亚法庭案件的材料，可以说，1945年以后希腊社会的身份是两极分化的产物，同时伴随着资产阶级对"高贵野蛮人"的概念化。在对被告人外表和表现的差异报道中，两极化的主要构成要素是显而易见的：

"六名被告人中有五人穿着黑色衬衫，因为他们正在服丧。达拉斯：他已经承认了自己的罪行。一个虎背熊腰的彪形大汉，他的脸上呈现出力量感，他的眼神中透露着果断。

---

① "The Massacre of Vorizia: The Fire That Now Burns Our Village Will Never Be Quenched", *Ethnos*, 20 June, 1956.
② Tsantiropoulos A., *I Vendetta sti sighroni orini kentrikiKriti* (Athens: Plethron, 2004).
③ See Levi-Strauss C., *The Elementary Structures of Kinship* (Boston: Beacon Press, 1969).
④ Avdela E., *Dia Logous Timis: Via, Sinesthimata kai Axies sti MetemfiliakiEllada* (Athens: Nefeli Publications Press, 2002).
⑤ Elias N., *The Society of Individuals* (Oxford: Basil Blackwell Press, 1991).
⑥ Ibid., p.184.

科斯塔斯·塔拉西斯;中年人,他的眼睛像鹰一样,表情凶狠。"[1]

报纸上引用的证人证词节选也强调,方言是当地人与法律专业人士沟通时困难重重的核心。书面与口语、法律与习俗、作为环境区域的城市与乡村、中央政府与地方政治、理性与情感等,构成了形成两种不同思维方式的"节点",即"现代"与"传统"。

雅典报纸坚持认为,很难想象还有比这更复杂的审判了。除了四起谋杀案,陪审员和法官在审判中还面临着许多其他因素,这些因素使这段血腥的历史变得扑朔迷离。最重要的是,所有证人都说克里特方言,在正式的法庭程序中,这种方言是无法被完全理解的。为了使法庭正确地理解证词,法律人员必须是住在村庄附近的克里特人。只有这样,才能澄清被告人、受害者和证人之间的不同关系。如果不了解那些涉案人员的思维方式,就不可能澄清事实,律师也不可能提供有效的辩护。

最后,关于"他者性"存在的概念,正如雅典报纸提到1955年8月26日的罪行时所说,可以指出的是,这一事件包含了创造新的城市和农村身份所必需的所有因素,而这些身份将成为希腊社会在接下来的几十年里的主要问题。8月26日的事件可以概括为两个不同版本的"背景",这凸显了这一点。

一种版本是,那天晚上,沃里西亚的人民陷入了一场严重的、血腥的疯狂。从清晨开始流淌的葡萄酒激发了男子气概的展示,使激情无法控制地流露出来,使头脑变得浑噩。在这种情况下,任何人都不可能克制犯罪的实施。唯一的精神需求是为流血牺牲的兄弟姐妹复仇。另一种版本是,这些人所处的世界教了他们一些我们所有人都不知道的东西。他们知道如何"解读"晴朗天空中的一小片云,并预言很快就会有一场风暴来临。他们知道陡峭山脉中的足迹,野兔和鹧鸪的脚印,以及来自大自然母亲的奇妙而奇怪的迹象,因为他们生活在离大自然很近的地方。相比之下,尽管我们声称自己是世界公民,但我们对这些事情却一无所知。

结论

本文表明,血仇作为一种犯罪的某些特殊性是调查许多问题的依据。方法论问题已表明,对一种社会现象进行调查不但要确定不同来源(国家档案、报纸、人种学背景下的口头访谈)各自的贡献和互补性,也要确定其局限性。我们通过分析在特定的历史时间点上发生在一个血仇社会中的一系列犯罪的不同话语,揭示了这些话语的起源及其产生机制。关于同一现象的话语分歧将研究的焦点引向了其在现代国家的现代社会中发生的原因,它更多地与社会政治关系有关,而与法律的实际内容关系不大。在正式司法领域中,

---

[1] "The Bloody Revenge of Vorizia: The Court Witnesses Attempt to Ease the Predicament of Their Accused Relatives", *Athinaki*, 16 June, 1956.

审判的工作和地位是通过全面和有决定性的审理、适用明确的行为规范,并根据事实和这些规范做出判决而构成终局性的官方宣告。在一个血仇社会中,对犯罪的处理并不寻求重建关系或治愈受害者或被告人的亲属群体,也不寻求治愈社区的其他成员。[①]当地的血仇观念及其社会政治维度对习惯(一种个人自我意识的历史和社会形成)形成的重要性,引发了人们对血仇与重大历史事实之间相互关系的疑问。这也为进一步研究与社会记忆和创伤现象更直接相关的课题提供了理由。

---

① 有关这些主题的更详细分析, see Minow M., *Between Vengeance and Forgiveness: Facing History After Genocide and Mass Violence* (Boston: Beacon Press, 1998).

Crime and Culpability in the Community, the Newspapers and the Courts: The Case of the Feuding Society of Crete (Greece)

Aris Tsantiropoulos
Chen Yuehui(trans.)

Abstract: The article reviews a series of vengeful crimes that occurred on the Greek island of Crete in 1955, presenting the divergent discourse expressions towards crime between communities with a tradition of blood feud and modern nations through contrasting descriptions of blood feud crimes by two different pairs of entities: legal documents versus traditional communities, and newspaper media versus traditional communities. It argues that the reasons for such discourse divergence are more related to sociopolitical relationships rather than the actual content of the law. The handling of crimes in the judicial field differs in mechanism and objective from that in blood feud societies; the former aims to make definitive official pronouncements based on facts and laws through trials, while the latter does not seek to rebuild social relationships or heal both parties involved, nor does it aim to comfort other members of the community, as judicial processes do. Additionally, the article discusses the varying contributions and limitations of different types of material sources to social investigations.

Keywords: Feuding society; legal reporting; media reporting; discourse differences

《希腊法律概论》评述

张润洁　齐　静

摘　要：《希腊法律概论》[①]是唯一的一本用英文全面概述希腊当代各部门法律的专业性著作。由Yiannopoulos N.、Prodromos D. Dagtoglou等多位希腊、美国的专家进行撰写,共二十章。他们不仅对希腊法律十分熟悉,而且在比较法、国际法研究领域均有权威地位,因此书中也提到了希腊法与德国、法国等其他大陆法系国家法律体系或英美法系的异同,这使得我们阅读这本书时,通过权威法律专家的视角了解到希腊法律背后蕴含的法律思想和法律价值。本书不仅能够为比较法方向、希腊法研究方向的国际法律学者提供绝佳的专业、权威的研究资料,同时也能够为其他专业的非希腊语学者,甚至没有专门的学术背景或研究经验的普通大众快速了解希腊各基本部门框架提供便利。本文从一个中国法律专业学生的视角,对希腊法的法律规则及理论进行介绍,并阐述些许个人思考。

关键词：《希腊法律概论》　书评　希腊法

作者张润洁,西南大学法学院硕士研究生(重庆　400715);齐静,西南大学法学院副教授(重庆　400715)。

一

首先,《希腊法律概论》包括历史、渊源、希腊宪法及其与国际法和欧盟的关系、国家权力的结构和分配、欧盟指令的效力、监管机构和行政行为、司法组织、民法总则、合同和侵权行为、知识产权、公司和合伙企业、劳动关系仲裁、商法和海商法、地方政府、法人、婚姻、离婚和亲子关系、继承、破产、法律选择和外国判决的承认与执行、税收、投资激励以及刑法和刑事诉讼等章节。从目录来看,整本书的篇章结构及内容体例遵循一定逻辑展开,除

[①] Konstantinos D. Kerameus and Phaedon J. Kozyris (eds.), *Introduction to Greek Law* (Alphen aan den Rijn: Wolters Kluwer Law International, 2008).

城区规划和区划、投资激励等个别章节,其余章节基本按照法律部门进行展开。首先是希腊宪法、行政法,其次是欧盟法在希腊的运用,之后为民法总则,以及总则指导下的债法、商法、家庭法、知识产权法,最后是刑法及司法程序等,这样编排能够把相关联的内容安排在相邻的章节方便阅读与翻阅。例如,将介绍国家机构和规范公权力的行政法与详细阐述议会代表选举制的宪法写于一章,更能让读者理解权力如何进行划分、国家机构如何产生、其架构与职权等问题;民法和商法无疑是联系更多的,其安排在相近的章节也更加方便阅读;先介绍民法、刑法等实体法再介绍相应诉讼法也符合程序保障实体的逻辑。

其次,第二章列出了希腊法律的主要渊源。希腊法律体系以成文法典为主要法律渊源,包括《希腊民法典》《希腊刑法典》《希腊商法典》《希腊劳动法典》《希腊社会保障法典》《希腊民事诉讼法典》等。这些法典系统地涵盖了希腊基本法律领域,具有清晰的结构和明确的条文规定。该书基本涵盖了这些法典的基本内容阐释,虽然每章作者及内容各不相同,但因章节安排以及各章节之间的联系、呼应,读起来总体并不割裂,尤其是在第一章对现代希腊制宪历史及民法编纂历史进行介绍后,再去理解第三章宪法与行政法律以及后面《希腊民法典》(Greek Civil Code)所涉及的个人权利、家庭法、继承法和债务等方面的法律规定均有裨益。每章的内容展开也从介绍基本概念开始,再到具体规则细节,由抽象到具体,由概括到详细,能够引领阅读者由浅入深地了解希腊整体法律体系。

最后,作者们在撰写现代希腊法律的基本规则、框架时,补充一些规则后的法律精神及理论,既具有一定的专业理论性,又能为国际法律从业者提供实践价值。

二

第一章为历史发展,该章作者 Athanassios N. Yiannopoulos[①]将希腊法的历史发展作为开篇,无论是对学者还是非学者的读者阅读都十分重要。提到大陆法系立法,往往认为其源于古罗马法,而忽视了古希腊法对大陆法系,尤其是对大陆法系民商事制度的形成和发展具有毋庸置疑的影响。[②]例如,Yiannopoulos 教授在描述拜占庭时期法律时提到拜占庭法律将罗马传统、基督教伦理和希腊法律思想进行融合,以此对大多数东欧和巴尔干国家的法律体系产生了深远的影响。[③]书的第一章将希腊法律的演变分为五个主要时期,分别是古希腊时期、希腊化时期、拜占庭时期、后拜占庭时期及现代希腊时期。对于古希腊时期的法律,有学者提出其民商法内容具有后世"国际私法"的原则,[④]某些规则旨在解决跨

---

① Athanassios N. Yiannopoulos, Eason-Weinmann Professor of Comparative Law, Tulane University.
② 何勤华、胡骏:《古希腊民商事立法初探——兼论大陆法系的起源问题》,《法学》2007年第6期。
③ Konstantinos D. Kerameus and Phaedon J. Kozyris (eds.), *Introduction to Greek Law* (Alphen aan den Rijn: Wolters Kluwer Law International Press, 2008), p. 6.
④ 参见林榕年主编:《外国法制史新编》,群众出版社,1994,第137页。

城邦的法律冲突和管辖权问题,确保不同城邦法律体系之间的协调和公正。该观点在这本书中得到印证,Yiannopoulos教授提到"除了各城邦特有的法律领域外,还有一部商法",商法包含海商法的各个分支,包括货物运输、银行法和解决争端的程序。从表述中可以看出他认为该商法具有"非独特性",也即适用于各城邦之间的"世界性",并称该商法为"希腊联邦真正的'普通法'"。① 有学者亦认为古希腊法对私法发展的贡献在于其奠定了罗马法,甚至整个西方私法的主要法律原则和框架,古希腊法律为我们对大陆私法以及自然法思想的研究提供了源源不断的"精神食粮"。② 因此,笔者认为第一章的内容至关重要,不仅仅是介绍希腊法律从古至今的发展历史这么简单,更重要的是通过阅读此章笔者了解到,古希腊法律并没有完全消亡,现代希腊法律和古希腊法律存在一定的法律继承,有其深厚的古希腊法律精神作为底蕴,也显示了我们学习、关注希腊法律以及文明体系的必要性,同时为我们理解之后章节的希腊法律奠定基础。

在第一章讲述古希腊法律的历史起源时,Yiannopoulos教授从古希腊的史诗神话渊源切入,早期的希腊法律多基于神话和史诗,法律与宗教和社会习俗紧密交织,体现了一个由贵族统治的宗法社会。值得注意的是,我国古代法律同样与宗教、神学密不可分。书中在此提到国王通过"厄运"(θεμιστές, themistes)解决争端,③ 与我国夏商周时期,司法审判"天罚神判"有着异曲同工之妙,即通过观天象、占卜、祈祷等方式,请求神灵的指示来判断案件。

随后,希腊法律逐渐从宗教与神学中脱离,通过立法者的努力,希腊在法典化运动后,实现了从习惯法到成文法的转变,各城邦制定了各自的成文法规,甚至是完整的法典。特别是商法的出现,使得希腊与世界的贸易关系得以规范,并推动了法律的系统化发展。尽管希腊法律体系高度发达,但并未像罗马法那样形成系统的法学理论体系。在此期间,公法和私法的制度所反映的正义、自由、自治等法律思想已经发展成熟,被认为是西方法律思想,甚至大陆法系私法的起源。对古希腊法律所蕴含的自然法思想和法律精神的研究已有许多,基于古希腊所拥有的哲学基础,其法律思想的发展显然是必然的,自然受到更多的关注。而在这一章中,Yiannopoulos教授在"古典法"部分具体讲述了少部分学者注意到的雅典陪审制度及司法程序的实质规则。对于这部分,学者的研究多对希腊司法程序、制度的意义进行了正面评价。例如,国内学者肖厚国对其司法程序溯源和演变历程进行了详细阐述,并认为雅典在公元前5世纪创设的陪审制度是现代民主陪审制度的渊源,认为其是"曾经存在过的最为民主的制度之一",甚至是"人类所取得的最伟大的成就之一",肯定了该制度对现代民主国家司法陪审制度和司法程序的伟大贡献,并认为其避免了国

---

① Konstantinos D. Kerameus and Phaedon J. Kozyris (eds.), *Introduction to Greek Law* (Alphen aan den Rijn: Wolters Kluwer Law International Press, 2008), p. 2.
② 易继明:《论古希腊法对大陆法私法传统形成的贡献》,《中外法学》1999年第6期。
③ Konstantinos D. Kerameus and Phaedon J. Kozyris (eds.), *Introduction to Greek Law* (Alphen aan den Rijn: Wolters Kluwer Law International Press, 2008), p. 2.

王独任审判的专断或贵族政治,确保了司法的纯粹、公正的司法。[1]西方学者认为雅典创立的陪审制度的公开性及辩护制,向公民们传达了司法与政治对"弱者"的尊重及"人"的平等的尊严。[2]然而,Yiannopoulos教授却"剑走偏锋",以希腊妇女死亡案件——即曾有15名证人宣誓做证,证明一名妇女死亡,而这名妇女后来被送上法庭时身体非常健康,[3]指出司法程序中出现的证人常常因金钱利益诱惑而做伪证的现象。同样关注到这一问题并针对古代雅典陪审法庭的证据方面进行了更加细致的研究的是学者赵云龙。他指出雅典法庭证人的可信度更取决于证人的身份,而非证词本身,誓言虽作为证据的一部分并在法庭审判中具有重要作用,但仅仅作为具有宗教色彩的强化和修辞,[4]实际不能确保证人证言、证据的真实性,因此普遍出现法庭演说者利用该审判程序的弱点选择适合演说的证人演说或雇佣证人做伪证的现象。[5]本书及赵云龙学者的研究使我们从另一个角度对古希腊司法程序及制度有了不一样的认识。

通过第一章的历史梳理发现,古希腊法律并没有消亡,拜占庭法律中希腊渊源回归的趋势明显,最终在1940年现代《希腊民法典》中表现出来。这部法典借鉴了《德国民法典》的编纂方法,同时其核心是拜占庭法律的现代化版本。因此该法典不仅保留了希腊的法律传统,同时具有现代法律的性质,彰显了古希腊法与现代希腊法之间的"一脉相承"。

第二章中介绍了希腊的正式法律渊源,包括立法、习惯,其中立法包括宪法、普通法律(法典或法规)、"普遍接受"的国际法规则、希腊批准的国际条约以及欧盟法,而判例和学说虽非正式的法律渊源,但从实践中看,二者在法律的制定和适用中具有重要意义。司法制度意味着希腊法院本身并不具备制定法律的能力,但实践中希腊法院往往遵循先前判决所反映的惯例。高级法院判决所遵循的惯例对下级法院的决策具有决定性影响。同样,法律学者的著作也有可能影响立法者制定法律和法院解释法律。书中非常细致地提到对于普通法律中的法规,只有实体法规,即包含法律规则的法规,才可构成法律渊源。不包含法律规则的法规,被称为形式法规,不能构成法律渊源,例如财政预算案。该章基本为我们展现了希腊法律的层级和框架,并对其中每一层级的法律渊源进行了细致的区分和解释,对掌握剩余章节法律的效力提供了前提、概要。

---

[1] 肖厚国:《古希腊法中司法程序的演变——现代民主陪审制的由来》,《学术论坛》2011年第12期。
[2] George Grote, *History of Greece*, Vol. 5 (New York and London: Harper and Brothers Publishers, 1861).
[3] Konstantinos D. Kerameus and Phaedon J. Kozyris (eds.), *Introduction to Greek Law* (Alphen aan den Rijn: Wolters Kluwer Law International Press, 2008), p. 3.
[4] 罗伯特·邦纳、格特鲁德·史密斯:《从荷马到亚里士多德时代的司法裁判》,刘会军、邱洋译,中国法制出版社,2015。
[5] 赵云龙:《古代雅典陪审法庭的证据分类及其特点》,《内蒙古大学学报》(哲学社会科学版)2023年第2期。

三

第三章为"宪法与行政法",包括"宪法""国家权力的结构和分配""主要国家机关""行政管理""公共行政管理和司法审查"及"人权"。该章的作者是 Prodromos D. Dagtoglou 教授,其曾是雅典法学院国际知名教授,在宪法、行政法以及欧盟法这三方面的研究上均有一定建树,因此他在本章第一节中不仅阐述了希腊国内宪法和行政法的内容,同时分析了希腊宪法与国际法、欧盟法之间的关系。除此之外,Dagtoglou 教授在雅典法学院还教授过新闻和广播法,他还在第三节中阐述了希腊选举与新闻传播之间的关系,认为在电视宣传选举这方面,希腊的电视等传媒并没有体现出"高标准的可靠性和专业性、客观性和公正性"[1]。

希腊的宪法是最高法律,它规定了国家的基本结构和政府的运行方式,以及公民的基本权利和义务。此书编写、出版时的宪法为 1975 年宪法。第一节"宪法"分为"新宪法""修正案""紧急法案""宪法与国际法""宪法与欧盟"五部分。"新宪法"提到了希腊现行宪法具有传统条款与基于独裁统治经验的现代条款并存的缺陷,[2] 但书中并没有附注法条对这两类条款进行举例说明。同样,在"修正案"中作者认为 2001 年的修正案降低了宪法作为国家最高法律的地位,称其为"希腊宪法史上最糟糕的修正案"[3],但给出的理由非常笼统,其"糟糕"的原因阅读后并未得知。在"宪法与国际法"部分中提到宪法对国际法持特别开放的态度。"普遍接受的国家间法律规则"和希腊批准的国际条约排在宪法和议会法案之间。因第四章为"欧盟法在希腊的适用","宪法与欧盟"这一部分内容仅对希腊的加入及其对欧洲一体化的参与进行了简要的阐述,为第四章的内容展开做了宪法内容的铺垫与呼应。

第二节讲述了希腊国家权力的结构和分配。该节分为"政体"和"国家权力分配"两个部分。"政体"中讲述了希腊的政体为"总统议会民主制";希腊实施代议制民主,除总统下令"国家重大问题"举行全民公决外,人民通过代议制行使国家权力,通过选举产生的代表或议员提出、表决法案;希腊是议会民主制国家,总统由议会选举产生,总理是政府首脑,立法权由议会和共和国总统行使,行政权由共和国总统和政府行使,司法权属法院。

Nicos C. Alivizatos 就在《希腊宪政与政府模式》一文中指出定期举行大选、普选和议会制政府就是现代希腊宪政的基本特征。[4] 阅读这一章节可以发现,作者的这一观点在这一

---

[1] Konstantinos D. Kerameus and Phaedon J. Kozyris (eds.), *Introduction to Greek Law* (Alphen aan den Rijn: Wolters Kluwer Law International Press, 2008), p. 36.

[2] Konstantinos D. Kerameus and Phaedon J. Kozyris (eds.), *Introduction to Greek Law* (Alphen aan den Rijn: Wolters Kluwer Law International Press, 2008), p. 23.

[3] Konstantinos D. Kerameus and Phaedon J. Kozyris (eds.), *Introduction to Greek Law* (Alphen aan den Rijn: Wolters Kluwer Law International Press, 2008), p. 24.

[4] Nicos C. Alivizatos, "Greek Constitutionalism and Patterns of Government", in *The Oxford Handbook of Modern Greek Politics*, eds. Kevin Featherstone and Dimitri A. Sotiropoulos (Oxford: Oxford University Press, 2020).

章内容中体现得淋漓尽致——本章作者也主要通过议会与政府之间的关系、选举制度等方面对希腊宪政进行分析。希腊虽实行立法、行政、司法三权分立,但立法和行政之间联系密切,导致只有司法权与其他国家权力真正分离。首先,立法与行政之间的关系具体表现为:政府的产生与议会的信任[①]、议会对政府的控制[②]、总统的双重职能——授权立法与紧急情况立法[③]。书中提到在1986年修改宪法之前,总统不仅有权解散政府(宪法第38 II条),有权解散议会(宪法第41 I条),还拥有广泛的紧急权力(宪法第48条),这导致总统权力过大,因此修订后的宪法使得权力中心从双中心主义(议会-政府)转变为近乎权力单中心主义(政府),[④]体现出立法与行政关系的动态变化。Dagtoglou教授在这里以希腊国家机构权力中心转移来说明立法与行政之间相互依赖、相互制约的关系。

关于司法体系,希腊的司法分为行政法院和民事、刑事法院两大类,最高行政法院为国务委员会,负责审查行政决定的合法性,并在行政法律争议中具有重要地位。民事法院处理私人争议,并通过最高民事和刑事法院最终审理上诉。此外,与很多国家不同的是希腊宪法并未确定选举制度,而是允许议会决定(宪法第54 I条)。[⑤]因此,选举涉及议会内各政党之间的交锋,议会多次修改选举制度,选举制度经历了多次变革,主要在"强化比例代表制"和"简单比例代表制"之间切换。其背后是极端的党派两极的分裂和冲突,如此这般的希腊宪政主义一直在阻碍国家组织和机构对公共行政、教育、社会保障和医疗保健等关键领域进行实质改革。

最后一节"人权"[⑥]从国际、国内两个层面分析了希腊宪法对人权的保护。国内方面,宪法的第一部分(第1至3条)规定了国家的主要义务是尊重和保护人的价值;第二部分(第4至25条)定义并保护了个人和社会权利,如平等权、人格自由发展权、生命权、身体完整权、迁徙自由权、获得信息权等。其中2001年宪法修正案对第9A条"个人享有与其相关的数据受到保护的权利"予以明确,通过第9A条,明确了个人信息保护的基本权利,设立了独立的监督机构,并规定了数据主体的权利和数据处理的基本原则。这一条款为希腊的个人信息保护提供了宪法层面的法律保障,确保了个人数据在法律框架内的合法处

---

① 宪法规定,政府由议会中的多数党领袖或能够组建得到议会信任的政党领袖担任总理,因此,政府的产生依赖于议会的政治政党和议会的信任票。
② 希腊议会有权对政府进行监督和控制。
③ 总统在希腊政治体系中具有双重职能:既参与立法过程,又参与行政管理。在正常情况下,立法权主要由议会行使,行政部门在得到议会授权的情况下可以进行立法(即授权立法)。然而,在紧急情况下,行政部门可以在没有事先授权的情况下进行立法,但须事后得到议会的批准。
④ Konstantinos D. Kerameus and Phaedon J. Kozyris (eds.), *Introduction to Greek Law* (Alphen aan den Rijn: Wolters Kluwer Law International Press, 2008), pp. 29–30.
⑤ Konstantinos D. Kerameus and Phaedon J. Kozyris (eds.), *Introduction to Greek Law* (Alphen aan den Rijn: Wolters Kluwer Law International Press, 2008), pp. 34–35.
⑥ Konstantinos D. Kerameus and Phaedon J. Kozyris (eds.), *Introduction to Greek Law* (Alphen aan den Rijn: Wolters Kluwer Law International Press, 2008), pp. 57–60.

理和使用。将个人数据保护权写进宪法文本,能够最直接有效地对公民的个人数据进行保护。有学者指出各国对于"个人数据"的定义略有不同,欧洲国家对于"数据"与"信息"两个概念可做基本等同,美国在学术上不做区分,仅在近几年立法实践有区分趋势。①我国学者通常采用"个人信息"进行讨论,因此笔者认为希腊宪法中提到的"个人数据",在如今数据化时代的背景下,可以理解为可识别的个人信息,与自然人相关,具有隐私性,可以以数据形式存在,即活生生的人才能获得个人数据保护权。但有希腊学者认为,宪法上的数据保护不应限于个人②。

希腊宪法第5A条还规定了保障信息权的内容。这两个条款都与"信息"有关,但二者又有一定的区别。第5A条包括知情权与参与信息社会的权利,即每个人都有权根据法律规定获得信息;每个人都有权参与信息社会,且只有在保障国家安全、打击犯罪或保护第三方权利和利益的必要和合理情况下,法律才可以对公民的知情权加以限制。第9A条则强调了信息自决权。第一,二者的侧重点不同。第5A条侧重于知情权和参与信息社会的权利,强调公民获取和使用信息的权利;第9A条专注于个人数据保护,强调个人数据在收集、处理和使用过程中的安全和隐私保护。第二,二者的权利类型不同。第5A条主要涉及公众信息的获取和使用权,是一种广义的信息权;第9A条涉及个人数据的收集、处理和保护,是一种狭义的数据隐私权。第三,二者的限制条件不同。第5A条对知情权的限制条件主要是国家安全、打击犯罪及保护第三方权利和利益;第9A条则通过设立独立机构来监督和保障数据处理的合法性,更多地关注数据处理过程中的原则和保护措施。当然,宪法对个人数据保护权本身虽没有规定限制条件,但它并非一项绝对的权利,当其行使导致他人权利受到侵害时,且有保障公共利益的迫不得已的理由时,考虑到比例原则,数据保护权易受到限制。③但希腊法律处于欧盟法律的框架下,须与欧盟法保持一致。第95/46号指令发布后,希腊通过第2472/1997号个人数据保护法将其转化为国内法,成为希腊个人数据保护的一般法律框架。④欧盟《通用数据保护条例》(GDPR)公布后便取代了第2472/1997号法律。希腊宪法将该权利置于"个人权利和社会权利"一章之下,一方面强调国家对个人数据的保护义务,另一方面排除公权力对个人数据的不当干涉。但在欧盟法框架下,国家保护须兼顾言论自由、公众知情权等其他基本权利,以及数据自由流通、技术创新、建立统一的数据市场等重要目的。⑤例如,GDPR在序言第4条提出:"个人信息处理应以服务人类为要旨。个人信息受保护权不属于绝对权利,应结合其社会功能考虑

---

① 王广辉、苗晓阳:《个人数据权保护宪法分析:国际比较与中国进路》,《河南社会科学》2023年第5期。
② See Sotiropoulos V, *The Constitutional Protection of Personal Data* (Athens: Sakkoulas Publications, 2006), pp. 84–89.
③ See Areios Pagos (plenary session) no. 1/2017.
④ 关于第2472/1997号法律的概述,见 Iglezakis (2011),第240页及以下;Alexandropoulou-Aigyptiadou (2016),第38页及以下;Armamentos 和 Sotiropoulos (2005, 2008);Christodoulou (2013);Yerontas (2002),第178页及以下。
⑤ 王锡锌:《个人信息国家保护义务及展开》,《中国法学》2021年第1期。

并根据比例原则与其他基本权利相互权衡。该条内容对比希腊宪法自身条款的内容似乎扩大了对个人权利的限制。

国际条约方面,列举了一些希腊批准保护人权的法条及国际条约,例如:1950年11月4日签署的《欧洲人权和基本自由保护公约》(ECHR)及其附加议定书、《欧洲社会宪章》,以及联合国的《经济、社会及文化权利国际公约》和《公民权利和政治权利国际公约》。

该章着重讲解了宪法赋予的国家机关具体的权力,以及三权分立的政治体制下国家机关是如何运行的。在本章中Dagtoglou教授犀利地指出了希腊法在宪法与行政法方面的问题与弊端。例如,此章中提到希腊行政和民事司法具有一定的竞争性管辖,导致了一定的复杂性和高成本问题。希腊本身立法和行政之间的关系十分复杂,因此,对于不曾了解或研究希腊政治制度的阅读者来说,理解这部分内容还是具有一定的难度。

四

第四章介绍了欧盟法与希腊国内法之间的关系。该章整体描述了欧盟法律在希腊法律中的优先效力,以及希腊法律对欧盟法律,甚至是对国际法规则和条约的积极态度。首先,基于希腊宪法中明文规定欧盟法律高于希腊成文法,欧盟法律在希腊法律秩序中具有直接适用性和直接效力,但对于欧盟法律与希腊宪法之间的效力高低表述模糊,读者对"欧盟法律效力是低于宪法高于普通成文法,还是与宪法的效力相当?"这一问题不得而知。在这里作者提到了希腊法院采取了与欧洲法院不同的"二元论"(Dualism)。这里的二元论是指一种法律理论,主张国际法和国内法是两个独立的法律体系。国家法律和国际法在效力和适用上彼此独立,国际法只有通过国家立法机关的正式程序才能在国内产生效力。[1]这种方法意味着欧盟法律的效力是通过国家宪法的条款得到承认和施行的,欧盟法在希腊的至高无上地位是基于宪法的明文规定。希腊法院通常依据的是宪法第28条,具体地说,第28条第1款[2]和第2款[3],用以处理欧盟法律的适用和优先性问题。而欧洲法院则强调欧盟法律秩序的性质和特殊性,主张欧盟法律因其自身的性质而具有优先性,并不需要依赖各成员国的宪法或法律体系的认可。这是一种"单元论"方法,即欧盟法律独立于国家法律,自行确立其优先地位。书中对二元论并没有展开讲解,这也体现了这一本书具有一定的专业性。

---

[1] 唐颖侠:《国际法与国内法的关系及国际条约在中国国内法中的适用》,《社会科学战线》2003年第1期。
[2] 宪法第28 I条规定公认的国际法规则以及国际条约,自其成为法律并根据其自身条件生效之日起,即成为希腊国内法的组成部分,并优先于任何相反的法律规定。
[3] 宪法第28 II条规定,宪法规定的权力可通过条约或协定赋予国际组织机构,只要这样做符合重要的国家利益并能促进与其他国家的合作。

其次，除了欧盟基本法、规章在希腊都具有直接适用性，对于《欧盟条约》的指令，成员国或多或少地会有自由裁量的余地，但指令基本也能够产生直接效力。希腊法院对于指令的态度是"如果一项指令没有在规定的期限内转化为希腊的法律秩序，或者没有得到正确执行，那么个人仍然可以援引该指令来反对国内法中任何与之相冲突的规定"。此外，对于欧盟法律在希腊的司法适用，为了确保统一，防止不同的解释，《欧盟条约》第234条（前第177条）规定，任何国家法院或法庭如果认为有必要将有关欧盟法律规则的解释或有效性的问题提交欧洲法院，以解决提交给它的争端，则可将该问题提交欧洲法院。这里提到了两个具体案例[①]——Evrenopoulos案[②]和Diamantis案[③]，希腊通过提交欧洲法院以此有效地应用和解释欧盟法，促进了欧洲法律体系的建立或发展。同时，希腊还适用欧洲法院制定的欧盟原则，参照欧盟法律解释国内法，希腊公民经常援引欧盟法律作为向国内法院提出申诉的依据等。

最后，希腊法与欧盟法的关系实质体现了国家如何看待和处理国际法与国内法的关系。国际法与国内法的关系一直以来都是受到关注和谈论的问题。对于欧盟与其成员国来说，成员国都基本推行欧盟法优先原则。国家在协调处理国际法与国内法的这一过程中，也对国内法律主体进行了规范。[④]因此，无论是采取一元论还是二元论，对国际法的纳入均会对国内法律体系产生影响。本章对于希腊和欧盟法关系的描述仅仅介绍了其为确保国内法律与欧盟法律的一致性，对于二者的冲突，希腊通过宪法规定、司法解释和立法调整等机制，确保了欧盟法在国内法律体系中的优先适用，更多的是希腊国内法对于欧盟法的"让步"，而对于无法"让步"的冲突，书中并没有进行阐述。在如何平衡国际法治与国家利益之间的关系方面是否有更好的选择，是否能够有超越处理国际法与国内法关系问题的传统做法的途径等问题，希望能得到更多的讨论。

五

第五章为"民法总则"，该章分为"自然人""法人""权利""法律行为""条款及细则""代表和代理"以及"时效和权利"七节内容。本章作者为Symeon C. Symeonides[⑤]，研究领域为国际私法，为该研究领域的泰斗人物。Symeonides教授担任国际法律科学联合会主席，对比较法也颇有研究，因此他在本章中除介绍希腊民法总则内容之外也补充了些许希腊法

[①] Konstantinos D. Kerameus and Phaedon J. Kozyris (eds), *Introduction to Greek Law* (Alphen aan den Rijn: Wolters Kluwer Law International Press, 2008), pp. 72-73.
[②] Evrenopoulos案涉及性别歧视的养老金问题，希腊法院在判决中确认欧盟法的优先性，确保了该案件中欧盟性别平等原则的适用。
[③] Diamantis案涉及股东在资本增加操作中的权利。希腊法院通过引用欧盟公司法的相关规定做出判决。
[④] 《国际公法学》编写组：《国际公法学》（第二版），高等教育出版社，2018，第67页。
[⑤] Symeon C. Symeonides, Dean and Professor of Law, Willamette University College of Law.

与其他国家法律异同的观点,本章对于比较主义者或需要了解大陆法制度如何运作的国际法学者非常值得阅读。

"自然人"一节讲述了自然人的行为能力和权利能力的区别、自然人的人格始于受孕(须为活产)终于死亡、申请自然人失踪的条件以及失踪和死亡对继承与婚姻关系的影响、住所(居籍)的概念和对隐私的影响、名誉和良好声誉、知识产权等人格权保护的条款和内容。其中一些不同于其他民法典的几点,首先是对于同一事件中死亡的几个人的死亡顺序的推定——根据民法典第38条的规定,如果不能证明一人在另一人之后生存,则可以推定他们同时死亡。就继承来说,同时死亡的人不能继承彼此的遗产,他们的遗产将直接归各自的继承人所有。不同于《德国民法典》第20条只适用于死者死于"共同危险"的情况,民法典第38条的推定即使死者不是在同一事件中死亡也适用,只要无法以其他方式确定他们各自的死亡时间。其次,关于住所和居所,希腊法律与大多数法律体系一样,区分"住所"(κατοικία, katoikia)和"居所"(διαμονή, diamoni),但与许多其他法律体系不同的是,希腊法律并不赋予"居所"单独的法律意义。希腊法律中"住所"是指主要和常设的居住地,包括实际居住和将此地视为主要居住地的意图;而"居所"仅指实际居住地,不包括将此地视为主要居住地的意图,有些法律体系可能不强调意图部分,只关注实际居住即可确定住所;"居所"在希腊法律中也不单独具有法律意义,仅作为住所的一部分,而许多法律体系赋予"居所"独立的法律意义,即使没有住所的意图,居所也可能在某些法律情况下具有重要作用;希腊法律也不承认多重住所(民法典第51条),一个人只能有一个主要住所,只有从事某种职业或行业的人在特定情况下可以有特殊住所,其他有些法律体系允许一个人同时在多个地方拥有住所,特别是在跨国界或多重国籍情况下。

"权利""法律行为"被作者称为最抽象的两个概念。[①]"权利"一节分为含义、权利的滥用、权利的失效及自救、自卫、应急五个部分。其中权利的行使必须出于善意,禁止滥用权利的理论较为常见,我国民法典中的总则部分也有民事主体不得滥用民事权利损害国家利益、社会公共利益或者他人合法权益的原则。作者在"权利失效"的部分介绍了希腊受德国当局的影响,并基于民法典第281条和贯穿权利滥用理论的一般善意原则(民法典第288条),发展了权利"失效"(德文:Verwirkung)的平行理论,该理论类似于普通法的门锁或衡平不容反悔理论。[②]私法赋予的所有权利,包括非时效性权利,都可以失效。例如,在一个长期租赁合同中,如果出租人在租期内一直未主张某项租金调整权利,而承租人因此合理地相信租金不会调整并做出长期经营规划,那么在租期快结束时,出租人突然要求大幅度调整租金,这种行为可能会被视为权利滥用,依据权利"失效"理论,法院可能会不支

[①] Konstantinos D. Kerameus and Phaedon J. Kozyris (eds.), *Introduction to Greek Law* (Alphen aan den Rijn: Wolters Kluwer Law International Press, 2008), p. 88.

[②] 权利"失效"是指如果义务人在很长一段时间内(尽管短于适用的时效)未行使权利,导致义务人有理由相信义务人不会行使权利,并且如果执行权利会使义务人的条件变得非常苛刻,则权利可能会"失效"或"失去效力"。

持这种要求,从而保护承租人的合理预期和利益。总之,权利"失效"理论通过维护法律关系的稳定性来保护善意义务人、促进权利及时行使、防止权利滥用和增强法律的灵活性。我国的民法典中并没有规定这一制度,这一制度在我国是否存在的"土壤"或本土化法律移植必要性等问题,我国学者已有许多研究,例如,黎珞(2022)[1]主张我国应在民法典总则编增加"权利失效"的一般条款,以应对司法实践中出现的法定或约定期限内权利不当行使之法律漏洞。也有学者,如钟淑健(2021)[2]认为因成立要件的浮动性,"权利失效"的立法条文表述会有较为抽象的问题,需要在实践中进一步具体化,而商标法和劳动法领域的司法实践中已经对该规则已有适用,因此"权利失效"列入民法典的意义并不大。

在"法律行为"部分,作者认为其概念是抽象的,在书中试图对法律行为、事实行为与准民事法律行为进行区分解释,但用"合同或协议"与"意愿声明"(δήλωση βουλήσεως, dilosi vouliseos)进行比较,并没有举具体例子进行佐证,其对该类别的解释非常混乱,也可能是由英文翻译导致的语义表达不准确所导致。希腊民法中对行为的分类与我国相同,分为无行为能力、完全行为能力与限制行为能力,在此作者为了解释三者的不同,引入"司法辅助制度"进行解释,希腊的司法辅助制度包括剥夺性和补充性两种类型,适用于因精神或心理障碍、身体虚弱等原因无法完全照顾自己的人。我国民法中的"司法辅助"主要体现在监护制度和代理制度中,这些制度在某种程度上提供了类似于司法辅助的功能,保障那些无法完全照顾自己的人群的合法权益。

其后关于合同的订立、承诺的形式和实质要件均没有提到特别的理论。"代理与代表"的部分,作者对"明示代理"与"默示代理"具体展开,提到希腊法院将英美法系中所谓的部分披露代理,即代理人披露委托人的存在但不披露其身份的情况,归入"默示代理"的概念。同时指出,在商法领域之外,法院和学者都不承认"完全不公开代理"的概念,认为即使委托人的身份被揭露,他和第三方都不能直接向对方追索,第三方唯一的追索权是针对代理的。最后,"时效"一节具体陈述了时效的起始计算、中断、延长、减少、放弃等具体情形,与我国的时效制度大致无异。

总的来说,这一章使用了许多专业术语,大部分民法典的原则、理论、制度与我国的民法典中的原则、理论、制度相差不多,对法律专业学者来说理解起来并不困难。

第六章"希腊债法"由 Phoebus Chr. Christodoulou[3]撰写,主要涉及因合同、不法行为以及不当得利行为人所承担的义务,书中适用"obligation"一词表示"义务、责任",与"权利"相对,同时在下文中也根据语义表示"债务"。该章逻辑结构清晰,在第一节"基本规则"中介绍了义务的主要来源为合同、侵权行为和不当得利——签订合同产生履行义务,实施侵权行为产生赔偿责任,不当得利产生恢复原状的义务。下面三节分别对这三类进行展开。

---

[1] 黎珞:《〈民法典〉视域下的权利失效制度及其立法研究》,《北方法学》2022年第4期。
[2] 钟淑健:《论权利失效之隐性条件》,《山东社会科学》2021年第3期。
[3] Phoebus Chr. Christodoulou, Professor of Law (emer.), University of Athens; General Counsel, Bank of Greece.

作者花了很大篇幅对第一节"基本规则"进行撰写,在篇幅体例上形成"总—分"的结构,该节相当于总则的作用,提炼通用规则并将其贯穿整个章节,再通过下面四个分章节补充细节。第一节包括义务来源、一般履行义务、合同义务、双务合同、不履行义务、合同解除、义务消除和保证金、罚款等内容。一般履行义务包括一般履行、部分履行、第三方履行、履行地点和时间及责任承担方式等,其中责任承担方式包括自己责任和替代责任,书中作者用"雇佣者责任"作为替代责任代表进行介绍。一般履行之下,介绍了有关种类物、特定物、利息、赔偿等细节内容,例如,关于货币承诺的履行、利息的规定以及赔偿的计算等,作者在该章中都做了详细且具体的说明。将义务法的内容精练地用一个章节的内容呈现,该章的作者势必会对撰写哪些内容进行筛选,将这种具体规则写入,体现了该书不仅针对专业的法律学者,也能够为法律初学者或者想了解希腊法律的非专业人士在实践层面提供帮助和指引。

接着,在"合同义务"的部分,Chr. Christodoulou教授提到民法典在编纂时,将许多规范合同法的规则,包括涉及合同订立的规则(第185—196条),放在第一卷"一般原则"中,与法律行为联系在一起(第127—200条;见第5章第I、V节)。第二卷"义务"包括与通过法律行为产生义务的一些先决条件和限制有关的规则,以及与现有合同的效力有关的规则。除非法律另有规定,通过法律行为产生义务以及对义务的实质内容进行任何修改都必须有合同,这是一项基本规则(民法典第361条)。这一规则表达了私人自治(ιδιωτική αυτονομία, idiotiki autonomia)和契约自由(ελευθερία τωνσυμβάσεων, eleytheria tonsymvaseon)的原则。债法的基本原则也是合同自由原则,即当事人可以自由地根据自己的需要订立各种合同,这也是德国和奥地利的原则[1],但相对于德国和奥地利的法律,希腊债法中并没有详尽无遗地列出所有的合同类型。

上一章"民法总则"与这一节内容安排形成巧妙的联系和呼应,上一章介绍了合同自由原则如何在民事体系中发挥作用,在这一章的"合同自由"部分,提到了合同自由原则的限制条件,包括国家干预、保护弱势一方、特别法规的限制、非正式原则的例外情况等。即合同自由原则置于总则部分、限制置于债法部分,体现了一般性原则集合于总则,例外和特殊性规则置于民法典其他部分的编纂体例,我国民法的编纂体例也体现了这样的原则和结构。在上一章,Symeonides教授提到这样的体例有利于避免重复并提高效率和增强一致性,但可能会对于不习惯使用大陆民法典的普通法律师来说,往往会忽略其总则中的一般性规则而造成"陷阱"。

财产权是民法中不可或缺的部分之一,本书第七章为我们介绍了希腊财产权的内容。本章的作者为Athanassios N. Yiannopoulos[2],Yiannopoulos教授在世界比较财产法领域享

---

[1] Endri Papajorgji, "Selected Chapters of Greece's Law of Obligations Under the Limelight of European Law", *Mediterranean Journal of Social Sciences* 5, no. 20 (2014): 127-131.

[2] Athanassios N. Yiannopoulos, Eason-Weinmann Professor of Comparative Law, Tulane University.

有权威的地位,其在该领域发表了数十篇文章并出版了一些著作,他的著作在数百个法院判决中被引用,他对民法的观点被视为权威。在"导论"部分,Yiannopoulos教授介绍了财产权在希腊民法典中的范围、历史渊源、种类以及时间性和有条件性等特点。其后分为"物""占有""预付役权""记录""物权担保"五节。本章多基于比较法的视角,不仅将希腊财产法与欧洲等大陆法系国家的财产法进行比较研究,同时与英美法系财产权进行比较。

例如,其一,在第五节"记录"中,提到民法典第1192至1208条受法国法律、学说和法院判决的影响,规定在转让记录中记录某些法律行为的要求、手续、优先权和效力。该制度与我国的不动产登记制度非常相似,均是公示制度的一种。其二,在第二节"物"中提到希腊法律中对"物"的概念进行了定义,是按照《德国民法典》的模式,对"物"和"事"进行了区分。其三,在"所有权"一节中,Yiannopoulos教授比较了大陆法系与普通法系在所有权问题方面的差异,主要有三点。一是所有权的简单性,大陆法系的所有权概念相对简单,所有权人与其财产之间不存在类似遗产的抽象概念。二是限制和恢复,大陆法系土地上的役权等限制被视为使用限制,而不是所有权分割,抵押权消失后所有权恢复原有完整性。三是信托的缺失,Yiannopoulos讨论了希腊民法体系中没有的信托概念。在普通法系国家,信托是非常成熟和常见的法律工具,广泛应用于财富管理、慈善、遗产规划等领域。希腊国内法不承认信托制度,但外国信托协议在希腊国际私法或国际公约下可以得到承认和生效。

最后,关于取得时效(xρηοιkτησια,chrisiktisia)的陈述,它类似于逆权占有,通过在指定时间内持续占有某物并意图拥有该物,最终取得该物的所有权。这个概念的核心在于占有的时间长度和占有者的主观状态(即善意或恶意)。它类似于我国的善意取得制度,希腊的取得时效制度和中国的取得时效制度在基本原则上相似,这些制度都旨在通过长期占有来确认和稳定财产所有权,对于善意和恶意的区分,可以完全按照国内的善意取得制度来理解,但在具体的时间要求和适用范围上有所不同。希腊民法中,善意占有者在占有动产3年后或不动产10年,可以取得该动产或不动产的所有权;无论是动产还是不动产,恶意占有者在占有20年后,可以取得所有权。中国对于动产的善意取得并没有明确的时间规定,不动产和其他财产权的善意取得需要在20年内没有中断、持续占有的情况下,通过申请登记等方式取得所有权。

该章不仅涵盖了宏观的法律原则和制度,还详细讨论了实际操作中的细节问题,如记录手续、优先权的确定、质押和抵押的具体规定等,为法律实务提供了有价值的指导。综上所述,这一章通过系统化的结构、详尽的法律条文分析、历史与现代的结合、对实务操作的详细讨论,以及从比较法的角度将希腊民法与德国、法国等国家进行对比,展示了希腊债法、财产法的整体结构体系。

六

最后,在第七章中,作者对希腊共和国的区域和城市规划以及区划法规进行了概述。从宪法框架、规划规则的形式、区域和城市规划的保护和机构等方面进行了研究,介绍了希腊的基本建筑法规,并讨论了希腊非法建筑活动的严重问题。第八章"家庭法"由 Grammaticaki-Alexiou[①] 教授撰写,其中最吸引人注意的是 1975 年希腊宪法确立了男女平等原则。希腊家庭法原本比较保守,尤其是在 1946 年时的规定是以父权制家庭为模型的。家庭法的大部分概念和制度来源于拜占庭-罗马法,这种法律体系在拜占庭时代开始应用于希腊人的家庭关系。随着社会观念的逐步变化,妻子的角色变得越来越重要。希腊宪法第 4 条第 2 款规定,希腊男性和女性享有平等的权利和义务。为了落实宪法的性别平等原则,进行了大规模的家庭法修订。这些修订经于 1983 年通过的第 1329 号法律得以实现,该法律对家庭法进行了部分现代化改造。此次修订是《希腊民法典》最为广泛的修订之一,反映了社会环境变化对法律的影响。修订废除了许多传统制度,如嫁妆和引入父母共同监护,并对大多数其他部分进行了修改。Grammaticaki-Alexiou 教授从婚姻、监护等方面撰写了这些变化,体现了性别平等和配偶权利平等的现代法律原则,同时体现了希腊家庭法现代化的需求成为必要。本书剩下部分的章节,从刑法以及诉讼法角度对希腊法律制度及理论进行讨论和撰写。

结语

本文对《希腊法律概论》前几章节的内容进行了介绍陈述,并对书中有些地方简要提到过的希腊法中与我国、其他国家的法律规则异同提出了些许思考。该书对学术理论的展开和论述并不深入,多是基础理论并辅助法律规则的理解,笔者认为该书非常适合作为法学生以及对希腊法律、大陆法系法研究感兴趣的学者学习希腊法、大陆法系的工具资料。尤其是从该书的民商法部分章节入手,能够通过《德国民法典》的体例和精神找到共同之处,其基本法律规则,例如民法中的自然人、死亡、失踪制度等都与我国民法规定无异,从熟悉的章节入手对该本书整体风格和结构的理解更加顺畅,进而对希腊法律体系和架构的掌握更加顺畅。它的绝妙之处在于,让读者通过权威学者、专家的视角去理解希腊法律的基础规则以及其背后的法律精神,这是非常难得的,往往权威教授、专家总是聚焦于前沿的理论问题、实践问题进行深入研究,同时法律基本框架规则和原则往往存在教科书中,难免过于枯燥单调。这本书恰好将其融合,我们不仅能够了解希腊基本法律概要,而且可以通过每章作者的陈述和观点,知道权威学者对希腊基本法律规则运行的态度。

---

① Anastasia Grammaticaki-Alexiou, Professor of Law, University of Thessaloniki.

但这本书也存在着些许不足。首先,该书于2008年出版,距今有较长一段时间,对于希腊国内以及国际日新月异的情形并无法展示,虽然书中涉及的基础法律规则以及根本原则在十几年间并不会有较大改变,但仍然存在时效性较差的问题。其次,语言是阅读过程中较大的障碍之一,由于语言体系和逻辑的不同,还是会出现不能准确理解文章内容的情况,因此需要其他英文资料文献来辅助阅读。最后,本部分章节还是存在简单罗列法条法规的情况,缺乏说理与讲解的部分,或这部分过少,在一定程度上会影响读者阅读。

Review of *The Introduction to Greek Law*

Zhang Runjie and Qi Jing

Abstract: *Introduction to Greek Law* is the only professional work that comprehensively outlines contemporary Greek law in English. Written by N. Yiannopoulos, Prodromos D. Dagtoglou, and several other experts from Greece and the United States, this piece of work spans twenty chapters. These authors are not only well-versed in Greek law but also hold authoritative positions in the fields of comparative law and international law. Consequently, the book discusses the similarities and differences between Greek law and the legal systems of other civil law countries like Germany and France, as well as common law countries. This perspective allows readers to gain insights into the legal thoughts and values underpinning Greek law through the authoritative views of legal experts. This book serves as an excellent professional and authoritative research resource for international legal scholars specializing in comparative law and Greek law. It also provides a convenient means for scholars of other disciplines, non-Greek-speaking individuals, and the general public without a specialized academic background or research experience to quickly understand the basic framework of various sectors of Greek law. This paper introduces the legal rules and theories of Greek law from the perspective of a Chinese law student after reading and studying this book and presents personal reflection.

Keywords: *Introduction to Greek Law*; book review; Greek law

案例分析

如何让文明活起来?
——文明互鉴智能计算与决策实验室设计方略

胡　航　王家壹　曾琳雅　许文飞　傅厚力

摘　要：本项目建立文明互鉴智能计算与决策实验室,其主要包含四个核心项目,分别为中希文明沉浸式体验基地、中希文明智慧数据实验室、中希文明图像计算实验室以及中希文明数智化教育产品开发室,旨在以全新的视角解读和传播中希文明的发展和影响,为学术界提供一个集中的、多学科的人文研究环境,促进中希文明的交流与互鉴,推动全球思想、艺术、科技和教育交流,探索中希文明对现代社会的影响。

关键词：数智化技术　智能　计算与决策　中希文明互鉴实验室

作者胡航,西南大学教师教育学院副教授(重庆　400715);王家壹、曾琳雅、许文飞、傅厚力,西南大学教师教育学院硕士研究生(重庆　400715)。

一、焕活文明内生力,促进文明葆生机

党的十八大以来,习近平总书记积极倡导推动不同文明交流互鉴,倡导弘扬全人类共同价值,提出全球文明倡议,为推动人类文明进步、应对全球共同挑战贡献中国智慧、激发精神力量。党的二十大报告将"创造人类文明新形态"作为中国式现代化的本质要求之一,为构建人类命运共同体贡献了中国智慧。2023年3月,习近平总书记在中国共产党与世界政党高层对话会上提出全球文明倡议,倡导尊重世界文明多样性、弘扬全人类共同价值、重视文明传承和创新、加强国际人文交流合作,为全球文明发展贡献了中国智慧与中国方案。习近平总书记深刻指出："在各国前途命运紧密相连的今天,不同文明包容共存、交流互鉴,在推动人类社会现代化进程、繁荣世界文明百花园中具有不可替代的作用。"以

方案设计其他参与者：杜爽、李瑶、陈庆鑫、潘新雨、李广。

文明交流超越文明隔阂,以文明互鉴超越文明冲突,以文明共存超越文明优越,才能在包容"不同"中寻求"共同",在尊重"差异"中谋求"大同"。物质富裕、政治清明、精神富足、社会安定、生态宜人顺应世界人民对文明进步的渴望。

文明是人类社会发展的重要成果,是文化、技术、政治、经济等多方面的综合体现。"文明因多样而交流,因交流而互鉴,因互鉴而发展","应对共同挑战、迈向美好未来,既需要经济科技力量,也需要文化文明力量",在新时代背景下,习近平总书记还多次强调要"让收藏在博物馆里的文物、陈列在广阔大地上的遗产、书写在古籍里的文字都活起来"。习近平总书记的论述为中华文明的传承和创新性发展指明了方向。文明是一个生命体,守正创新是文明生命体发展的内在要求,焕活文明是社会进步和人类幸福的重要保障,要推动中华优秀传统文化的创造性转化和繁荣,让中华文明在新时代焕发出新的生机与活力,让文明活起来则至关重要。

传承转化是文明绵延不息、创新发展的不竭动力,是文明基因得以延续和深化的重要途径,是文明适应时代变迁、焕发新生机的关键环节。通过深入挖掘和整理文化遗产,利用现代科技手段进行创新性转化,让古老文明智慧在当代社会焕发新的光芒,成为推动社会进步和促进人类福祉的宝贵资源。

文明的活化紧迫而必要,可从文化创新、科技融合、教育普及、社会实践、交流互鉴等多个维度探索具体的实践策略。首先,科技助力文化发展,创新文明传播方式。先进科技是推动文明生命体不断跃升的关键引擎,是促进社会生产力飞跃发展的核心力量,是引领全球变革与创新的先导因素,是实现可持续发展目标的关键支撑。随着现代化智能技术的迅猛发展,科技成为推动文明活起来的重要支撑。在文化传承中利用现代科技手段,如互联网、虚拟现实、人工智能等,能加速推动传统文化的数字化和网络化发展;利用大数据分析技术、数据库建设等方式,能更好地挖掘文明蕴含的内涵和价值;利用人工智能、VR、AR等技术,能为文明的传承与发展提供智能化支持,让文化遗产以更加生动、互动的形式呈现在公众面前,增加公众对文明的理解度,提高文化传播的效率,增强文明吸引力。

其次,焕活文明要着力教育转化,提升文化软实力。教育是传承和发展文明的重要途径。通过开发在线课程、进行教材和学习活动设计等方式,将优质文化融入各级各类教育体系中,让更多人能接触和学习优秀文化,不仅使教育资源更加丰富,而且创新了教育的方式和方法,让学生在体验中学习,学习并理解优秀文化,增强文化认同感。同时,发展文化创意,提供基于文明元素的教育创新产品和服务,如文明数字藏品、文明创意盲盒和教育文创产品等,让文明以一种新的方式吸引公众,让文明成为经济的新增长点。此外,还要加强社会教育,以宣传讲解和科普等方式向公众弘扬优秀文明,增强文明的社会传播力与影响力,提高全社会的文化素养和道德水平,从而进一步激发文明的新活力,发挥文明的新优势,推动文明真正地"活"起来。

再次,社会实践是推动文明活起来的重要方式。可建立多元化的文化参与机制,鼓励社区及公众积极举办并参与到文明社会实践活动中,如文明志愿宣传、文明活动展演等,让社会民众都能亲身体验和了解文化保护与传承,感受优秀文化的魅力和价值,增强公众的社会责任感和使命感,营造全社会广泛参与文明建设的良好环境氛围。

最后,交流互鉴是文明生命体繁荣的活力源泉。文明的交流互鉴强调不同文明之间的平等对话与相互学习,这一过程不仅是文明发展的重要机制,更是推动全球文明共同繁荣的关键路径。交流互鉴在实践中需要搭建多元化的交流平台,开展广泛而深入的文明对话,以促进不同文化之间的理解与融合。而文明互鉴实验室作为交流互鉴理念的实践载体,是一个集研究、展示、交流、教育于一体的综合性平台。它不仅是不同文明交流的场所,更是文化创新与科技融合的试验田。实验室配备一系列先进设备,依托先进技术,致力于对丰富的文明、文化资源进行深度挖掘与数字化存留,将珍贵文化遗产转化为可互动、可体验的数字化内容,使古老的文明智慧跨越时空界限,以鲜活生动的形式展现在世人面前,借此丰富文明表现形式与传播渠道,让文明文化资源在数字世界中焕发出新的生命力,实现"让文物活起来、让文明活起来"的美好愿景。

焕活文明不仅是对历史文化的尊重与继承,更是对未来发展的积极探索与创新。通过科技赋能发展、教育普及转化、社会实践宣传和交流互鉴融通,能够在新时代让文明焕发出新的生机与活力,促进不同文明之间的对话与合作,推动全球文明的共同繁荣。

二、文明互鉴实验室:科技搭桥,文化共融

习近平总书记强调,我们要促进人类社会发展、共同构建人类命运共同体,就必须深入了解和把握各种文明的悠久起源和丰富内容,让一切文明的精华造福当今、造福人类。在此基础上,习近平总书记提出了一整套文明互鉴思想,并着重强调了开展中希文明互鉴。

首先,他强调文明的多样性是世界的基本特征,也是人类进步的源泉。因此,应该尊重并平等对待各种文明,包括其独特的价值观、文化传统和特色地域等。在文明交流互鉴的过程中,需要秉持平等和尊重的态度,摒弃傲慢和偏见,推动不同文明之间的交流对话与和谐共生。

其次,他提倡形成价值共识,凝聚共同发展的价值公约数。在全球化的背景下,各国的前途命运紧密相连,因此需要寻求共同的价值追求和发展目标。通过文明互鉴,可以促进各国之间的相互理解和合作,从而推动构建人类命运共同体。此外,他还指出要推动建设中华民族现代文明,这是为人类文明进步做出贡献的重要举措。中华民族现代文明具有创新性、包容性等特点,在与既有文明的交流交融中不断增强生命力与创新性。

中华文明源远流长,古希腊文明影响深远。2000多年前,中希两大文明在亚欧大陆两端交相辉映,为人类文明演进做出了奠基性的重大贡献。现在,两国建立中希文明互鉴中心,致力于推动中希文明交流互鉴、促进各国文明发展,具有十分重要的历史和时代意义。

习近平总书记十分肯定中希文明的共性。中希文明蕴含的价值观、世界观、宇宙观、人生观、科学观、文化观等博大精深、历久弥新,一定能够为人类破解时代难题、推动构建人类命运共同体提供重要的精神指引。

在由西南大学牵头建立的中希文明互鉴中心成立后,习近平主席高度评价中希文明互鉴中心成立的重大意义,倡导加强文明交流互鉴,坚持兼容并蓄、开放包容,推动人类文明不断发展繁荣,让一切文明的精华造福当今、造福人类。这一思想对于促进世界各国之间的文化交流与合作具有重要意义。

在中希文明互鉴发展的今天,中希文明互鉴实验室应运而生。中希文明互鉴实验室是探索中希文明的多样性和全球思想交流的新途径,致力于促进中希文化的传承和对话,推动人文学科的现代化和全球文明多样性发展。实验室的建设源自对人文科学数字化转型趋势的洞察与把握,通过建立中希文明互鉴智能计算与决策实验室,旨在以全新的视角解读和传播中希文明的发展和影响,为学术界提供一个集中的、多学科的人文研究环境,促进中希文明的交流与融合,推动全球思想、艺术、科技和教育交流,探索中希文明对现代社会的影响。同时,鼓励学者们跨领域合作,共同探讨和解决当代人文与社会科学面临的挑战。

中希文明互鉴实验室的建设具有巨大意义。一是增进中希文明理解与尊重。文明互鉴实验室的建设有助于增进不同文明之间的理解与尊重,减少误解和偏见。通过交流与对话,可以让不同文明之间的差异成为促进相互理解和尊重的桥梁,从而推动构建人类命运共同体。二是使得中希文化交流不再是空中楼阁、纸上谈兵,而是切切实实的可触可及之物。文明互鉴实验室为真实地感受两国古老深远的文化提供了条件,从建筑、伟人、专著等多角度、全方位地感受中希文明的差异和共性。在全球化的背景下,中希文明之间的联系日益紧密,文明互鉴实验室为促进两国文化交流提供了新模式。三是提升中国的国际影响力。文明互鉴实验室的建设可以提升中国在国际社会中的影响力,增强中国的国际话语权。通过展示中国文明的特点和优势,可以帮助国际社会更加了解中国的历史、文化和价值观,从而增进对中国的理解和认同。四是显著提升研究人员的学术能力,并促进国内外学术机构之间的深入合作。实验室通过承担国家级和国际研究课题,并在国际顶级期刊上积极发表研究成果,旨在为全球人文学科的发展做出贡献。

三、文明互鉴实验室：技术布局，多位一体

本项目的建设目标是将中希文明与现代化智能技术结合，以智能实验室的建设推动中希文明发展，多角度、全方位促进文化交流与传承创新。

文明互鉴智能计算与决策实验室主要包含四个核心项目，分别为中希文明沉浸式体验基地、中希文明智慧数据实验室、中希文明图像计算实验室以及中希文明数智化教育产品开发室。核心项目共同发展、优势互补，形成多位一体的布局结构，旨在通过先进技术手段的应用与创新，构建全面而高效的文明交流互鉴平台。

（一）中希文明沉浸式体验基地

在数字化时代背景下，国家大力推动产学研结合，智能技术逐步赋能人文学术研究。中希文明沉浸式体验基地作为顺应这一趋势的重要实践，通过集成先进技术和多媒体手段，实现中希两大古老文明丰富文化遗产的数字化展示与沉浸式体验。通过建立中希文明沉浸式体验基地，促进数字人文研究中心与学校和行业领域的合作，提升人文学术研究水平，增强公众对中希文明乃至世界文化遗产的认知与兴趣，推动优秀传统文化的传承与发展。

中希文明沉浸式体验基地采用体验式、沉浸式、全景式、多人参与的全数字化展示馆，运用了目前前沿的数字展示技术以及深受大家喜欢的体验内容，对标迪士尼乐园中的一些互动品质和Matlab数字艺术，采用全沉浸式裸眼立体互动虚拟体验系统、飞越影院体验系统、数字虚拟人交互系统、绿屏追踪及抠像展示系统、时光长廊交互系统等丰富交互体验，打造高品质数字体验基地。

中希文明沉浸式体验基地建设的具体内容如下。

一是飞越影院系统。项目采用VRay渲染组、光线追踪、灯光引擎Mantra及ZB平台下的场景设计与制作等技术，开设中国长城和雅典卫城的历史介绍和全息展示，进行"长城与卫城的初步探索与认知展示"建设，推出"长城与卫城"飞越影院体验系统，将长城和卫城的景观自然呈现，并且配以深入的解释使得背后的历史人文价值能清楚地呈现。以飞越穿越的方式展示中希文明的场景，让受众穿越历史穿越空间，立体式、沉浸式感受长城和卫城的雄伟壮观及其历史变迁。

图1　飞越影院体验模拟场景

二是全沉浸式裸眼立体互动虚拟体验系统。全沉浸式裸眼立体互动虚拟体验系统主要展示中希文明的典型文化场景，以可交互裸眼3D立体互动交互系统呈现中希文明的代表性人物，动态捕捉受众的空间、定位及手势动作并根据受众的头部观看视角即时匹配透视空间角度，复现孔子和苏格拉底的对话，介绍苏格拉底和孔子的生平和哲学、教育思想，使得参观者对苏格拉底和孔子丰富的哲学、教育思想有更深入的理解。

图2　中希文明沉浸式体验基地
孔子与苏格拉底对话全沉浸式裸眼立体互动虚拟体验模拟场景图

三是数字虚拟人交互系统。数字虚拟人交互系统采用语音交互识别，构建中希文明中的典型知识内容，以及能代表中希文明的数字人物，介绍中希文明的知识内容，以孔子和苏格拉底等数字人为原型，制作10位具有代表的数字人，提供清晰的提示和反馈、支持多轮对话和上下文记忆等功能，让参与者直观地、深刻地感受中希文明。

图3 数字虚拟人交互系统示意图

四是绿屏追踪及抠像展示系统。绿屏追踪及抠像展示系统利用绿色背景(或其他单一颜色背景)与前景人物或物体之间的色彩差异,通过计算机图像处理技术,将人物或物体从背景中分离出来,并追踪人物动作和镜头场景,使其动作同步匹配,进而实现与其他背景或虚拟场景的融合。通过绿屏追踪及抠像展示系统,展示中希文明丰富多样的典型代表场景,涵盖了历史、文化、自然景观等多个方面,包括:历史阶段、哲学与科学、历史古迹遗址、自然景观、古代城市与建筑、古代文化与生活等,如中国的长城、长江、黄河、良渚文化等,希腊的雅典卫城、众神神殿、帕特农神庙等,通过结合真人绿屏抠像,捕捉受众的三维空间,把抠像结果适配三维引擎空间及引擎中的光影效果,且实时空间追踪生成的视频可以通过二维码扫描传输到手机端,发布到微信、抖音、小红书、快手等。

图4 绿屏追踪及抠像展示系统效果图

五是时光长廊交互系统。时光长廊交互系统将艺术、科技、学术与文化有机结合,致力于打破传统艺术形式的界限,打造出现代的互动艺术体验,通过孔子和苏格拉底虚拟数字人全程讲述中希文明的起源与发展、文明的形成与成熟、历史时期的演变、文化的传承与发展。通过使用先进的技术（如投影、传感器等），将观众带入一个沉浸式的艺术空间，使他们能够亲身体验和参与到艺术作品的创作中。同时，采用 IR 互联现实技术，实现了真实空间和个人数字设备的双向互动，将数字设备的交互反映到现实世界中，为观众提供更具沉浸感的交互体验，使观赏者成为作品可变的一部分。

图5　中希时光长廊交互系统示意图

（二）中希文明智慧数据实验室

中希文明智慧数据实验室，将多模态智能交互信息技术，如元宇宙 VR 技术，多模态同步交互技术、眼动追踪、生理测量、认知神经科学等技术，动作捕捉技术相结合，借助数据指导人文研究决策，利用学科交叉的优势推动数字人文研究的发展和应用。智慧数据实验室够将主观评价与客观数据集成，可用于云项目管理、云实验设计、同步采集、综合统计分析与可视化等全流程科研应用，可实现在各种复杂的自然真实环境以及虚拟现实环境等不同研究环境条件下，进行人、产品、环境交互的主观与客观定量化同步综合评价与分析。

中希文明智慧数据实验室致力于建设中希文明智慧数据库和数字人文与元宇宙行为交互平台。利用先进的数字化技术将中希两国的文化遗产进行高保真度的数字化记录，确保这些文化遗产得以永久保存和广泛传播。该举措旨在整合中希两国的人文历史资源，形成系统化、结构化的知识库，促进对中希文明的深入研究。

中希文明智慧数据实验室建设具体内容如下。

一是建设中希文明智慧数据库。存储中希文明智慧数据实验室中的相关数据，实现中希文化数字化成果共享。该数据库拟结合牛津大学西方古典学数据库、Brill 西方古典学数据库、西方古典学与中希文明互鉴基础文献数据库、中希文明比较研究成果数据库、牛津手册在线（Oxford Handbooks Online）、艺术科学图像库 ARTstor、亚当·马修数字发现、史密森尼学习实验室等数据库，通过机器学习、人工智能等现代技术方法来完成数据分类、数据挖掘与数据分析，达成高效、安全、准确、易于检索的建设目标，并将中希文明数字化成果进行可视化展示，同时为实验室建设数字人文与元宇宙行为交互平台提供数据支持。

图6 中希文明智慧数据实验室数据可视化效果图

二是数字人文与元宇宙行为交互平台建设,打造中希文化元宇宙互动空间。该平台拟通过数字人文与元宇宙相关的智能行为采集设备、智能时空行为交互人机环境同步平台、多人交互虚拟现实设备、虚拟原型场景同步引擎、虚拟原型交互行为与视点交互采集分析设备等,完成如下功能。(1)基于中希文明智慧数据库,将多模态智能交互信息技术,如元宇宙VR技术,多模态同步交互技术、眼动追踪、生理测量、认知神经科学等技术,动作捕捉技术相结合,创建沉浸式的交互环境,整合视觉、听觉、触觉等多种感官体验,增强用户的体验和参与感,使用户能够更直观地探索和理解中希文明的丰富内涵。(2)构建中希文明社会仿真模型,通过结合历史数据、计算机模拟、多元时间序列因果分析等技术,以重现和预测不同历史时期的社会演变,实现对不同时期中希文明发展、演变规律的模拟和未来发展的预测,为进一步研究中希文明文化并实现多元决策提供强有力的支持。

图7 中希文明智慧数据实验室数字人文与元宇宙行为交互平台效果图

以智慧数据库为基础,利用虚拟现实(VR)、增强现实(AR)、3D建模、因果分析等技术,建设数字人文与元宇宙行为交互平台,展示中希人文历史、文化遗产和艺术作品,提供沉浸式的文明体验,增强体验效果,丰富文化体验和传播方式,增强文化认同感,提升影响力,促进国际文化交流和合作。

(三)中希文明图像计算实验室

中希文明图像计算实验室致力于挖掘中希文明图像数据中所蕴含的文明内涵,满足当前对中希文明交流互鉴的迫切需求,帮助各国人民更深入地探究中希文明,推动中希文明的数字化、智能化的发展,促进中希文化的传播与创新。

中希图像计算实验室应用人工智能与深度学习的方法,运用计算机视觉技术,充分挖掘中希文明图像的信息。通过采集大量图片、视频等数据,建立中希文明图像数据库;利用计算机视觉中相关的图像理解与分析技术来对图片进行计算分析,并训练相关模型用以完成图像识别、分割、关联、生成、增强、复原等任务。此外,结合图像增强、复原等技术与三维重建技术,对受损文物、古建筑等文明遗产进行虚拟修复,辅助实体修复工作。

中希文明图像计算实验室具体建设内容如下。

一是中希文明图像数据库建设。该数据库主要对中希文明图像数据进行存储,在建设过程中首先需要采集中希文明图片,并对得到的图片数据进行标注,之后根据得到的数据建立相关的数据库管理系统并部署到云服务器中。

图8 中希文明图像数据库建设模拟图

二是图像识别与分割。图像识别技术可以帮助我们快速地对历史文献、古籍等高效、准确地进行数字化处理,便于存储、搜索和分析。当前存在大量的中希文明图像数据,但这些图像数据可能被污染或者损坏,使用图像分割技术可以帮助对这些图片进行修复并关注特定领域,例如通过对历史艺术作品的分割来学习艺术风格。同时,图像识别和分割也有利于VR、AR等技术应用于建设沉浸式体验项目。

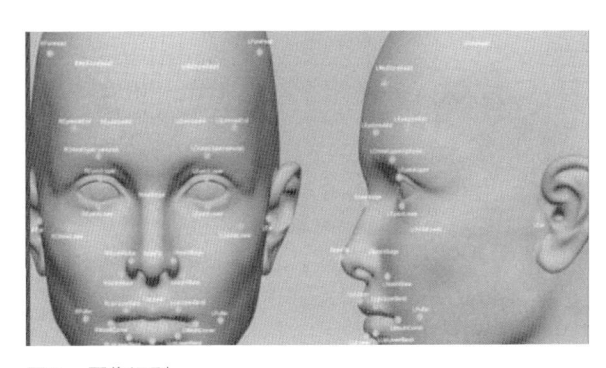

图9　图像识别　　　　　　　　　　　　　　图10　图像分割

三是图文关联与生成。目前存在大量的中希文明图像、文本数据，但由于信息繁杂在检索时存在困难，其中部分图片还缺乏文字描述，使得用户无法深入了解图像后背所蕴藏的文明内涵。图文关联与生成利用计算机视觉和跨模态学习等技术，通过对图像与图像之间、图像和文本之间的相关性进行分析与计算，建立关联关系，为用户提供更加智能的信息检索功能。同时，根据图文关联关系也可生成图像的文字性描述或根据文字描述生成图像，便于用户理解图像信息。

图11　图文关联效果图　　图12　图文生成效果图

四是图像增强与复原。众多文物、建筑、历史场景图像由于时间流逝、环境变化等因素存在图像分辨率低、失焦等低质量问题。图像增强和复原采用了数字资源和计算机图像处理技术，具有增强图像视觉效果和文物虚拟修复的功能。通过对图像特征的提取与分析计算，可将原本模糊的图像变得清晰，扩大图像中不同物体特征之间的差别，同时也对受损图像的色彩、内容等进行虚拟修复，最大限度恢复其原貌，使其在数字世界里重获新生。

图13　图像增强效果图

图14　图像复原效果图

五是三维重建。随着时间的流逝,古文物、古建筑等都存在不同程度的破坏和损害,三维重建是对于文物实体修复的一种重要手段。三维重建基于三维计算机视觉技术,通过扫描文物等实体获取相关图像以及三维信息,再计算分析图像和其他多模态数据,并进行点云处理,从而对文物和历史场景进行精准建模、修复,让受损文物和建筑能够在现实世界中恢复原样。

图15　三维重建效果图

(四)中希文明数智化教育产品开发室

中希文明数智化教育产品开发室积极响应现代化教育发展趋势及国际文明交流互鉴号召,力求为全球教育领域贡献一个高效、创新且具有深远意义的数智化教育产品开发范例。

在全球化教育背景下,跨文化教育与数智化转型是教育发展的必然趋势。中希文明数智化教育产品开发室结合中希文明、教育领域和数智化技术,开发互动式、沉浸式的智能教育系统,全息虚拟科普博物馆,数字藏品和文创产品等,创新跨文化教育模式,打造特色文明产品。其目的是实现中希文明的数字化、网络化、智能化,推动双方优质教育资源的共享与优化,促进中希两国在教育领域的深度交流与合作,助力两国文化软实力提升,满足教育资源需求,提升两国教育质量。

中希文明数智化教育产品开发室具体建设内容如下。

一是构建中希文明数智化在线教育平台。该平台能够集成中希两国丰富的文化和教育资源,包括文本、音频、视频等多媒体资源。借助先进的虚拟现实(VR)、增强现实(AR)等数字化技术,开发中希文明特色数字教育资源,如电子教材、在线课程、学习工具等,为学习者提供沉浸式、互动式的学习体验。学习者可以身临其境地感受中希文明的魅力,增强学习的趣味性和有效性。通过集成化的资源管理,有助于实现优质资源的全球传播,推动中希文化的深入交流与合作。

图16 VR在线教育平台效果图

二是开发智能互动教学系统。通过构建智能感应系统,实时捕捉学生的学习行为和反馈,结合先进的动作、语音识别技术,为学生带来前所未有的学习体验。系统中智能互动教材的开发,使得学生不再仅仅是被动地接受知识,而是能够主动地参与到学习中来。通过动作和语音与书本中的中希文明案例、故事进行互动,学生将能够更直观地理解历史、感受文化,增强学习的趣味性,实现深度学习。同时,智能互动教学系统还能根据学生的学习进度和表现,提供个性化的学习建议和资源推荐,帮助学生实现更高效的学习。

图17　智能互动教学系统

三是打造中希文明数字藏品及文创产品。运用先进的数字绘画和3D建模技术,将中希文明的经典艺术品转化为逼真的数字藏品,进而打破时空限制,使得全球观众都能通过网络轻松欣赏、收藏到这些珍贵的艺术品。这不仅极大地促进了中希文化的传播,也为文化遗产的保护提供了新的思路和方法。

图18　中希文明系列文创产品

四是应用全息投影技术,开展科普传播教育。利用全息投影技术,创建中希文化遗产全息博物馆,进行虚拟导览与解说、文物3D解析、艺术作品鉴赏等,推出相关科普教育课程及活动,助推中希文明传播。利用全息投影技术创建出逼真的三维虚拟世界,为学习者提供沉浸式的学习环境与更直观的文化体验感。同时,惊艳的视觉效果,使科普内容更具吸引力和趣味性,增强了科普教育的互动性和实效性。全息投影技术打破了实体博物馆的物理限制,使得观众无须亲自前往就能身临其境地观赏博物馆的藏品,解决传统博物馆在展示和传播文化时面临的一系列问题。

图19 利用全息投影技术打造的全息博物馆效果图

四、研究展望

中希文明互鉴智能计算与决策实验室的建设是一项促进中国与希腊两国之间历史、艺术、哲学等多领域深层次交流与合作的创新举措。数字化技术的持续进步与广泛渗透，为中希文明互鉴研究注入了前所未有的活力与变革动力，其增加了数据获取的广度与深度，使文化遗产得以高保真度的数字化保存与分析，促进了跨学科融合，更推动了文明与教育领域新的转化和传播。

（一）全沉浸式数字体验，探寻数字人文更好发展

研究采用各交互式体验技术系统，开发体验式、沉浸式、全景式、多人参与的全数字化实验室，打造高品质文明数字体验基地。此外，将多模态智能交互信息技术相结合，致力借助跨学科交叉与实际体验的互动数据指导人文研究决策，推动数字人文研究的分析、应用、发展与评价，以辅助各体验式项目持续评估与迭代优化循环，更加贴合体验者的个性化需求，促进体验者在多元互动的参与体验中深刻地理解文明的奥秘。同时，研究须注重如何开发更高效、低成本且易于普及的技术体验平台，让用户更便捷且深度地体验历史事件、参观文化遗址；须注重用户体验过程中文明史事讲解的交互叙事与情感共鸣；须注重交互体验中所得用户的数据隐私和历史准确性等社会伦理挑战，保障所有人群的可访问性，确保技术发展惠及社会各个层面。

（二）数字化保护与传播，探求多样技术深层融合

实验室通过图像增强、复原、计算机视觉等数字化技术建立文明数据库，对中希两国

丰富的物质与非物质文化遗产进行数字化记录、保护和展示。中希文明数据库及文明遗产修复平台的建设以期防止历史与文化的财富随时间的流逝而消逝,为保护与传承宝贵的文化资源提供有效支持,为公众及全球学者提供一个跨时空、跨领域,集中且易于检索的研究平台。以数字化、智慧化的实验室助力文明遗产的传承与保护,为全球文明互鉴、学术研究、社会文化包容提供强有力的支撑。同时,研究仍须注重探求更多元、高效、前沿的数字技术,为文化遗产的保护、修复、传承、创新、发展探索出新模式,搭建文化遗传可持续发展的平台;须注重如何最大化保留文化遗产的真实性与质感,探索新的展示与解读方式。

(三)开发创新教育模式,聚焦教育文明个性转化

研究依托数字实验室,在教育领域引入新的理念、方法和技术,设计并实施创新型教育项目,如在线教育平台、全息虚拟科普博物馆、数字藏品及文创教育产品等,以数字技术的融合促进教育体系的现代化转型,更好地助力学习者适应社会的变迁,满足个体发展的需求。同时,教育文明的技术化致力将文化、教育和科技相结合,以促进教育与社会、科技的深度融合发展,实现教育文明从传统向现代的转化,培养具有国际视野和跨文化沟通能力的新型人才,从而进一步促进文明成果的传承与创新。此外,在研究教育文明成果转化时须更加注重数字技术与教育资源的高效整合,在增强互动体验感的同时要保证学习的个性化和学习成效的提高,而非简单机械的技术叠加;须探索如何有效融合教育心理学与数字算法,实现教育的深度个性化,更加注重对学习者的全人教育,在课程、教材、学习活动设计中不单结合数字化技术和珍贵的文明遗产,更应加入情感态度、团队合作、领导力等非认知技能的培养,以达到促进学习者全面发展的目的。

中希文明互鉴智能计算与决策实验室的建设为中希文明的互鉴传承、数字人文的发展研究、教育模式的创新变革提供了无限可能,而未来的研究也将更加围绕数字技术创新、文化遗产保护、教育变革高效转化、社会伦理责任等多方面进行,为中希文明互鉴及保护与传承搭建更加优质的平台,共同构建造一个更加多样、互动且富有启迪性的文明互鉴未来。

Stimulating the Endogenous Dynamics of Civilization: Design Strategy for the Intelligent Computing and Decision Making Laboratory for the Mutual Enhancement of Civilisations

Hu Hang, Wang Jiayi, Zeng Linya, Xu Wenfei, Fu Houli

Abstract: This project establishes the Intelligent Computing and Decision Making Laboratory for Mutual Learning of Civilisations, which mainly consists of four core projects, namely, the Immersive Experience Base of Sino-Greek Civilisation, the Intelligent Data Laboratory of Sino-Greek Civilisation, the Image Computing Laboratory of Sino-Greek Civilisation, and the Development Room of Digital and Intelligent Educational Products of Sino-Greek Civilisation. It aims to interpret and disseminate the development and influence of Chinese and Greek civilisations from a new perspective, provide a centralised, multidisciplinary humanities research environment for academics, accelerate the exchange and mutual learning of Chinese and Greek civilisations, promote global exchanges of ideas, arts, science and technology, and education, and explore the influence of Chinese and Greek cixilisations on the modern society.

Keywords: Digital intelligence technology; intelligence computing and decision; intelligence making; China-Greece Mutual Enhancement of Civilisations Laboratory

希腊考古遗址的利用与保护:1975—2018年的政策与实践

作者:卡特琳娜·哈祖拉基
译者:李知非

摘　要:在希腊使用考古遗址是当下一个极具争议的话题,经常引发公众讨论。本文呈现了作者在攻读博士学位时期研究的一些成果,重点关注考古遗址的艺术和创意用途。更具体地,本文通过研究相关法规、希腊国家管理机构采取的政策和实践以及相关实例,考察了古代剧场的使用和考古遗址用于拍摄的情况。此外,本文主要调查在研究时间范围内,即1975年至2018年,针对希腊考古遗址可能发生的意识形态观念和政策的变化。

关键词:考古遗址　法律　行政实践　当代生活

作者卡特琳娜·哈祖拉基(Katerina Hartzoulaki),就职于帕提翁社会与政治科学大学(Panteion University of Social and Political Sciences)传播、媒体与文化系,主要研究考古遗址的法律框架与行政管理、文化遗产的保护及其在现代社会中的应用等(雅典　17671);译者李知非,雅典大学历史与考古系研究生,主要研究方向为希腊文明与东地中海地区的考古(寿光　262700)。

一、简介

考古遗址的使用是希腊主流媒体和社交网络经常关注的话题,也是激烈政治辩论的对象。尤其是在过去几年,由于国家严峻的财政状况,利用其丰富的文化遗产作为经济资源的压力有所增加。然而,迄今为止,该话题在学术界却鲜有关注,[1][2][3]现有研究大多集中在对文物的认知及其在塑造身份方面的地位上,而没有特别关注该问题的实际影响。[4][5][6]本文旨在通过从法律、意识形态和政治角度探讨考古遗址的艺术和创意用途,来为相关讨论做出贡献。本文探讨了希腊考古遗址(即属于国家的考古遗址)使用的法律框架的基本要素,并关注法律文本内容的意识形态方面,借鉴了有关希腊考古遗产国家象征价值的现有文献。[4][5][6]此外,文章还探讨了意识形态如何干扰法律实施和行政实践,从而完善相关的国家政策。进一步地,通过讨论几个具有代表性的例子,例如古剧场的使用和在考古遗址中的拍摄,以期更好地理解所讨论问题的实际影响。最后,研究试图确定现行政策在多大程度上有助于实现使用和保护之间的平衡,从而使考古遗址和遗迹的使用能够符合希腊和国际法规,融入当代生活。

本文并非旨在提供对手头课题的详尽分析,因为这需要篇幅比文章更长、更为详细的阐述。相反,它旨在基于作者目前正在进行的博士研究的结果,呈现该课题的多个方面,以期更全面地覆盖该课题所研究的内容。研究采用了多学科方法,结合了法学、政治学、历史学和社会人类学。参考资料的主要来源包括国家档案文件、新闻报道、访谈和视听资料,作者将这些资料结合起来并进行分析,以寻找与研究主题相关的答案。研究涵盖了大约40年的时间范围,即从1975年到2018年。选择这一时期是因为其起点恰逢希腊新宪法的生效,此前一年,七年的军政府统治被推翻,民主重新建立,这些事件标志着国家向政治变革时代的过渡。与前一时期的政策相比,这一时期的考古遗产管理和使用政策有着明显的不同。[7][8]

---

[1] Dimitra-Maria Lala, "Contemporary Uses of Archaeological Sites: A Case Study of Ancient Stadiums in Modern Greece", *Conservation and Management of Archaeological Sites* 16, no. 4 (2014): 308–321.

[2] Stefanopoulos H., "Settling the Differences and Enabling Change: Toward a More Inclusive Management of Archaeological Sites in Athens", *Online Journal in Public Archaeology* 5 (2015): 147–150.

[3] Hamilakis Y., *Archaeology and the Senses: Human Experience, Memory, and Affect* (Cambridge: Cambridge University Press, 2014).

[4] Hamilakis Y. and Yalouri E., "Antiquities as Symbolic Capital in Modern Greek Society", *Antiquity* 70, no. 267 (1996): 117–129.

[5] Hamilakis Y., *The Nation and Its Ruins: Antiquity, Archaeology and National Imagination in Greece* (Oxford: Oxford University Press, 2007).

[6] Damaskos D. and Plantzos D. (eds.), *A Singular Antiquity: Archaeology and Hellenic Identity in Twentieth-Century Greece* (Athens: Mouseio Benaki, 2008).

[7] Bouras, C., "Η αποκατάσταση των αρχιτεκτονικών μνημείων στην Ελλάδα. Χρονικό πενήντα ετών, 1950–2000 (I apokatastasi ton architektonikon mnimeion stin Ellada. Chroniko peninta eton, 1950–2000) [The Restoration of Architectural Monuments in Greece: A Fifty-year Chronicle, 1950–2000]", in *Συντήρηση, αναστήλωση και αποκατάσταση μνημείων στην Ελλάδα 1950–2000 (Syntirisi, anastilosi kai apokatastasi mnimeion stin Ellada 1950–2000) [Conservation and Restoration of Monuments in Greece 1950–2000]*, eds. Bouras C. and Tournikiotis P. (Athens: Piraeus Bank Group Cultural Foundation, 2010), pp. 29–72.

[8] Petrakos, V., *Πρόχειρον Αρχαιολογικόν 1828–2012, Μέροσ Ι Χρονογραφικό (Procheiron Archaiologikon 1828–2012, Meros I Chronographiko)* (Athens: Library of the Archaeological Society, 2013).

二、法律和行政框架

根据希腊法律,授予国家考古遗址使用许可的责任归属考古服务机构。[1]这通常是用来指代文化部负责所有关于希腊考古遗产事务的服务部门的名称。[2][3]相关申请可向地区相关服务部门,即文物管理局提出。根据申请的遗址和所要求的用途,通常由地方一级根据部长令处理申请,部长令允许将部长的某些职责移交给文化部的地区服务部门。[4]然而,在某些情况下,如果申请的遗址或申请本身被认为过于重要而无法在当地处理时,申请可能会被转交到中央服务机构,即总局。负责的总局随后将有关事项提交给中央考古委员会(CAC),这是一个由考古遗产方面的学者和专家组成的最高级别的咨询委员会,在考古服务的政策制定和决策中发挥着关键作用。[5][6]在讨论相关事项后,委员会建议是否接受申请。部长随后发布决定,但该决定并不受委员会意见的约束。然而,由于委员会的崇高地位,其意见几乎每次都会得到尊重。但是,委员会的意见是如何形成的呢?

根据第3028/2002号法律第46条,[7]国家管理机构要授予使用考古遗址的许可,必须满足两个基本要求。第一个要求是保护遗址,使其免受可能因使用而导致的潜在物理损害。第二个要求,遗址的使用应与遗址的特征相一致。然而,"特征"这个概念是难以捉摸的,因为它超越了物质范畴,[8]更多地涉及象征和理念,因此容易受到主观解释的影响。

为了在希腊法律背景下理解这个概念的含义,了解某些古迹在希腊获得国家象征地

---

[1] Article 46 of Law 3028/2002 On the Protection of Antiquities and Cultural Heritage in General (Government Gazette A 153/2002), as amended by Article 27 of Law 4447/2016 (Government Gazette A 241/2016).

[2] Voudouri, D., *Κράτος και μουσεία, Θεσμικό πλαίσιο των αρχαιολογικών μουσείων (Kratos kai Mouseia, Thesmiko Plaisio ton Archaiologikon Mouseion) [State and Museums: Institutional Framework of Archaeological Museums]* (Athens: Sakkoula, 2003).

[3] Doris, E., *Το δίκαιον των αρχαιοτήτων, Νομοθεσία—Νομολογία—Ερμηνεία (To Dikaion ton Archaiotiton, Nomothesia—Nomologia—Ermineia) [Antiquities Law: Legislation—Case Law—Interpretation]* (Athens: Ant. N. Sakkoula, 1985).

[4] Ministerial Decree of 2018. Transfer of jurisdictions of the Minister of Culture and Sports to the Directors of the Regional and Special Regional Services in the jurisdiction of the General Directorate of Antiquities and Cultural Heritage and the Directors of the Regional Services in the jurisdiction of the General Directorate of Restoration, Museums and Technical Works of the Ministry of Culture and Sports (Government Gazette B 1255/2018).

[5] Hamilakis Y., *The Nation and Its Ruins: Antiquity, Archaeology and National Imagination in Greece* (Oxford: Oxford University Press, 2007).

[6] Loukaki A., *Living Ruins, Value Conflicts* (Hampshire: Ashgate, 2008).

[7] Article 46 of Law 3028/2002 On the Protection of Antiquities and Cultural Heritage in General (Government Gazette A 153/2002), as amended by Article 27 of Law 4447/2016 (Government Gazette A 241/2016).

[8] Fairclough G., "New Heritage, an Introductory Essay—People, Landscape and Change", in *The Heritage Reader* (London and New York: Routledge, 2008), pp. 297-312.

位的情况至关重要。[1][2][3]希腊的许多考古遗址和遗迹被视为与希腊民族身份相关的祖先作品和神圣象征——尤其是那些被视为希腊古典遗迹的遗址。[4][5][6]这些遗址包括雅典卫城、埃皮达鲁斯古剧场等，它们具有重要的象征意义。因此，国家当局授予此类遗址使用许可的类型通常是有限的。与此同时，对于国家象征意义较小的古迹，通常是那些不属于希腊国家叙事的历史传统遗址[7]，例如奥斯曼帝国时期[8]、威尼斯时期[9]，或罗马时期的遗址——后者的一个例子是本文将在下一节中讨论的希罗德·阿提库斯大剧场——这些遗址的要求较为宽松，并且更容易授权用于更广泛的目的。

在这一点上，有必要指出，关于哪些遗址可以被允许使用，哪些不可以，以及允许的使用类型，国家政策并不是基于具体的规划制定的，例如根据年代标准划分不同类别的遗址（例如史前时代、古典时代、罗马时代、拜占庭时代等），进而决定这些遗迹是否允许用于特定用途。相反，这些政策主要是根据所提交申请中反映出的需求而形成的。因此，在试图界定国家政策时，本文关注了管理机构对相关请求的回应。正如我们将看到的，被允许的用途在很大程度上不仅取决于其是否会对遗址构成物理损害，还取决于其是否与每个特定遗址的特征相兼容。如前所述，考古遗址和遗迹的特征是一个难以捉摸的概念，不能笼统地加以定义，但它似乎与每个遗址或遗迹的象征性地位密切相关。对中央考古委员会会议记录的研究为讨论的问题提供了有价值的信息和大量相关示例。其中，关于古剧场的使用和在考古遗址拍摄电影的代表性例子将在下文中讨论，以便更好地理解上述政策的实际影响。

---

[1] Hamilakis Y. and Yalouri E., "Antiquities as Symbolic Capital in Modern Greek Society", *Antiquity* 70, no. 267 (1996): 117-129.

[2] Hamilakis Y., *The Nation and Its Ruins: Antiquity, Archaeology and National Imagination in Greece* (Oxford: Oxford University Press, 2007).

[3] Damaskos D and Plantzos D. (eds.), *A Singular Antiquity: Archaeology and Hellenic Identity in Twentieth-Century Greece* (Athens: Mouseio Benaki, 2008).

[4] Hamilakis Y., *The Nation and Its Ruins: Antiquity, Archaeology and National Imagination in Greece* (Oxford: Oxford University Press, 2007).

[5] Hamilakis Y. and Yalouri E., "Sacralising the Past: Cults of Archaeology in Modern Greece", *Archaeological Dialogues* 6, no. 2 (1999): 115-135.

[6] Plantzos, D., *Οι αρχαιολογίες του κλασικού. Αναθεωρώντας τον εμπειρικό κανόνα* (Oi archaiologies tou klasikou. Anatheorontas ton Empeiriko Kanona) [*The Archaeologies of the Classical: Reconsidering the Empirical Rule*] (Athens: Ekdoseis tou Eikostou Protou, 2014).

[7] Voudouri, D., *Κράτος και μουσεία, Θεσμικό πλαίσιο των αρχαιολογικών μουσείων* (Kratos kai Mouseia, Thesmiko Plaisio ton Archaiologikon Mouseion) [*State and Museums, Institutional Framework of Archaeological Museums*].

[8] Brouskari, E. (ed.), *Η οθωμανική αρχιτεκτονική στην Ελλάδα* (I Othomaniki Architektoniki stin Ellada) [*Ottoman Architecture in Greece*] (Athens: Ministry of Culture, 2008).

[9] Gratziou O., "Venetian Monuments in Crete: A Controversial Heritage", in *A Singular Antiquity: Archaeology and Hellenic Identity in Twentieth-Century Greece*, eds. Damaskos D. and Plantzos D. (Athens: Mouseio Benaki, 2008), pp. 209-222.

三、古代剧场的使用

古代剧场是一个特殊的案例,因为它们今天可以被用于与其最初建造时完全相同的目的,即举办文化活动。希腊对长期废弃的古剧场的再利用可以追溯到19世纪,这与复兴古希腊戏剧的努力有关。①②③最初,古希腊戏剧表演主要在室内场所举行,而古剧场并不受欢迎。④⑤然而,这一趋势逐渐发生了逆转。1927年的德尔菲戏剧节为重新利用古剧场创造了令人印象深刻的势头。该艺术节由众多活动组成,有重要贡献者参与其中,最后在德尔菲古剧场上演了埃斯库罗斯的《被缚的普罗米修斯》,这也是迄今为止最彻底的古希腊戏剧演出尝试。这场演出获得了极大的好评,其影响力如此之大,以至于引发了一场关于古希腊戏剧是否应在开放空间,即现存的古剧场中演出的激烈讨论。随后,在接下来的几年里,古希腊剧场逐渐成为表演古希腊戏剧的最佳场所,也被视为吸引外国游客的一种方式。①②⑥⑦⑧⑨⑩⑪

这一发展可能在某种程度上促使了这样一种观念的确立,即古剧场应该仅用于古希

---

① Sideris, Y., *Το Αρχαίο Θέατρο στη Νέα Ελληνική Σκηνή 1817-1972 (To Archaio Theatro sti Nea Elliniki Skini 1817-1972) [Ancient Theatre in the New Greek Stage 1817-1972]*, Volume A(1817-1932) (Athens: Ikaros, 1976).

② Mallouchou-Tufano, F., *Η αναστήλωση των αρχαίων μνημείων στη νεώτερη Ελλάδα (1834-1939) (I Anastilosi ton Archaion Mnimeion sti Neoteri Ellada (1834-1939)) [The Restoration of Ancient Monuments in Modern Greece]* (Athens: Library of the Archaeological Society, 1998).

③ Boletis, K., "Restoration and Use of Ancient Theatres: Where does the Danger Lie?", in *A Stage for Dionysos: Theatrical Space and Ancient Drama* (Athens: Kapon, 2009), pp. 131-153.

④ Andreadis, Y. (Ed.), *In the Tracks of Dionysus: Ancient Tragedy Performances in Greece 1867-2000* (Athens: I. Sideris, 2005).

⑤ Mavromoustakos, P. "Ancient Greek Drama on the Modern Greek Stage: The Question of Theatrical Space", in *A Stage for Dionysos: Theatrical Space and Ancient Drama* (Athens: Kapon, 2009), pp. 177-197.

⑥ Sideris, Y., *Το Αρχαίο Θέατρο στη Νέα Ελληνική Σκηνή 1817-1972 (To Archaio Theatro sti Nea Elliniki Skini 1817-1972) [Ancient Theatre in the New Greek Stage 1817-1972]*.

⑦ Mallouchou-Tufano, F., *Η αναστήλωση των αρχαίων μνημείων στη νεώτερη Ελλάδα (1834-1939) (I Anastilosi ton Archaion Mnimeion sti Neoteri Ellada (1834-1939)) [The Restoration of Ancient Monuments in Modern Greece]* (Athens: Library of the Archaeological Society, 1998).

⑧ Glytzouris, A., "Δελφικές Γιορτές (1927, 1930): η αναβίωση του αρχαιολογικού χορού στον «Προμηθέα Δεσμώτη» και στισ «Ικέτιδεσ» του Αισχύλου (Delfikes Giortes (1927, 1930): I anaviosi tou archaiologikou xorou ston "Promithea Desmoti" kai stis "Iketides" tou Aischylou) [Delphic Festivals (1927, 1930): The Revival of the Archaeological Chorus in "Prometheus Bound" and "The Suppliants" by Aeschylus]", *Τα Ιστορικά [Ta Istorika]*, 1998, pp. 28-29, 147-170.

⑨ Fessa-Emmanouil, E. (Ed.), *Έλληνες σκηνογράφοι—ενδυματολόγοι και αρχαίο δράμα (Ellines Skinografoi—Endymatologoi kai Archaio Drama) [Greek Stage—Costume Designers and Ancient Drama]* (Athens: Department of Theatrical Studies of the University of Athens, Ministry of Culture, 1999).

⑩ Grammatas, T.H., *Το ελληνικό θέατρο στον 20ό αιώνα, Συμβολή στην ιστορία του νεοελληνικού θεάτρου (To Elliniko Theatro ston 20o Aiona, Symvoli stin Istoria tou Neoellinikou Theatrou) [Greek Theatre in the 20th Century: Contribution to the History of Modern Greek Theatre]* (Athens: Papazisis, 2017).

⑪ Roubis, D., "Archeologia e rappresentazione: Esempi dal passato recente. Eva Palmer e le Feste Delfiche," *Siris*, vol. 15 (2015):135-149.

腊戏剧表演。在所研究的时期(1975—2018年),这个观念首次出现在1976年中央考古委员会的会议记录中,当时一个剧团提出申请,希望在多个考古遗址,包括一些古剧场,表演现代希腊戏剧。该请求涉及对瓦西里斯·罗塔斯(Vassilis Rotas)的历史剧《科洛科特罗尼斯》的演出,这是一部于1955年首次出版的历史剧,[1]讲述了希腊独立战争中最杰出的英雄之一西奥多罗斯·科洛科特罗尼斯在1822年德维纳基亚历史战役中的胜利。委员会对该请求的答复是,古剧场仅能用于古希腊悲剧和喜剧的表演,因此不能批准该请求。然而,该剧团被允许在除古剧场之外的其他场地演出。[2]同年晚些时候,委员会重新考虑了这一观点,并决定在特殊情况下可将古剧场用于举办古典音乐会,每个申请将由委员会单独审查。[3]因此,在同一届会议中,委员会批准了在埃皮达鲁斯古剧场举办一场由旅行社组织、面向游客的古典音乐会的申请。

为什么古典音乐与古希腊戏剧都被认为是适合在古剧场中上演的呢?解释中似乎潜藏着这样一种观念:考古遗址,包括古剧场,特别是埃皮达鲁斯古剧场,是现代希腊理想形象的具体象征,现代希腊的理想形象由两个元素构成:古希腊古典文明和西方文明,其中前者被认为是西方文明的摇篮。[4][5][6][7]作为西方文明最伟大的文化产物之一,古典音乐被视为"西方"的"高雅文化"的一部分——这种观点反映了当时普遍存在的区分"高雅"和"低俗"文化的思想[8][9]——因此被认为符合古剧场的定位。[10]此外,现代希腊作家的戏剧作品,由于被认为与上述两种文化传统都没有直接的联系,似乎被视为是一个外来的、与古剧场及其象征意义不相符的元素。这种立场表明了对现代希腊文化的蔑视,这在民间

---

[1] Rotas, V., "Κολοκοτρώνης ή η νίλα του Δράμαλη (Kolokotronis i i nila tou Dramali) [Kolokotronis or the Destruction of Dramalis]," *Επιθεώρηση Τέχνης (Ep. Tech.)*, vol.11(1955): 385–400.

[2] CAC, Act 11/30.06.1976, topic H. Source: Directorate of the National Archive of Monuments (DNAM).

[3] CAC, Act 20/08.12.1976, topic 17. Source: DNAM.

[4] Y. Hamilakis, *The Nation and Its Ruins: Antiquity, Archaeology and National Imagination in Greece* (Oxford: Oxford University Press, 2007).

[5] Plantzos, D., *Οι αρχαιολογίες του κλασικού. Αναθεωρώντας τον εμπειρικό κανόνα (Oi archaiologies tou klasikou. Anatheorontas ton Empeiriko Kanona) [The Archaeologies of the Classical: Reconsidering the Empirical Rule]*.

[6] Skopetea, E., *Το «Πρότυπο Βασίλειο» και η Μεγάλη Ιδέα (1830–1880) (To "Protypo Vasileio kai i Megali Idea (1830–1880)) [The "Model Kingdom" and the Great Idea (1830–1880)]* (Athens: Polytypo, 1988).

[7] Herzfeld M., *Ours Once More: Folklore, Ideology and the Making of Modern Greece* (New York: Pella, 1986).

[8] McGuigan J., *Culture and the Public Sphere* (London and New York: Routledge, 1996).

[9] Eagleton T., *Culture* (New Heaven and London: Yale University Press, 2016).

[10] CAC, Act 40/22.12.1981, topic 3. Source: DNAM.

文化[1]和建筑[2][3]方面也有所体现，与古希腊历史或现代欧洲文明相比，现代希腊文化被认为是不足的。[4][5]

除了古希腊戏剧表演和古典音乐会之外，要求将古剧场用于其他各类活动的申请数量不断增加，委员会不得不重新审视其理念和政策。因此，自1978年起，古剧场仅用于古希腊戏剧表演和古典音乐会的理念逐渐被摒弃。这种转变是在一段时间内发生的，在此期间，委员会对每项申请进行单独审查，并根据各种标准对每个案例进行不同处理，这些标准包括所请求使用的遗址的重要性、艺术家的知名度、申请的活动类型以及委员会成员对活动质量的主观评价。[6]这些标准中的大多数，在今天仍然或多或少地被视为不成文的经验规则而应用，这些规则通常在法律上被认为是合理的，如前所述，第3028/2002号法律第46条明确规定，在考古遗址举办的活动应符合遗址的特征。此外，2018年关于临时特许使用考古遗址的条款和程序的部长令，要求在考古遗址举办的文化活动应具有高艺术质量。[7]这些模糊的表述给了人们对法律条文进行主观解释的机会，因此负责的国家官员有可能根据他们的个人品位以及国家行政人员普遍认同的观点做出判断，而这些观点通常反映了官方对考古遗址象征意义的看法。这不禁让人怀疑，国家行政部门是否有权对艺术创作进行评估，以及根据什么标准可以认为某项文化活动是高质量的，因而值得在考古遗址中举办。

罗马大帝时代建造的希罗德·阿提库斯剧场，或称雅典赫罗迪翁剧场，在这一背景下经常成为媒体关注的焦点。2009年，当委员会对几位著名的希腊歌手在该场地演出的申请表示犹豫不决时，媒体对这一问题进行了重点报道。委员会最初反对向这些艺术家授予许可，原因是他们的音乐风格是希腊流行音乐，而这种音乐常常被那些自诩为知识分子

---

[1] Kyriakidou-Nestoros, A., *Η θεωρία της ελληνικής λαογραφίας. Κριτική Ανάλυση (I theoria tis ellinikis laografias. Kritiki Analysi) [The Theory of Greek Folklore Studies: Critical Analysis]* (Athens: The Society for the Study of Modern Greek Civilisation and General Education, 1978).

[2] Papadimitriou, N., "Introduction to Section Παρελθόν και αρχαιότητα (Parelthon kai archaiotita) [The Past and Antiquity]," in *Το παρελθόν στο παρόν (To parelthon sto paron) [The Past in the Present]* eds. Papadimitriou N. and Anagnostopoulos A. (Athens: Kastaniotis Publications, 2017), pp. 85-100.

[3] Nikolakakis, M., *Μοντέρνα Κίρκη (Monterna Kirki) [Modern Circe]* (Athens: Alexandreia, 2017), pp. 81-82.

[4] Skopetea, E., *To «Πρότυπο Βασίλειο» και η Μεγάλη Ιδέα (1830-1880) (To "Protypo Vasileio" kai i Megali Idea (1830-1880)) [The "Model Kingdom" and the Great Idea (1830-1880)]*.

[5] Avdela, E., "Χρόνος, ιστορία και εθνική ταυτότητα στο ελληνικό σχολείο (Chronos, istoria kai ethniki tautotita sto elliniko scholeio [Time, History and National Consciousness in the Greek School]," in *«Τί εν' πατρίδα μας;», Εθνοκεντρισμός στην εκπαίδευση ("Ti ein' i patrida mas?", Ethnokentrismos stin ekpaideusi) ["What Makes Our Country?" Ethnocentrism in Education]*, eds. Frangoudaki A. and Dragona T. (Athens: Alexandria, 1997), pp. 5-71.

[6] 实例参见：CAC, Act 24/17.06.1978, topic 22d, Act 26/01.07.1978, topic 5, Act 25/19.06.1979, topic 6. Source: DNAM.

[7] Ministerial Decree of 2018. Approval of terms, procedures and designation of authorities for granting permission for the temporary concession of the use of monuments, archaeological sites, historic places and museums for cultural and other events (Government Gazette B 4521/2018).

的人看不起,这些人仅喜欢将自己与他们认为的"高雅文化"联系在一起。[1]然而,在邀请这些音乐会的组织者参与委员会会议并解释他们选择在赫罗迪翁古剧场举办这些活动的原因后,委员会最终同意了申请。[2]随着时间的推移,事情似乎朝着更加积极的方向发展。如今,赫罗迪翁古剧场每年都举办各种文化活动,委员会也更乐于接受代表流行音乐流派的艺术家的演出请求,例如,从2018年秋季的活动列表中就可以看出这一点。[3]此外,2017年7月Foo Fighters摇滚乐队获得在这个场地举办摇滚音乐会的授权,这可以被视为国家行政机构的一个大胆举措。[4]

时尚活动是观念和政策随时间变化的又一例证。由于时尚通常被视为一个商业产业,考古遗址的这种用途直到最近才被普遍避免。鉴于希腊的考古遗址和遗迹通常被认为是"神圣的事物"(res sanctae),因此与市场经济相关的做法不兼容,它们不能成为商业交易的对象。[5]因此,与时尚相关的用途被谴责为对考古遗址价值的贬低,人们担心这些用途很可能导致文化遗产商品化及其象征价值的丧失。例如,1998年,Calvin Klein试图在赫罗迪翁古剧场举办一场舞蹈表演,以推出的新时装品牌,但未获批准,因为这被视为商业性活动。在这个特殊案例中,非常有趣的是,尽管中央考古委员会反对此事,但部长最初仍然批准了该活动的申请,这确实是一个罕见的事件。[6]然而,由于当时媒体的严厉批评,该申请和许可很快就被撤回了。[7]

最近,在2014年,有人申请举办一场展示设计师皮尔·卡丹(Pierre Cardin)戏剧服装的活动,但被认为与遗址特征不符,未获批准,尽管组织者并未要求使用剧场本身,而是请求

---

[1] Adamopoulou, M., "Δεν θα κάνουμε το Ηρώδειο σκυλάδικο (Den tha kanoume to Irodeio skyladiko [We won't turn the Herodeon into a skyladiko]," *Τα Νέα (Ta Nea)*, 25 June, 2009.

[2] Kontrarou-Rassia, N., "Το Ηρώδειο μετά τη Βίσση σε κώμα (To Irodeio meta ti Vissi se koma) [Herodeon falls in state of coma after Vissi]," *Ελευθεροτυπία (Eleutherotypia)*, 1 July, 2009.

[3] greekfestival.gr., "Παραχώρηση χρήσης του Ηρωδείου για καλλιτεχνικές εκδηλώσεις του φθινοπώρου (Parachorisi chrisis tou Irodeiou gia Kallitechnikes Ekdiloseis tou Fthinoporou) [Concession of Use of the Herodeon for Artistic Events in Autumn]", August 7, 2018, accessed January 20, 2019, http://greekfestival. gr/parachorisi-chrisis-toy-irodeioy-gia-kallitechnikes-ekdiloseis-toy-fthinoporoy/.

[4] Kallimanis, C.H., "Ροκάροντας (σ)το Ηρώδειο (Rokarontas (s)to Irodeio) [Rocking (in) the Herodeon]," *Εφημερίδα των Συντακτών (Efimerida ton Syntakton)*, July 17, 2017, accessed January 20, 2019, https://www.efsyn.gr/efsyn-city/rokarontas-sto-irodeio.

[5] Voudouri D., "Law and the Politics of the Past: Legal Protection of Cultural Heritage in Greece", *International Journal of Cultural Property* 17, no. 3 (2010): 547–568.

[6] Vlavianou, A., "Πώς και γιατί το Ηρώδειο (δεν) κινδυνεύει από την αισθητική του αμερικανού σχεδιαστή—Ευάγγελος Βενιζέλος (Pos kai giati to Irodeio (den) kindyneuei apo tin aisthitiki tou amerikanou schediasti) [How and Why the Herodeon Is (Not) at Risk from the American Designer's Aesthetics—Evangelos Venizelos]," *To Βήμα (To Vima)*, August 16, 1998, accessed January 20, 2019, http://www. tovima.gr/relatedarticles/article/?aid=102112.

[7] Liakos, A., "Η αιχμαλωσία του φαντασιακού (I aichmalosia tou fantasiakou) [The Capturing of Imagination]," *To Βήμα (To Vima)*, August 23, 1998, accessed January 20, 2019, http://www.tovima.gr/opinions/article/?aid=102310.

使用剧场入口前的庭院。①四年后的2018年,委员会对这一问题的态度发生了变化:两个类似的活动获准使用剧场前的庭院举办活动。②③然而,行政部门对这些申请采取积极态度的一个因素,可能是这两场时装秀都是以古希腊为灵感的时装系列。无论如何,根据当时的文化部秘书长兼中央考古委员会主席的声明,未来可能会允许在赫罗迪翁古剧场的庭院举办类似活动或其他活动,但不会很频繁,因为根据最近批准的结果来看,也只有在少数情况下可以使用这一场地。④这表明行政部门愿意开放并扩大允许使用这一特定场地的活动范围。但与此同时,它也表达了谨慎和保留的态度,以确保最近的许可不会成为未来类似请求的约束性先例。

上述发展并不构成一个普遍趋势;如前所述,考古遗址的使用政策与每个遗址的重要性直接相关。因此,对于具有不同重要性的遗址遗迹,会采取不同的方法。以埃皮达鲁斯古剧场为例,与罗马式的希罗德·阿提库斯古剧场不同,它是希腊保存最完好的剧场,被认为是古希腊建筑的杰作,并被列入联合国教科文组织世界遗产名录,至今仍几乎仅用于古希腊戏剧表演,这符合中央考古委员会在20世纪80年代初设定的标准。⑤至于时尚活动,除了赫罗迪翁古剧场的庭院之外,在其他场地上获得授权的可能性似乎相当小,正如古驰(Gucci)的案例所示,该公司于2017年2月请求在雅典卫城山顶帕特农神庙旁举办一场时尚活动。考虑到雅典卫城是一个极具国家和国际重要性的遗址,被视为西方文明最伟大的象征之一,并被许多人视为神圣空间,⑥⑦⑧⑨因此,不出意外地,这个案例成为希腊媒体关注的焦点和公众激烈讨论的话题。正如人们所预料的那样,委员会并未批准古驰的申

---

① Document no. ΥΠΠΟΑ/Γ/ΔΑΠΚ/ΔΙΠΚΑ/ΤΑΧ/10605/6420/785/319/26.06.2014. Source: Archive of the Ephorate of Antiquities of the City of Athens.

② thegreekobserver.com., "CAC Approves Use of Herodes Atticus Courtyard for Greek Fashion Show," January 10, 2018, accessed January 20, 2019, http://thegreekobserver.com/greece/culture/article/33031/cac-approves use-herodes-atticus-courtyard-greek-fashion-show/.

③ Chrysopoulos, P. H., "Greek Fashion Show to be Held at Odeon of Herodes Atticus," *Greek Reporter*, March 14, 2018., accessed January 20, 2019, https://greece.greekreporter.com/2018/03/14/fashion-show-to-be-held-at-odeonof-herodes-atticus/.

④ "Στην πλατεία του Ηρωδείου ο Κωστέτσοσ με απόφαση ΚΑΣ (Stin plateia tou Irodeiou o Kostetsos me apofasi KAS) [Kostetsos at the square of the Herodeon with CAC decision]," *Η Καθημερινή* (I Kathimerini), March 16, 2018, accessed January 20, 2019, http://www.kathimerini.gr/953576/article/epikairothta/ellada/sthn plateia-toy-hrwdeioy-o-kwstetsos-me-apofash-kas.

⑤ CAC, Act 40/22.12.1981, topic 3. Source: DNAM.

⑥ Hamilakis Y. and Yalouri E., "Antiquities as Symbolic Capital in Modern Greek Society", *Antiquity* 70, no. 267 (1996): 117-129.

⑦ Hamilakis Y. and Yalouri E., "Sacralising the Past: Cults of Archaeology in Modern Greece", *Archaeological Dialogues* 6, no. 2 (1999): 115-135.

⑧ Yalouri E., *The Acropolis: Global Fame, Local Claim* (Oxford: Berg, 2001).

⑨ Yalouri E., "Between the Local and the Global: The Athenian Acropolis as Both National and World Monument", in *Archaeology in Situ: Sites, Archaeology and Communities in Greece* (Lanham: Lexington Books, 2010), pp. 131-158.

请,理由是这种用途不符合该遗址的特殊文化特征,不能用于商业目的。[1][2]

四、在考古遗址拍摄

利用考古遗址作为拍摄地点是另一个有趣的例子。根据2012年的相关部长决定,[3]为了获得在考古遗址拍摄的许可,有意向者必须提交电影剧本。提交剧本是为了让主管部门检查其内容是否适当,然后据此决定是否批准在遗址拍摄。这一法律规定的起源可以追溯到20世纪70年代末的行政实践,这些实践逐渐得到整合并纳入了法规。例如,1978年,委员会授权在德洛斯岛拍摄一部电影,条件是演员必须穿着"得体的服装"。[4]然而,对电影剧本内容的初步控制直到1979年才出现,[5][6]并在1981年成为一种惯例,[7]尽管有少数委员会成员反对将其视为一种审查。[8][9]1985年,希腊著名女演员佐伊·拉斯卡里(Zoe Laskari)在德洛斯岛上拍摄裸体照片是一个例外情况,因为它没有获得官方许可。[10]

对电影剧本或电影内容的"适当性"控制是根据一些看似随意的标准进行的。然而,通过仔细研究委员会的会议记录和雅典市文物管理局(EACA)的档案,我们发现在整个研究期间内,甚至直到今天都存在某种一致性。因此,所采用的标准可以归纳如下:(a)有关考古遗址信息的准确性;(b)尊重考古遗址的特点;(c)对整个考古行业,特别是希腊中央考古委员会,以及希腊作为一个国家的尊重。此外,那些内容支持希腊在国家利益问题上的立场的电影通常会得到更多的优待,而那些或多或少涉及敏感政治问题的影片则会受到怀疑。上述原则适用于所有类型的电影,无论是纪录片还是小说。

实际上,要求(a)剧本应真实、准确地介绍有关考古遗址的信息,即符合国家行政部门

---

[1] Karnis, L., "Γιατί η Ακρόπολη δεν παραδόθηκε στη μόδα (Giati i Akropoli den parodothike sti moda)[Why the Acropolis Was Not Given over to Fashion]," *CNN.gr.*, February 15, 2017, accessed January 20, 2019, http://www.cnn.gr/style/politismos/story/67659/giati-i-akropoli-den-parodothike-sti-moda.

[2] Livini, E., "Atene dice no a Gucci. Rifiuta I soldi: 'Sull'Acropoli non si sfila'," *La Repubblica*, February 15, 2017, accessed January 20, 2019, http://www.repubblica.it/economia/2017/02/15/news/schiaffo_di_atene_a_gucci_rifiuta_56_milioni_sull_acropoli_non_si_sfila_-158345984/.

[3] Ministerial Decree of 2012. Approval of terms and procedures for film shooting in monuments, archaeological sites, historic places and museums, according to the attached catalogue (Government Gazette B 1138/2012).

[4] CAC, Act 37/14.09.1978, topic 14. Source: DNAM.

[5] CAC, Act 4/06.03.1979, topic 12. Source: DNAM.

[6] CAC, Act 30/17.07.1979, topic 17. Source: DNAM.

[7] CAC, Act 20/30.06.1981, topic 8. Source: DNAM.

[8] CAC, Act 14/09.04.1985, topic 14. Source: DNAM.

[9] CAC, Act 17/07.05.1985, topic 6. Source: DNAM.

[10] "Η γυμνή φωτογράφηση της Ζωής Λάσκαρη στο Playboy που έγραψε ιστορία (I gymni fotografisi tis Zois Laskari sto Playboy pou egrapse istoria) [The Naked Photo Shoot of Zoe Las-kari on Playboy Which Went down in History]," *protothema. gr.*, August 18, 2017, accessed January 20, 2019, http://www.protothema.gr/lifestyle/article/706236/i-gumni-fotografisi-tis-zois-laskari-sto-playboy-pou-egrapse-istoria-/.

的规定,这意味着在电影场景中使用考古遗址作为背景而没有任何文本参考,或者将其作为代表不同地点的电影场景设置,无论是虚构的还是真实的,通常是不可接受的。①②③这种做法导致无法在意大利马泰拉拍摄梅尔·吉布森的《耶稣受难记》(2004)、皮埃尔·保罗·帕索里尼的《马太福音》(1964),或在克罗地亚杜布罗夫尼克拍摄《权力的游戏》系列(2011—)。事实上,据报道,该系列的制片人曾选择希腊的梅泰奥拉作为拍摄地。然而,由于官方规定,梅泰奥拉是一个受保护的区域,也是联合国教科文组织世界遗产地,他们未能获得必要的许可。因此,他们只好使用该地区经过数字修改的照片。④⑤

此外,如果电影剧本确实涉及考古遗址本身,提供的信息必须"科学准确",并且必须得到委员会或被指派负责此任务的其他国家官员的批准。⑥⑦如果剧本被发现包含"不准确"信息,除非按照指示对剧本进行修改,否则将不授予拍摄许可。⑧⑨⑩这种做法背后的原因是,考古服务部门的许多成员普遍认为,考古遗产最重要的方面之一是其潜在的教育社会及向公众传播古希腊的最高原则和理想的能力。因此,那些视自己为古希腊文化遗产专家的人认为,他们的最终职责是捍卫有关考古遗产的"科学真相",防止传播任何被视为不准确的信息,从而维护他们所认为的希腊文化遗产的教育作用。⑪⑫这种科学真理被作为唯一的真理推广,它通常只来自考古工作的结果,在大多数情况下,不留有对遗产的其他解读或解释的余地。

第二个要求(b),涉及对考古遗址特征的尊重,是国家行政文件和中央考古委员会(CAC)法案中经常出现的主题。电影必须符合这一要求,否则可能不会获准在考古遗址拍摄。"特征"本身似乎是考古遗址的某种不容置疑、不言而喻的固有属性,它总是被引用,但几乎从未被解释。⑤因此,如果负责审查剧本的国家官员根据其个人观点认为剧本内容不适当或有悖个人观点,他们很可能会以不符合他们所认为的遗址特征为由而拒绝接受剧本。例如,1979年,委员会未批准在雅典卫城山上拍摄一部关于皮埃尔·德·顾拜旦

---

① CAC, Act 6/21.02.1983, topic 1. Source: DNAM.
② CAC, Act 20/06.06.1989, topic 3. Source: DNAM.
③ Kit, B., "Acropolis Not Too Old for Hollywood Debut," *Reuters*, October 12, 2007, accessed January 20, 2019, https://www.reuters.com/article/us-greece/acropolis-not-too-old-for-hollywood-debut-idUSN1244466120071012.
④ Ragg, M., "Meteora, the Real Life Inspiration for Game of Thrones Eyrie," *thefairytaletraveler.com.*, January 23, 2015, accessed January 20, 2019, https://thefairytaletraveler.com/2015/01/23/meteora-ga-me-of-thrones-eyrie/.
⑤ Lekakis S., "Review of Ioannis Poulios's *The Past in the Present: A Living Heritage Approach—Meteora Greece*", *AP Online Journal: Public Archaeology* 5 (2015): 191-202.
⑥ CAC, Act 7/02.03.1984, topic 3. Source: DNAM.
⑦ Document no. ΥΠΠΟΑ/ΓΔΑΠΚ/Α΄ΕΠΚΑ/8216/4948/520/14.02.2014, EACA Archive.
⑧ CAC, Act 21/06.12.1982, topic 1. Source: DNAM.
⑨ CAC, Act 12/11.04.1983, topic 5. Source: DNAM.
⑩ CAC, Act 13/25.04.1983, topic 2. Source: DNAM.
⑪ CAC, Act 14/09.04.1985, topic 14. Source: DNAM.
⑫ CAC, Act 17/07.05.1985, topic 6. Source: DNAM.

(Pierre de Coubertin)生平的影片中的某些场景,目的是"保护遗址的神圣性"①。在另一个例子中,由于剧本被认为"草率"并包含"陈词滥调的笑话",1984年一项拍摄请求被拒绝。②沃尔克·施隆多夫(Volker Schlöndorff)于1990年拍摄的电影《玻璃玫瑰》(*Voyager*)[又名:《能人法贝尔》(*Homo Faber*)]的部分场景在考古遗址中拍摄,由于导演在考古委员会成员中受到高度尊重而破例获得批准,尽管有人对情节的不适当性存在担忧,因为影片中涉及一段不慎乱伦的故事。③最后,2014年拉吉卜·比斯瓦斯(Rajib Biswas)执导的印地语电影《宾达斯》(*Bindaas*)未获准在雅典卫城拍摄,原因是帕特农神庙将仅作为人们载歌载舞场景的背景,这被认为与遗址的特征不符。④令人奇怪的是,另一部由阿里·阿巴斯·扎法(Ali Abbas Zafar)执导的印地语电影《猛虎还活着》(*Tiger Zinda Hai*)(2017)也提出了类似的申请,但却被批准在纳克索斯岛上的"Portara"(希腊语中意为"大门")前拍摄,该地是一座标志性的古迹,构成了当地典型的代表形象。尽管这看起来矛盾,但与上述案例相比,这种不一致性证实了所允许的用途取决于每个遗址或遗迹的特定象征地位,这可能会有很大差异。此外,当地社区的积极态度似乎在确保电影拍摄获得许可时发挥了重要作用,这种态度与当地经济的潜在利益密切相关。⑤同样,1983年,由于旅游业光明的发展前景和预期经济效益的驱动,当地利益相关者的联合干预促使了BBC系列片《太阳的黑暗面》在罗得岛大主教宫殿的拍摄请求被批准,而该请求最初是被拒绝的。⑥

关于第三个要求(c),1989年中央考古委员会未批准在Elateia考古遗址进行拍摄的请求,原因是剧情被认为对考古学家和希腊考古服务机构的工作有冒犯之嫌。⑦大约在同一时期,另一个拍摄申请涉及外国考古学家在进行考古工作时遭遇希腊古董盗窃犯。由于该电影被认为对希腊人民和希腊这个国家构成冒犯,因此未获准在考古遗址进行拍摄。⑧最后,委员会和考古服务部门似乎普遍倾向于支持宣传希腊在国家重要事务上的立场的电影拍摄请求,比如希腊-土耳其关系,⑨前南斯拉夫马其顿共和国(FYROM)的国名问题⑩或帕特农神庙大理石浮雕的归还问题,⑪⑫其中2014年由科尔特·沃尔希斯(Coerte

---

① CAC, Act 44/13.11.1979, topic 5. Source: DNAM.
② CAC, Act 7/02.03.1984, topic 2. Source: DNAM.
③ CAC, Act 36/02.11.1989, topic 14. Source: DNAM.
④ Document no. ΥΠΠΟΑ/ΓΔΑΠΚ/Α΄ΕΠΚΑ/146626/87404/8586/13.06.2014, EACA Archive.
⑤ Νάξοσ: Ο ναόσ του Απόλλωνα «σκηνικό» στην ταινία Bollywood "Tiger Zinda Hai" (Naxos: O naos tou Apollona "skiniko" stin tainia Bollywood "Tiger Zinda Hai") [Naxos: The Temple of Apollo as "Scenery" in the Bollywood Movie "Tiger Zinda Hai"]. cycladesvoice.gr., October 25, 2017, accessed January 20, 2019, https://www.cycladesvoice.gr/?aid=75965.
⑥ CAC, Act 5/07.02.1983, topic 2. Source: DNAM.
⑦ CAC, Act 17/16.05.1989, topic 26. Source: DNAM.
⑧ CAC, Act 32/13.09.1988, topic 12. Source: DNAM.
⑨ CAC, Act 12/11.04.1983, topic 5. Source: DNAM.
⑩ CAC, Act 17/16.05.1989, topic 19. Source: DNAM.
⑪ CAC, Act 35/18.09.1984, topic 11. Source: DNAM.
⑫ Document no. ΥΠΠΟΑ/ΓΔΑΠΚ/Α΄ΕΠΚΑ/129396/77475/7758/22.05.2014, EACA Archive.

Voorhees)和约翰·沃尔希斯(John Voorhees)执导的《守护者》(*Promakhos*)就是后者的最新例子。[1]然而,委员会对这些主题的特殊关注可能会是一个不利因素,因为在这些情况下,委员会成员往往对政治正确性和科学准确性方面的要求更为苛刻。[2]此外,公开触及政治问题的剧本也会遭到拒绝,因为长期以来,希腊的考古遗址一直被认为应该远离政治。[3][4]如果考虑到希腊的考古遗址曾多次被用于政治目的,[5][6][7]那么这个观点可能就是无稽之谈,其中2014年的安菲波利斯(Amphipolis)事件是最新且最明显的例子之一。[8]

除了考古遗址外,类似的要求也适用于在考古博物馆拍摄,如在1979年,曾有人申请在德尔菲考古博物馆进行拍摄,但未获批准,原因是电影情节涉及企图从博物馆偷走考古展品,这被认为是"绝对禁忌的"。[9]另一个案例是在几年前,即2012年,希腊考古学家协会制作了一部宣传片,鉴于国家资金削减和财政紧缩措施导致的安全问题,该宣传片旨在提高公众对盗掘和非法贩卖文物的危险的认识。这一宣传片的主题是雅典国家考古博物馆的弗雷斯科莱女神雕像"Phrasikleia"的象征性消失,并从当年早些时候的一起盗窃案中获得灵感,当时奥林匹亚考古博物馆(古代奥运会的发源地)有70多件展品被盗。[10]出于与1979年相似的原因,中央考古委员会未授权播放该短片,理由是该视频宣传了博物馆对游客和展品都不安全的形象。此外,该短片直接传达的政治信息以及可能被认为有损国家形象的事实,似乎也是委员会拒绝批准申请的原因。[11][12]

显然,以上所有内容都表明,当剧本中涉及对考古遗址的叙述时都要进行审查,试图强调对被认为具有特殊性质和价值的遗址的尊重,这些遗址与其作为国家象征的地位直接相关。此外,这种控制言论的做法也表明了一种愿望,即推广由国家行政部门主导的官

---

[1] Document no. ΥΠΠΟΑ/ΔΙΠΚΑ/ΓΔΑΠΚ/ΤΑΧ/Φ42/233104/126145/15275/6873/09.01.2014, EACA Archive.

[2] CAC, Act 49/27.12.1984, topic 5. Source: DNAM.

[3] CAC, Act 40/22.12.1981, topic 3. Source: DNAM.

[4] CAC, Act 18/15.11.1982, topic 1. Source: DNAM.

[5] Hamilakis Y., *The Nation and Its Ruins*: Antiquity, Archaeology and National Imagination in Greece (Oxford: Oxford University Press, 2007).

[6] Harrison R. (ed.), *Understanding the Politics of Heritage* (Manchester: Manchester University Press, 2009).

[7] Zacharia K., "Postcards from Metaxas' Dreece: The Uses of Classical Antiquity in Tourism Photography", in *Re-imagining the Past: Antiquity and Modern Greek Culture* (Oxford: Oxford University Press, 2014), pp. 186–208.

[8] Plantzos D., "*Amphipolitics*: Archaeological Performance and Governmentality in Greece Under the Crisis", in *Greece in Crisis: The Cultural Politics of Austerity* (London: Bloomsbury Publishing, 2017), pp. 65–84.

[9] CAC, Act 4/06.03.1979, topic 12. Source: DNAM.

[10] Squires, N., "Armed Robbers Raid Ancient Olympia Museum," *The Telegraph*, February 17, 2012, accessed January 20, 2019, https://www.telegraph.co.uk/news/worldnews/europe/greece/9088221/Armed-rob-bers-raidAncient-Olympia-museum.

[11] "«Στοπ» στο σποτ με το κοριτσάκι και τη Φρασίκλεια ("Stop" sto spot me to koritsaki kai ti Frasikleia) ["Stop" to the spot with the little girl and Frasikleia]," Εθνος (Ethnos), August 30, 2012.

[12] youtube.com., "Σ.Ε.Α.—Τα μνημεία δεν έχουν φωνή . . . Εσύ έχεις!!! (S.E.A.—Ta mnimeia den echoun foni . . . Esy echeis !!!) [S.E.A.—Monuments do not have a voice . . . You do!!!]," November 17, 2012, accessed January 20, 2019, https://www.youtube.com/watch?v=mtQeYzuMa3s.

方叙事,同时压制对文化遗产的其他言论。①鉴于此,中央考古委员会经常被批评在批准考古遗址的电影拍摄许可方面过于谨慎,尤其是对虚构电影的拍摄许可。但必须承认的是,实际上大多数拍摄请求都得到了批准,如表1所示,该表展示了1975—1989年提交给中央考古委员会的拍摄申请数据。遗憾的是,由于在研究期间无法查阅相关档案,未能收集到后来几年的相关数据。不过,可以推断这一趋势在随后几年很可能仍在继续。此外,值得注意的是,拍摄申请的数量呈现显著上升趋势,尤其是在该时期的末期。如表2所示,与文化部公布的2011年至2018年的数据进行比较表明,可以看出申请数量在持续上升。考虑到上述情况,拍摄申请数量的增加应意味着许可数量的相应增加,尽管这只是一个假设,如果未来有资料可以为研究提供相关信息,则可以进行进一步的研究。与此同时,尽管有一些保留意见,但这种趋势表明了一种可能,即像雅典卫城这样具有极大象征意义的遗址近年来越来越多地出现在电影中,例如弗朗西斯·福特·科波拉执导的《纽约故事:没有佐伊的生活》(1989),②唐纳德·佩特里执导的《我的废墟生活》(2009),③侯赛因·阿米尼执导的《一月的两个面孔》(2014),④此前提到的科尔特·沃尔希斯和约翰·沃尔希斯执导的《守护者》(2014)⑤以及由朴赞郁执导的《女鼓手》系列(2018)。⑥然而,这并没有降低一些问题的重要性,如执行标准的无关紧要、获得必要许可需要烦琐、冗长的程序等,这些问题通常会打击潜在的申请积极性。

表1　1975—1989年向中央考古委员会(CAC)提交的拍摄申请[⑦]

单位:个

年份	接受的申请	被拒绝的申请	申请总数/年
1975	0	0	0
1976	0	0	0
1977	0	0	0
1978	4	0	4
1979	11	2	13

---

① Smith L., *Uses of Heritage* (Oxon: Routledge, 2006).

② CAC, Act 30/30.08.1988, topic 6. Source: DNAM.

③ Basea E., "My Life in Ruins: Hollywood and Holidays in Greece in Times of Crisis", *Interactions: Studies in Communication and Culture* 3, no. 2 (2012): 199-208.

④ Edwards, R., "*The Two Faces of January*: Ancient Ruins Are the Real Stars," *The Telegraph*, May 1, 2014, accessed January 20, 2019, https://www.telegraph.co.uk/travel/destinations/europe/10795482/The-Two-Faces-of-Januaryancient-ruins-are-the-real-stars.html.

⑤ Document no. ΥΠΠΟΑ/ΔΙΠΚΑ/ΓΔΑΠΚ/ΤΑΧ/Φ42/233104/126145/15275/6873/09.01.2014, EACA Archive.

⑥ Economou V., "Park Chan-wook's *The Little Drummer Girl* Wraps Shooting in Greece", *Cineuropa*, June 7, 2018, accessed January 20, 2019, http://cineuropa.org/en/newsdetail/355621/.

⑦ Data compiled from the CAC archive by the author.

续表1

年份	接受的申请	被拒绝的申请	申请总数/年
1980	12	0	12
1981	5	1	6
1982	3	0	3
1983	10	0	10
1984	13	4	17
1985	12	1	13
1986	16	1	17

表2 2011—2018年向CAC提交的拍摄及其他申请[①]

年份	A.照片和电影拍摄/数字化/将图像用于电子出版物的申请数量	B.照片和电影拍摄申请数量(A.的小计)
2011	16	*
2012	76	*
2013	154	*
2014	168	*
2015	191	*
2016	195	124
2017	182	134
2018	219	104

*没有这些年份的数据

五、结论

综上所述，希腊有关考古遗址使用的法规和政策不仅旨在保护它们免受潜在的物理损害，还旨在确保对其蕴含的价值予以尊重。不可避免地，这些价值由国家行政部门，尤其是中央考古委员会定义，该委员会根据希腊法律负责考古遗址遗迹的管理。这些价值通常反映了将文物古迹作为国家象征的普遍观念，其起源可以追溯到19世纪现代希腊的形成时期，这种观念至今仍然存在并被广泛认可。在这种背景下，对考古遗址和遗迹"特征"尊重的坚持，导致了过时的行政实践的延续。与上述情况密切相关的是，处理考古遗址使用申请所依据的理念和标准即使不荒谬，至少也似乎与当前的发展无关。这种立场

[①] 数据来源：Greek Ministry of Culture. Available online: http://ksymvoulia.culture.gr/Ενημέρ-ωση-Πολιτών/PID/414/CategoryID/19/CategoryName/ΚΑΣ-ΣΜ, https://www.culture.gr/el/informati-on/SitePages/view.aspx?nID=2549 (accessed on 20 January 2019).

未能考虑关于文化遗产的其他论述，[1][2][3]并且通常会阻碍考古遗址的创造性使用及其与当代生活的融合，而后者正是联合国教科文组织1972年《保护世界文化和自然遗产公约》（也称《巴黎公约》）[4]和1992年《格拉纳达公约》[5]等保护文化遗产的国际公约以及希腊立法（第3028/2002号法律第3条）[6]的要求。避免这种情况绝不意味着屈服于文化遗产商品化，而这正是希腊人经常表达的一种担忧。然而，有必要承认，在允许考古遗产的使用中，存在着微妙的界限，即既要允许更加民主和多样化，又不能将其变成纯粹的商业对象。有鉴于此，在这一问题上，理性的做法似乎是将开放的思想和警惕性结合起来，从而允许对考古遗址进行替代性讨论和创造性利用，同时避免将其变成商品。与此同时，忽视考古遗产的经济作用，特别是其对旅游业的影响也是不现实的[7]。与其只关注使用考古遗址的危险，并试图使其永远保持不变，仿佛它们是凝固的、永恒的实体，[8][9]不如将其视为可以对考古址产的社会、经济和意识形态重要性的变化做出响应的动态空间，从而在使用和保护之间找到适当的平衡。

译自卡特琳娜·哈祖拉基（Katerina Hartzoulaki）：《希腊考古遗址的利用与保护：1975—2018年的政策与实践》（*Heritage*，Vol. 2, no. 26, 2019）第366-379页。

---

[1] Hamilakis, Y., *Archaeology and the Senses: Human Experience, Memory, and Affect* (Cambridge: Cambridge University Press, 2014).

[2] Smith, L., *Uses of Heritage* (Oxon: Routledge, 2006).

[3] Graham B., Ashworth G. J., and Tunbridge J. E., *A Geography of Heritage: Power, Culture and Economy* (New York: Arnold, 2000).

[4] Article 5 of the UNESCO Convention Concerning the Protection of the World Cultural and Natural Heritage (Paris 1972), ratified by Greece with Law 1126/1981 (Government Gazette A 32/1981).

[5] Article 11 of the Convention for the Protection of the Architectural Heritage of Europe (Granada 1985), ratified by Greece with Law 2039/1992 (Government Gazette A 61/1992).

[6] Article 3 of Law 3028/2002 On the Protection of Antiquities and Cultural Heritage in General (Government Gazette A 153/2002).

[7] Tournikiotis P., "Ιδεολογικά και θεωρητικά προβλήματα αναστήλωσησ αρχιτεκτονικών μνημείων στην Ελλάδα στο δεύτερο μισό του 20ού αιώνα (Ideologika kai theoritika provlimata anastilosis architektonikon mnimeion stin Ellada sto deutero miso tou 20ou aiona) [Ideological and Theoretical Problems of the Restoration of Architectural Monuments in Greece in the Second Half of the 20th Century]," in Συντήρηση, αναστήλωση και αποκατάσταση μνημείων στην Ελλάδα 1950-2000 (Syntirisi, anastilosi kai apokatastasi mnimeion stin Ellada 1950-2000) [Conservation and Restoration of Monuments in Greece 1950-2000], eds. Bouras C. and Tournikiotis P. (Athens: Piraeus Bank Group Cultural Foundation, 2010), pp. 13-28.

[8] Plantzos, D., Οι αρχαιολογίες του κλασικού. Αναθεωρώντας τον εμπειρικό κανόνα (Oi archaiologies tou klasikou. Anatheorontas ton Empeiriko Kanona) [The Archaeologies of the Classical: Reconsidering the Empirical Rule].

[9] Holtorf C. J., "Is the Past a Non-renewable Resource?", in *The Heritage Reader* (London and New York: Routledge, 2008), pp. 125-133.

Utilisation and Conservation of Archaeological Sites in Greece: Policy and Practice in 1975-2018

Katerina Hartzoulaki

Li Zhifei (trans.)

Abstract: At present, the use of archaeological sites in Greece is a highly controversial topic which often generates public debate. This paper presents some of the results of the author's doctoral research, focusing on the artistic and creative uses of archaeological sites. More specifically, the paper examines the use of ancient theatres and archaeological sites for filming by examining the relevant regulations, the policies and practices adopted by the Greek state administration and relevant examples. In addition, the paper primarily investigates the potential changes in ideological perceptions and policies regarding Greek archaeological sites within the timeframe of the study, specifically from 1975 and 2018.

Keywords: Archaeological sites; law; administration practice; contemporary life

人文交流

浅析中希合作现状与展望

叶心童　齐　静

摘　要：中希双方自建交以来一直维持着友好伙伴关系。面对动荡的国际局势和全球危机，两个文明古国开展了广泛交流与合作，取得了丰硕成果。在"一带一路"倡议和中国-中东欧合作机制下，乘中欧陆海快线，中希间贸易、投资额稳步增长，两国民间文化和学术交流逐渐深化，科技和教育领域的合作日益紧密，中希之间的全面战略伙伴关系逐渐稳固和增强。但是，两国间仍然存在巨大的合作潜力有待挖掘，未来可以通过建立对话机制、签订备忘录或协议等方式拓展和深化在税收征管、司法事务、环境保护等领域的合作。

关键词：中希合作　经贸　文化　科教

作者叶心童，西南大学法学院硕士研究生（重庆　400715）；齐静，西南大学法学院副教授（重庆　400715）。

当今世界正经历百年未有之大变局，巴以冲突、俄乌冲突、世界经济增长下行，国际社会的不稳定性、不确定性显著增加，中国面临的风险挑战也在增多。中国致力于稳定国际局势，提出通过对话协商、结伴共赢，以和平方式解决国际争端与分歧，携手打造全球公共安全共同体。为实现这一目标，我国在"一带一路"倡议的框架下，尝试挖掘与共建国家的合作潜力，例如拓展与希腊、塞浦路斯等国家的合作。本文关注以往研究较少的希腊，以中国和希腊的全面战略伙伴关系为核心，回顾中希在经贸、文化、科教领域合作取得的显著成果，分析中希保持密切合作对彼此、中欧，甚至国际社会的意义。最后，挖掘现阶段中希合作的潜力，探究中国与希腊可以加强和深化哪些领域的合作，以及双方可以采取哪些措施引领中希关系持续健康发展，为构建人类命运共同体做出重要贡献。

一、中希合作的基本情况

希腊共和国（The Hellenic Republic）位于海上丝绸之路和陆上丝绸之路的交汇点，处在连接欧亚非的"十字路口"上,坐拥高度便利的地理位置,是"一带一路"的天然合作伙伴。同时,中国与希腊都是拥有深厚文明积淀的古国,中华文明源远流长,古希腊文明影响深远,两大文明都促进了人类文明延续与繁荣,并且相互欣赏借鉴。古老、灿烂又伟大的文明是将两国人民的心紧紧联系在一起的重要纽带,为当下的中希文明互鉴奠定了坚实的基础。

作为东方和西方两大古老文明的发源地、共建"一带一路"和中国-中东欧合作机制的重要参与方,中国和希腊两国加强文明交流互鉴不仅会促进彼此经济发展、文化繁荣,还会拓展中欧全面战略伙伴关系,进而有助于维护地区乃至世界和平稳定。1972年,希腊和中国签署联合公报并建立外交关系。2006年,中希建立了全面战略伙伴关系。此后双方政治互信不断增强,并在2014年共同发表了《关于深化全面战略伙伴关系的联合声明》。随着双方宣布2015年为中希海洋合作年,促进中希合作的双边活动和倡议层出不穷,两国不断深化贸易、投资、交通、能源、金融等领域的合作,加强基础设施、文化旅游、数字经济和科技教育等方面的交流合作。为推动中希关系深入发展,希腊外长在2018年来访时与中国共同签署了两国政府间共建"一带一路"合作谅解备忘录这一重要协议。希腊是第一个与我国签署"一带一路"协议的欧洲发达国家,为"一带一路"建设打开了新局面,协议的签订是推动双边务实合作迈上新台阶的重要契机。再加上2019年,希腊先是正式加入中国-中东欧国家合作机制,后来又与中方签署了《关于重点领域2020—2022年合作框架计划》,两国合作持续深化,逐渐成为中欧合作的桥梁。2023年11月3日,习近平主席在会见希腊总理米佐塔基斯时指出,"中方珍视同希腊的传统友谊,愿同希方一道,坚持战略引领,坚持开放合作,推动中希全面战略伙伴关系焕发新的时代光彩"[①]。总之,自中希两国建交以来,已经签署了《中希海运协定》《中希经济技术合作协定》等100多项协议,涉及领域广泛,取得了丰硕成果,为中希两国拓展与加深合作奠定了坚实的基础。

二、中希经贸领域合作

根据我国商务部的发布的消息,2024年6月3日,中国-希腊经贸混委会第十四次会议在希腊雅典召开,双方致力于高质量共建"一带一路",加强在贸易投资等领域合作,持续丰富中希全面战略伙伴关系的内涵。中国和希腊经贸领域合作紧密的原因主要在以下两个方面。其一,我国是制造业和贸易大国,希腊是历史悠久的海运强国,两国在经贸领域尤其是海运领域的合作拥有着得天独厚的优势。近代以来,世界进入大航海时代,商品、资本、人力不再受到地域限制,而是在世界范围内流通转换,海洋交通成为经济全球化和贸易自由化的重要支柱。中希两国有着丰富的贸易与海运经验,都倡导贸易自由化原

---

① 《习近平会见希腊总理米佐塔基斯》,《人民日报》2023年11月4日第1版。

则,双方有着共同的利益需求。其二,希腊经济曾经遭受重创,中国的经济援助与投资对希腊渡过难关具有重要作用。受2008年的世界金融危机影响,希腊国内经济急剧下滑,再加上2009年希腊政府换届时发现存在巨大财政赤字,国家信用等级被国际信用评估机构进行了降级处理,财务压力加剧,导致希腊债务危机爆发。[1]在希腊发展举步维艰之际,中国政府不仅给希腊提供了经济援助,还投资希腊港口,与希腊展开经贸合作,在帮助希腊走出困境的同时取得了丰硕的合作成果。

(一)贸易领域合作

中国和希腊在贸易合作方面有着悠久的历史,两国早在2000多年前就通过古丝绸之路交换商品。自建交以来,中希一直保持着友好关系。在此基础上,中希之间的贸易合作关系主要经历了四个阶段,分别是2000—2005年的初步发展阶段、2006—2008年的快速增长阶段、2009—2013年的低谷期和2014年至今的双边贸易发展逐步回升阶段。[2]在第四阶段,中希贸易关系充满活力,而且还在快速拓展。

我国高度重视同希腊的贸易合作,双边货物和服务贸易持续增长。尤其是"一带一路"倡议和中国-中东欧合作机制的落实,促进了希腊优质产品进入中国市场,也为中国商品拓宽了进入希腊与欧洲的渠道,给中希两国合作带来大量机会。根据第一财经网报道,2021年中国与希腊之间的双边贸易额首次突破100亿美元,实现了历史性跨越,2022年中希贸易额达到138.2亿美元,较2021年增长了14%。中国外交部公布的数据显示,2023年中国和希腊的双边贸易额与2022年相比稍有降低,下降至135.9亿美元,其中我国的出口额为127.6亿美元,进口额为8.3亿美元。到2024年5月,中国对希腊的进口商品总值累计比2023年同期增长31%。我国主要从希腊进口药品、石油、大理石等商品,出口到希腊的商品类别主要包括电机电气设备、针织服装、机械设备等。

中国与希腊都是重要的海洋国家,有着悠久的海洋文化发展史和先进的航海技术,两国的贸易发展不能缺少便利的海洋运输条件。国务院原总理李克强曾表示,中希合作正在向以航运为龙头的全产业链扩展,覆盖工业和服务业诸多方面。[3]为响应号召,中希两国企业愿携手共进,促进双方修船业、船舶配套等相关产业的繁荣与发展,同时积极参与中欧陆海快线项目。中国政府网报道称,2014年中国与希腊双方共同达成了19项商业协定项目,累计价值高达48亿美元。这些项目主要是与希腊航运公司合作,例如,国家开发银行与希腊高世迈(Costamare)航运公司签署了一项集装箱船项目战略合作框架协议,价值15亿美元;希腊Thenamaris航运公司与中国进出口银行达成了贷款和融资框架协议,

---

[1] 汪佳旭:《希腊债务危机特点及对世界经济的影响》,《现代营销》(下旬刊)2020年第5期。
[2] 王志华、王国梁:《中希经贸合作现状与展望》,《对外经贸》2018年第10期。
[3] 《李克强访问希腊 中希深入推进航运产业合作》,《中国远洋航务》2014年第7期。

并且获得了约4亿美元的贷款和融资额;Oceanbulk航运公司也从中国进出口银行获得了5736万美元的贷款。此外,中国的大宗商品进口,例如能源、石油等,有一半以上是由希腊船队运输,中国也是希腊船东的主要造船基地之一。中国愿同希腊加强海洋战略对接,以海洋经济发展、海洋科技创新等为核心,推动海洋事业发展,促进两国海洋经济繁荣。

为了更好地衔接海洋运输,促进中国与欧洲贸易物流合作,同时推动中国铁路"走出去",中国建设了中欧陆海快线。该陆海快线以希腊的比雷埃夫斯港(以下简称"比港")为枢纽,海运航线与陆上的中欧班列相衔接,以海铁联运的方式将商品货物由远东经海运至比港再经铁路运至欧洲内陆,成为亚欧"第三条贸易通道"。中欧陆海快线成功克服了以往客户在多式联运中遇到的挑战,这主要由于其对多式联运模式进行创新,以及运用"一单制、一箱到底"的运作方式。[1]中华航运网的报道显示,2014年4月起,比港正式启动了通往中东欧地区的专列运输,该路线南起比港,一路北上至匈牙利、捷克、斯洛伐克、奥地利,并延伸至德国南部,直接服务范围超过3200万人口。虽然该路线经过众多国家,但与传统的西北欧路径相比要节省7至10天,而且上海至比雷埃夫斯的中转时间约为22天,比上海至鹿特丹或汉堡的中转时间短10天。[2]随着《中远比港友好协商协议》的达成,比港货物吞吐量迈上了新台阶,中欧陆海快线的价值也进一步提升。中欧陆海快线让希腊乃至整个欧洲内陆的链接更加高效和便捷,也降低了运输成本,同时也为中国产品出口至欧洲、中国从欧洲进口商品开辟了一条便捷航线,将中国、亚洲、欧洲紧密连接在一起,有效提升了沿线国家的物流水平。

两国贸易在近年来保持平稳发展态势,中国已经成为希腊的全球第四大贸易伙伴,同时,希腊也成为中国在中东欧地区的第四大贸易伙伴。未来,随着贸易政策的调整和市场变化,中希两国有望继续在贸易领域深化合作,推动更为顺畅的进出口业务。

(二)投资领域合作

在中国投资者看来,希腊是21世纪海上丝绸之路的欧洲桥头堡。截至2018年,中国已经在希腊基础设施、港口航运和能源等领域投资超过70亿欧元,其中,基础设施和清洁能源是我国重点投资领域,比雷埃夫斯港、希腊色雷斯风电项目等都是成功案例。

比港是希腊最大的港口,是海上"丝绸之路"与陆上"丝绸之路"的交汇点。该港口具有战略意义的地理位置与中国"一带一路"框架下的海上贸易路线相契合,是中国向欧洲地区出口的主要入境口岸。但是,受2008年国际金融危机和希腊债务危机双重危机影响,希腊海运业务量大幅下滑,比港也难逃厄运,生产业务陷入困境,不断发生工人罢工事

---

[1] 李宗娜、杨峰:《中欧陆海快线:奏响铁路与海洋"合奏曲"》,《中国远洋海运》2023年第9期。
[2] Wang Bo, Pelagia Karpathiotaki, Dai Changzheng, "The Central Role of the Mediterranean Sea in the BRI and the Importance of Piraeus Port", *Journal of WTO and China* 8, no. 4 (2018): 98–109.

件,面临着破产风险,亟需资金来维持港口的生产经营。①所以,2008年比港集装箱码头进行了私有化招标,中国远洋海运集团(以下简称"中远海运")通过竞标获得比港2号和3号集装箱码头的特许经营权,为期35年。2016年,中远海运成功收购了比港港口管理局67%的股份,交易金额接近3.7亿欧元,自此,中远海运正式接管比港的经营权。②在中远海运与希腊双方的共同努力之下,比港已经成为地中海第一、全球前三十名的集装箱大港之一。中国商务部称,过去比港集装箱吞吐量为68万标箱,2018年后吞吐量提升至491万标箱。在中远海运2023年初的统计数据中,比港的运营不仅为当地创造了4300个直接就业岗位和12000个间接就业岗位,以就业拉动经济增长,还对希腊产生了超过6亿欧元的直接经济贡献,带动希腊GDP提高了1.56%。比港与游轮航运、中欧陆海快线等国际物流形式相结合,形成了高效、便捷的交通枢纽,通过直接投资和其他商业活动给当地带来了巨大的社会效益和经济效益。该项目是中希两国共建"一带一路"的合作典范,为中希深入友好合作奠定了坚实基础,进一步巩固和加深了两国的经贸合作。希腊驻华大使卡尔佩里斯说:"事实证明,比港项目是希中双方优势互补、强强联合、互利共赢的成功范例。"③

在比港项目的投资合作中,中远海运面临着众多挑战,包括当时的外部环境非常复杂,西方国家普遍不看好比港,当地社会与舆论环境也并不乐观,以及2015年,希腊新兴政党"激进左翼联盟"上台并且宣布反对出售包括比港在内的"国家关键基础设施"④。面对种种困难,中方表明了坚定的战略信念,忽视内部和外部的不良舆论,并且耐心等待希腊政府修正自身立场,为港口项目争取必要的政治保障。此外,中方在比港建设过程中做好了全局统筹规划,在比港项目的运作方面坚持本土化运作,充分兼顾希腊产业发展与工人的切实需求。这些积极举措既推动了比港项目的建设,也为中国树立了良好的国际形象。

在能源投资领域,肖军正大使指出,中国和希腊都受到了全球气候变化的直接影响,双方在应对气候变化、推进能源结构调整和发展绿色经济等方面有着强大的合作动力。因此,中希两国近年来都在积极促进绿色低碳转型,双方在清洁能源领域合作日益密切,色雷斯风电项目、MINOS 50MW光热发电项目都取得了巨大成功。央视网报道称,希腊色雷斯风电项目是"一带一路"框架下中国在希腊投资的首个风电项目,已于2019年9月全部并网发电,年发电量约1.6亿度绿色电力,每年可减少约21万吨二氧化碳排放。该项目由中国国家能源集团国华投资欧洲新能源公司开发运营,不但为当地提供了稳定的清洁、可再生能源,促进希腊能源结构优化升级,而且向世界展示了中国在新能源领域的实力,

---

① 李雄、金璐:《中国企业投资进入希腊港口的启示》,《港工技术》2020年第1期。
② 周太东:《中国与希腊"一带一路"投资合作——比雷埃夫斯港项目的成效、经验和启示》,《海外投资与出口信贷》2020年第2期。
③ 刘赫:《希腊有充分理由支持高质量共建"一带一路"》,《人民日报》2024年4月27日第3版。
④ 孙盛囡、王弘毅:《比雷埃夫斯港项目:中希合作的成功范例》,《世界知识》2020年第1期。

为中国与希腊乃至其他国家在能源合作领域树立了新的标杆。希腊MINOS 50MW光热发电项目由中国能建投资,总投资额约为2.9亿欧元。该项目由中国企业与希腊、英国等国企业合作开发、建设和运营,利用太阳能发热发电,建设期间有效带动当地就业,建成后将大幅提高希腊清洁能源比例。希腊政府曾于2022年5月正式通过了其首部《国家气候法》,明确设定了减少温室气体排放的目标,承诺到2030年将减少55%的碳排放,到2040年减少80%,并在2050年实现碳中和的目标。为了进一步推动能源结构的绿色转型,又于2023年推出了新版《国家能源和气候计划》。据人民网报道,该计划对希腊可再生能源在整体能源供给中的占比提出了要求,计划到2030年可再生能源占比要达到44%,其发电量更将占据总发电量的80%。中国与希腊在可再生能源领域的合作将帮助希腊加快能源转型,助力希腊减少碳排放、实现碳中和目标,同时极大地深化两国全面战略伙伴关系。

在中国对希腊投资持续增长的同时,希腊也对中国进行了重要投资。2012年,希腊色雷斯集团在中国成立公司,主要负责提供该集团在中国的分销服务;2013年,希腊克林曼公司在中国投资了一个制造业项目,投资金额达到262万美元;2019年,希腊家具床垫著名品牌COCO-MAT已在中国开设了24家门店。[1]中希之间的投资项目既是国际多边合作的重要成果,也为中国-中东欧"17+1"能源合作注入新动力,为中西方企业在第三方市场的合作树立了典范。

三、中希文化领域合作

中希文明互鉴中的一个重要话题是历史和文化。从共建"一带一路"到亚洲文明对话大会,从文明古国论坛到孔子-亚里士多德论坛,从希腊爱琴大学启动全球首家"网络中文课堂"到以"柏拉图与古典学"为主题的第十一届全国古典学年会,中希双方正在积极推动两国人民对彼此历史文化的了解,促进两国文明交流互鉴。

(一)文化遗产领域合作

文化遗产是历史的见证,具有与生俱来的民族认同性,是一个国家文化主权的外化表现。"保护文物功在当代、利在千秋。"[2]对待历史文化遗产越来越重视的过程,也是一个国家文化主权意识和民族自信心从缺位到形成继而不断巩固的过程。[3]作为历史悠久的文明古国,中国与希腊有着极为丰富的文化遗产资源,但是也面临着严重的文物流失和文物破坏问题。因此,中希两国在文化遗产领域面临着同样的问题、拥有共同的立场,具有良

---

[1] 乔治·伊利奥普洛斯、王晓波:《希腊与中国的贸易关系》,《中国投资》(中英文)2020年第7期。
[2] 习近平:《加强文化遗产保护传承 弘扬中华优秀传统文化》,《求是》2024年第8期。
[3] 霍政欣、陈锐达:《文化主权视域下流失文物追索的法理思考——基于石窟寺流失文物的分析》,《学术月刊》2022年第1期。

好的合作基础,并且愿意开展更紧密的合作。

中国与希腊不断加强在文化遗产保护、互办展览、流失文物追索返还等方面的合作。2016年7月4日,中希两国签署了《中华人民共和国国家文物局与希腊共和国文化和体育部关于水下文化遗产合作的谅解备忘录》,重点在于开展水下文化遗产保护合作,这是两国首次在水下文化遗产领域开展合作。双方承诺将合力打击水下文物非法进出境,并且开展水下文化遗产研究、修复和保护等领域的合作,加强水下文化遗产保护理论、技术交流,互相举办展览等。2019年11月,习近平主席访问希腊时参观雅典卫城博物馆,并且同帕夫洛普洛斯总统谈到,中国和希腊均拥有丰富的文化遗产,双方可以增进在重要文化遗产修复和保护方面的合作,此外,鉴于历史背景,两国都有众多珍贵文物仍散落于海外,双方可以拓展和加深流失文物追索返还方面的合作。2021年9月16日,"中国希腊文化和旅游年"在雅典开幕,开幕式上启动了"平行时空:在希腊遇见兵马俑"数字展览,该展览通过线上形式进行,是对国际文物交流合作模式的创新性探索。[①]同年12月,"中国–希腊文物保护技术'一带一路'联合实验室共建启动仪式"暨"2021中国–希腊文物保护技术学术研讨会"在故宫博物院成功举行。中国文化和旅游部的消息称,该联合实验室是由以故宫博物院为代表的中希双方多家科研院所与文博机构共同申请和建设的国际平台,以中希两国在文化遗产保护领域中的共性问题为中心,落实"一带一路"倡议精神,在充分利用两国资源和技术的互补性的基础上,促进彼此文化遗产的创造性转化和创新性发展。

为有效保护文化遗产、打击非法文物进出境、遏制国际文物非法交易,中希两国曾于2008年签署《中国国家文物局与希腊文化部关于防止盗窃、盗掘和非法进出境文物的谅解备忘录》。此后,两国文化遗产主管部门建立了经常性交流机制,联系密切,并且逐步落实该备忘录的相关规定。该协定第5条要求两国不断完善被盗文物信息公布制度和文物出境许可制度,旨在通过完善监管手段和加大监管力度共同打击盗窃、盗掘和非法进出境文物的犯罪行为。我国先后发布了"中国被盗(丢失)文物信息发布平台"和"外国被盗文物数据库",在公布中国被盗文物信息的同时,也会实时更新他国通报的被盗文物信息。通过公布被盗文物信息,中国与希腊可以在文物进出境审核过程中对发现的疑似对方被盗文物进行登记、通报,利用大数据为被盗文物进出境审核提供信息支撑。此外,中希两国都对文物出口进行了严格管制,实行文物出境许可和申报制度,规定特殊文物禁止出境、普通文物可申请出境并设立文物出口与出境许可证。该协定成为两国关于文物非法流转法律监管的依据之一,推动双方完善文物进出境监管制度,也有助于预防和打击国际社会的文物犯罪活动。这种文化遗产领域合作的有益尝试,可以加强两国文明交流,也可以保护和传承人类共同的文化遗产,筑牢人类命运共同体。

---

① 韩硕:《中希合作线上文物展在雅典启动》,《人民日报》2021年10月7日第3版。

(二)旅游领域合作

旅游领域的交流合作也是两国文化交流和中希双边关系的重要组成部分。中希两国都是文明古国和世界重要的旅游目的地国家,而且各自在旅游领域具有独特的优势,拥有高度国际化、各具国别特色的旅游产品,因此有巨大合作潜力。希腊旅游部部长基法洛扬尼说:"希腊拥有丰富迷人的自然风光和灿烂悠久的文化遗产,旅游业搭建起了希腊与各国人民间的友谊纽带,希腊正满怀信心迎接更多中国游客前来观光,成为希中友好的使者。"[1]

在希腊旅游业发展规划中,中国游客具有特殊地位。为促进当地旅游基础设施便利化,提高中国游客的满意度,希腊旅游部与雅典国际机场和相关机场服务供应商进行了协商,致力于落实和完善由机场到酒店的基础设施改进规划。2021年,"中国希腊文化和旅游年"在雅典开幕,展现了两国在文化交流和旅游领域深化合作的坚定决心。2022年,《中华人民共和国文化和旅游部与希腊共和国旅游部2022—2024年旅游领域联合行动计划》由中希双方共同签署,旨在为未来中希两国在文化旅游领域的合作与发展提供较为全面的蓝图,加强交流、增进合作。根据该"联合计划",双方计划在旅游推广、特色旅游产品开发等多个维度展开深入的合作与交流,以此促进两国间的旅游互访,并充分发挥旅游业在促进经济繁荣发展、深化两国友好关系等领域的显著作用。中国也在积极吸引希腊游客来华观光。2019年,中国的江西省和广西壮族自治区都在希腊主办了旅游推介会,这是在"一带一路"倡议框架下,加强地方交流与合作、向希腊各界展示我国地方传统文化特色的有效途径,使我国在迈开脚步走向世界的同时,还能吸引希腊朋友前来考察访问、观光旅游、投资贸易等。

2020年以后,受世界范围内新冠疫情的影响,希腊旅游业和服务业遭受重大打击,但2023年,雅典国际机场接待的中国游客数量已经恢复到疫情前的90%。中国-中东欧国家合作官网显示,2024年4月起,上海到雅典的直达航班已经开通,这是连接上海与雅典的第一条直飞航班,计划每周执行3班;北京到雅典的直达航班从每周3班增加至每周5班,为旅客提供了更丰富的出行选择。雅典国际机场期待与中国国际航空公司紧密合作,共同加大宣传力度,拓宽合作渠道,以促进双方旅游资源的潜力转化为实际的旅客流量。更加便捷的航空运输将进一步深化中希两国各领域的交流合作,尤其会吸引更多的中国游客前往希腊参观游览,增进两国人民的友谊。

---

[1] 蔺紫鸥:《中希文明辉映未来——中国希腊"一带一路"对话会成功举行》,《光明日报》2023年10月31日第16版。

四、科技教育领域合作

科技和教育合作是两国文明互鉴的重要组成部分。早在2011年,中国科技部副部长王伟中应邀率团访问希腊,就我国"十二五"科技发展规划向希腊进行介绍,并且深入探讨了如何进一步推动中希双边科技合作。2014年,我国驻希腊大使邹肖力与希腊科技界专家深入探讨和交流了中希两国在科技领域的合作事宜。2022年9月6日,双方以视频连线形式召开中希科技合作联委会第13次会议,在会上探讨了两国科技创新政策,并共同回顾两国政府间科技合作的重大成果,同时,也展望了未来可能优先合作的领域。双方在会后共同签署了《中希科技合作备忘录》,表明未来将进一步加强两国科技领域的务实合作。2023年11月1日,第二届中国-希腊大学校长论坛在希腊成功举办,中国驻希腊大使馆临时代办赖波指出,中希两国的大学校长可以借助论坛平台,落实和加强校际合作,提高校际联合研究项目的数量和质量,扩大学生和学者双向交流规模。[1]该论坛是两国高校交流互鉴和资源共享的平台,两国高校携手开展师生流动、科学研究、人才培养等方面的活动,深化科教领域务实合作。

随着中希文明互鉴中心的成立和运作,两国高校、学生和学者的距离将进一步拉近,未来会开展更多的科学探索和研究共享,双方互学互鉴、深化合作。2019年11月,习近平主席应邀对希腊进行国事访问,其间在希腊《每日报》发表了署名文章《让古老文明的智慧照鉴未来》,提到两国要促进交流合作,并与希腊领导人达成共识。之后,中希双方积极落实、筹建中希文明互鉴中心。希腊的雅典大学、帕特雷大学、亚里士多德大学和克里特大学在希腊教育部的组织协调之下,成立了"希腊-中国文明互鉴中心";在中国,由西南大学牵头,联合中国人民大学、山东大学和四川大学等国内高校,合作筹建"中国-希腊文明互鉴中心"。[2]经过两国的共同努力,2023年2月20日,雅典大学隆重举行了中希文明互鉴中心成立仪式。习近平主席在给5名希腊中心理事会成员的复信中表示,中希文明互鉴中心在促进不同文明之间的交流互鉴以及推动人类文明的持续发展和繁荣上,扮演着重要角色。同年3月底,中国文化和旅游部部长胡和平应邀率代表团访问希腊时再次表示中希文明互鉴中心对中希文明对话具有重要意义。中希两国都高度重视和支持中希文明互鉴中心的建设,未来可以进一步丰富交流互鉴的形式,例如,组织有关学者开展学术论坛等学术交流活动、互相翻译对方国家的经典名著以加深民众对彼此文化的理解、组织有兴趣的青少年学生互相学习对方的语言或前往对方国家研学。

中希文明互鉴中心由两国高校联合成立,将搭建起一座连接中希和中欧人民的新桥梁,标志着双边关系发展和世界文明交流的新进展。该平台聚集了中希双方科技教育的

---

[1]《第二届中国-希腊大学校长论坛成功举办》,《教育国际交流》2023年第6期。
[2] 李志峰:《西南大学牵头建成中希文明互鉴中心》,《重庆日报》2023年2月23日第6版。

优势资源,秉持"开放、共享、合作、共赢"①的核心理念,致力于共建"一带一路"及构建人类命运共同体的宏伟使命。未来,中希文明互鉴中心的有效运转,将拓展和加深东西方两大古老文明之间的对话,树立人类文明交流互鉴的典范,成为他国处理国际关系的良好经验。

五、中希合作的前景与展望

中国与希腊已经开展了投资贸易、文化旅游、科技教育等多个领域的合作,而不是仅仅局限于双边经贸合作。这些合作不仅有助于促进双方经济的发展,也有助于增进两国人民的友谊和文化交流,实现双方互利共赢。然而,面对当前错综复杂的国际环境以及气候变化带来的生存挑战,中希两国应在加强和深化已有合作的基础上挖掘其他领域的合作空间与潜力,拓展和加深在税收征管、司法事务和环境保护等领域的合作。

双方应加强在税收征管数字化领域的合作。虽然中希双方曾签订与税收征管相关的协定和国际公约,但是,在新兴数字技术的影响下,税收治理呈复杂化、多元化趋势,税收征管面临着数字化和智能化转型。②因此,中国与希腊应进一步加强信息共享与交流,分享数字化背景下税收政策、税务管理、税务审查等方面的经验,探讨在税务管理中引入人工智能技术的方法。同时,两国可以定期组织税务专家、工作人员等参与研讨,或者组织开展税收征管数字化联合培训,推动双方税收征管理念、税务监管方式、税务执法等全方位变革。总的来说,中国要在"一带一路"框架下与希腊拓展税收征管数字化合作,推动两国税务征收与管理数字化、智能化升级。

两国司法领域合作相对较少,应加强法治文明互鉴,拓展司法合作。随着中希文明互鉴不断扩展与深入,两国之间需要增进对彼此法律制度和法律环境的了解,以保障双方合作顺利进行,减少彼此的矛盾与法律纠纷。对此,可以建立中希法律事务对话机制,围绕投资安全、消费者权益保护等主题进行交流讨论,增进互信,创造良好的合作环境。此外,为促进对彼此法治观念的理解,可以定期组织中希两国的律师、法官、检察官等进行交流和考察访问等;还可以鼓励两国的法律专业学者、学生互相学习彼此的法律知识,并且互相翻译法律著作,通过法律译著的大量出版来提高公众对彼此法律制度的认识。

中希还应加强环境保护领域,特别是海洋和气候领域的交流合作。中国和希腊既是海洋污染和气候变化的直接受害者,又有着良好合作基础,可以针对这两个领域展开深入合作。但是,当前两国在海洋和气候领域的合作多局限于经贸方面,侧重于海洋运输和清洁能源投资领域,而在海洋环境和气候治理相关的领域则缺少合作。未来,中国与希腊可

---

① 《肖军正大使在雅典通讯社发表署名文章〈中希携手打造文明互鉴典范〉》,中华人民共和国驻希腊共和国大使馆 2023 年 3 月 20 日,http://gr.china-embassy.gov.cn/zxhd/202303/t20230320_11044737.htm,访问日期:2024 年 6 月 30 日。
② 刘和祥、李欣、张纪宇:《税收征管数字化转型实践的国际比较及借鉴》,《税务研究》2023 年第 6 期。

以依托各自的优势资源,强化海洋科技领域的创新协作与交流,携手积极保护和治理海洋生态环境,推动海洋资源的可持续利用。在气候变化方面,两国可以通过共同举办科普讲座、建设高水平的学术交流平台等方式,提升公众尤其是青少年对气候问题的认识,了解可持续发展的重要性。此外,两国可以通过建立对话合作机制、达成谅解备忘录等方式,就海洋和气候问题达成共识,切实推进相关领域的政策交流与务实合作,或者签订相关协议、条约,为两国就海洋与气候开展的合作提供坚实的法律保障。总之,双方应携手努力,搭建两国海洋与气候研究领域的合作桥梁,为世界提供海洋保护和气候变化的解决方案。

六、结语

中国与希腊之间的文明互鉴象征了东方与西方的交流合作,是两种不同文明的碰撞与对话。中希友好合作是不同文化国家合作共赢的典范,不仅会促进两国自身发展,也将中国与欧洲、亚洲与欧洲紧密联系起来,有助于推动"一带一路"倡议和中国-中东欧合作机制的落实与深化,维护地区和世界的和平、稳定与繁荣。中希两国在贸易投资、文化旅游、科技教育等领域的合作愈发密切,取得了显著成果,推动双边关系达到了前所未有的友好阶段,但是双方仍然存在巨大的合作潜力与空间。为更好地应对当前全球经济调整、大国竞争、地缘政治、全球气候变化等带来的挑战,双方应进一步挖掘合作潜力,稳固和加强中希之间的全面战略伙伴关系。两国可以深化和拓展税收征管、司法事务、海洋保护和气候变化等领域的合作,向世界各国示范人类文明交流互鉴的有益模式。

A Brief Analysis of the Current Situation and Prospect of China-Greece Cooperation

Ye Xintong and Qi Jing

Abstract: China and Greece have maintained friendly partnership since the establishment of diplomatic ties. In the face of the turbulent international situation and global crisis, the two ancient civilizations have strengthened extensive exchanges and cooperation and achieved fruitful results. Under the Belt and Road Initiative and the China-Central and Eastern European Countries cooperation mechanism, the China-Europe Land-Sea Express Line has witnessed steady growth in trade and investment between the two countries, the deepening of folk culture and academic exchanges, closer cooperation in science, technology and education, and stabilizing and strengthening the comprehensive strategic partnership between China and Greece. However, there is still huge potential for cooperation between the two countries to be tapped. In the future, cooperation in taxation, justice and environmental protection can be expanded and deepened by establishing dialogue mechanisms, signing memoranda or agreements.

Keywords: China-Greece cooperation; economy and trade; culture; science and education

丝绸之路上的古典学探源：西北师范大学与雅典大学交流项目

冯则程　张文静

摘　要：中希作为丝绸之路的重要组成部分，都拥有同样灿烂的古老文明，是东西方文明的重要代表，在传统哲学和价值观方面有许多相似之处。西北师范大学与雅典大学的交流项目，旨在通过古典学的学习与实践，深化中希两国在高等教育领域的合作。2019年，中国政府在《中国教育现代化2035》和《加快推进教育现代化实施方案(2018—2022年)》中提出了"一带一路"教育行动，并明确了深化国际合作的任务。同年，中希两国在习近平总书记访问希腊期间发布了关于加强全面战略伙伴关系的联合声明，强调在文化遗产、考古、艺术、教育、旅游等领域的合作。2021年，西北师范大学与雅典大学签署了本科生联合培养的合作协议。该项目的实施，增强了跨文化交流能力，也进一步推动了中希两国教育和文化的深层次合作。这一交流项目不仅是"一带一路"教育行动的成功实践，也体现了中希两国在高等教育资源方面的强互补性。

关键词："一带一路"　中希文明互鉴　教育合作

作者冯则程，西北师范大学历史文化学院研究生(兰州　730070)；张文静，西北师范大学历史文化学院研究生(兰州　730070)。

一、前言

在古丝绸之路的悠远历史长河中，中国与希腊，两个分别位于东西方文明源头的国家，以独特的文化魅力和深邃的历史底蕴交相辉映。希腊的高等教育体系，根植于数千年的文明积淀之中，不仅继承了古希腊哲学、科学、艺术等领域的辉煌成就，更在现代社会不断融合创新，展现出蓬勃的生命力。

随着"一带一路"倡议的深入实施，中国与希腊的高等教育合作迎来了前所未有的发展机遇。2019年初,中共中央、国务院在《中国教育现代化2035》纲领性文件中,明确提出要"开创教育对外开放新格局。全面提升国际交流合作水平……扎实推进'一带一路'教育行动"。与此同时,中共中央办公厅与国务院办公厅联合发布的《加快推进教育现代化实施方案(2018—2022年)》亦强调,推动教育现代化须聚焦十大核心任务,其中便包含"推进共建'一带一路'教育行动。加快培养高层次国际化人才……加强与共建'一带一路'国家教育合作"。同年,习近平主席在对希腊进行国事访问期间,两国发布《中华人民共和国和希腊共和国关于加强全面战略伙伴关系的联合声明》,其中提到:双方认为,中国和希腊作为人类历史和文化最重要的古老文明的摇篮,应加强在文化遗产、考古、艺术、教育、旅游等领域的合作,密切人员往来和各种形式的民间交流,进一步增进中希人民间的传统友谊和相互理解。为响应这一倡议,2021年,西北师范大学与希腊雅典国立卡波季斯特里安大学(National and Kapodistrian University of Athens,下简称"雅典大学")签署了本科生联合培养的合作协议。

二、交流项目简介

2021年3月,西北师范大学与雅典大学签订合作协议,该协议是西北师范大学"丝绸之路文明基础学科拔尖学生培养基地"学生培养计划的一部分,由西北师范大学历史文化学院与国际合作交流处同雅典大学推动实施。双方同意实行为期五年的联合培养计划,具体内容包括:(1)雅典大学接收西北师范大学"丝绸之路文明基础学科拔尖学生培养基地班"的学生,在雅典大学哲学学院进行一个学期的"古希腊考古、历史和文学学士学位"(BA Program in the Archaeology, History, and Literature of Ancient Greece,以下简称"BAAG")项目学习;(2)除了课堂学习,雅典大学将安排多次考古、历史和文化考察实践;(3)雅典大学提供现代希腊语学习课程,帮助学生融入当地社区;(4)学生将享有图书馆访问权限以及学术身份证,共享学术资源。

雅典大学成立于1837年,是巴尔干和东地中海地区最古老的大学,也是希腊最高学术殿堂。BAAG项目是四年制英语授课的文学学士课程,整合了古典学领域的古希腊考古学、历史学和古希腊与拉丁文学三个学科,由专业学者和高级研究人员组成的多元化教师团队进行授课。其中,考古学部分将对史前和古希腊的考古学和艺术进行系统教学,课程包括米诺斯和迈锡尼史前史、古希腊艺术和雕塑的社会意义、古希腊建筑和城市规划的发展,以及希腊世界与东地中海文明(如赫梯人、埃及人和波斯人)的关系,该部分非常重视在希腊博物馆和考古遗址的实践课程与指导。历史学部分中,学生将学习希腊历史,包括关于希腊城邦、亚历山大大帝、希腊化时代、希腊与罗马、宗教、体育史以及铭文研究的一系列课程。在古希腊和拉丁文学部分的学习中,学生将学习古希腊语和拉丁语,了解希腊和拉丁文学的主要作者和流派。

三、交流经历

2023年3月到7月,2020级"丝绸之路文明基础学科拔尖学生培养基地班"的学生前往雅典大学进行了一学期的交流学习。在这一学期中共选择修习了四门必修课程,分别是:古希腊艺术概览(Ancient Greek Art: an Overview)、爱琴海文明调查(Aegean Civilizations: a Survey)、希腊城邦历史(The History of the Greek Polis)和通过铭文学习希腊历史(Studying Greek History Through Inscriptions),另外还有选修课"现代希腊语入门"。

(一)课程学习

"古希腊艺术概览"课程由爱丁堡大学的 Judith Barringer 教授授课,教材为她本人编写的《古希腊的艺术与考古》(The Art and Archaeology of Ancient Greece)。课堂内容包括:古希腊艺术导论,探讨艺术在古希腊社会中的意义及其文化和历史背景;希腊艺术的发展,追溯从几何时期到希腊化时期的艺术演变及其特征;希腊建筑研究,讲授各种建筑风格、帕特农神庙等标志性建筑及其设计原则;雕塑和陶器研究,分析古希腊雕塑、陶器和花瓶绘画的技术、风格和目的,重点讲解相关人物形象、神话场景和日常生活;以及古希腊艺术的文化意义,探索艺术如何反映和影响古希腊的宗教信仰、政治、战争和社会结构。Barringer 教授治学严谨,每次课堂都会将所学知识点打印成导学案发给学生,使他们能够清晰了解课程内容,并在课后补充学习。每周除了课堂学习外,周末她还会组织学生前往雅典国家考古博物馆、卫城博物馆、帕特农神庙、古市集等,实地参观古希腊各时代的建筑、雕塑和陶罐,现场解析细节及时代风格,讲解纹饰和人物背后的神话故事与文化意义。这些实地学习带给学生别样的学习体验。

"爱琴海文明调查"课程由 Giorgos Vavouranakis 教授和 Ioannis Voskos 老师共同负责,课程涵盖从公元前7世纪初到公元前2世纪末的爱琴海史前考古学,重点讲述了米诺斯和迈锡尼宫殿遗址。老师们组织学生前往"阿伽门农"的墓穴进行实地考察,亲身感受迈锡尼时期的墓葬文化。

"希腊城邦历史"课程由 Ελένη Ψωμά 教授授课,主要内容包括"城邦"一词的来源、城邦的形成及其消失的原因。课程还详细讲述了从梭伦到伯利克里时期城邦政治发展的过程,以及其一步步走向辉煌的历程。城邦政治不仅对地中海地区的国家政治产生了深远影响,还对整个欧洲的政体发展有着世界性的影响。

"通过铭文学习希腊历史"由 Sophia Aneziri 教授授课,是所修课程中唯一的一门大二课程,其难度和深度较其他课程有了一定的提升。古希腊铭文指的是在陶、金属、大理石等硬质载体上的刻文以及书写在陶器上的字母文字。这些铭文包括城市、联盟或协会的法令,国王和皇帝的诏书和信件,条约、仲裁、土地租赁、捐赠、解放奴隶、荣誉和葬礼铭文,以及献辞、诅咒等各种类型的文献,揭示了古希腊公共和私人生活的各个方面。这些铭文不仅是研究古希腊政治、社会和经济历史的重要证据,还对研究古希腊的制度、宗教和信仰历史有重要价值。

"现代希腊语入门"课程由Panos老师授课,希腊语是一门精细且富有智慧的语言,也是希腊人的骄傲。Panos老师深知国际学生对于希腊语学习的困难,便将学习带入生活,用轻松易懂的方式带领学生感受希腊语的魅力。他要求学生们寻找生活中的希腊语标识,用发现美的眼睛体会希腊语的美好。通过这种体验式教学,学生之于希腊语,从陌生到了熟悉,"你好""早上好""下午好""你叫什么名字"和"你从哪里来",简单的语句练习对学生却有巨大的意义。参与者能够与希腊人进行简单的对话,初到时的孤独感渐渐消失,也可以更好地理解当地文化。现代希腊语的学习是融入当地生活的一剂良药。

学生们在希腊的日常生活也充满了新奇与挑战。从适应当地的饮食习惯、交通方式,到探索雅典这座古老城市的文化和历史,每一天都是独特的体验。尽管初到雅典时会遇到一些困难,例如语言障碍和生活习惯的差异,但通过积极与老师同学交流、与当地人互动,学生们渐入佳境,很好地适应了在雅典大学的学习和生活。该项目为学生带来的不仅是学术和文化的洗礼,更是心理和情感的成长。许多学生表示,在异国他乡的求学经历让他们更加独立和自信,与来自不同文化背景的同学一起学习和生活,开阔了他们的视野,增进了对多元文化的理解。雅典作为一个充满历史和文化底蕴的城市,提供了丰富的文化资源和活动。学生们通过参观博物馆、参加当地节日和文化活动,进一步加深了对希腊文化的理解。学生还参加了雅典的音乐节、戏剧表演和传统节庆活动,这些活动不仅让他们感受到希腊文化的魅力,也增强了他们对希腊社会的认同感。

(二)田野考察

田野考察作为交流项目十分重要的一部分,学生们可以通过零距离的接触,得以感性地认识古希腊历史和文化。在整个交流期间,田野考察主要由三部分构成。

第一部分是由教授"古希腊艺术概览"的Barringer教授带领学生们完成。由于艺术史涉及建筑、雕像、器物等具象的内容,因此在田野考察中占比最大。奥林匹亚神庙和德尔斐是该部分的重点。在奥林匹亚遗址考察中,学生们参观了古奥林匹克运动会的场地和宙斯神庙,深入了解了古希腊的运动和宗教文化。在德尔斐,学生们参观了"地球的肚脐"——阿波罗神殿,了解其作为古希腊宗教中心的重要地位,并审视了"认识你自己""凡事勿过度""妄立誓则祸近"这三道神谕。

第二部分田野考察由Vassilis Petrakis教授带领,前往纳夫普利翁(Nafplion)、梯林斯(Tiryns)和迈锡尼(Mycenae)。在纳夫普利翁博物馆,学生们参观了来自阿尔戈利斯南部的旧石器时代和罗马时代的文物。在梯林斯遗址,青铜时代建立的古城的卫城部分屹立于爱琴海旁,是迈锡尼宫殿建筑和防御工事的典范。最后,在迈锡尼考古遗址,学生参观了著名的"狮子门"、墓葬圈、迈锡尼王宫以及阿伽门农之墓。在老师的讲解下,同学们不仅对迈锡尼时代的建筑艺术产生了极大的兴趣,还对迈锡尼文明在欧洲文明史上的重要地位有了更深入的认识。

第三部分田野考察由Andrianou教授带领,前往埃皮达鲁斯(Epidaurus),这个古老的圣地被山峦环绕,见证了古希腊医学和剧场艺术的辉煌。步入埃皮达鲁斯的那一刻,仿佛穿越时光,置身于古代世界的神秘和智慧之中。在那座著名的剧场,声音的回响似乎还在诉说着过去的故事,而阿斯克勒庇俄斯神庙则静静地诉说着古代医术的奇迹。

(三)学科交流

在雅典大学交流期间,学生们基于自己原有的史学素养与在雅典大学学习到的新知识,对于铭文研究与简牍研究有了新认识。

铭文研究可以认为是古希腊的"简牍学"。古希腊的大多数文本是为听众而非读者创作的,因此书写更像是口语的记录,而不是独立的书写系统。"铭文文明"发源于希腊古风时代,在西方古典学研究中,铭文作为一手资料首先要进行校勘。[1]铭文的书写字体和行文方式因地、因时而异,研究者需要对损坏的文本进行校对和重建,这要求对希腊语及其方言有深入了解,能够识别和解释拼写变体和损坏的部分。研究者还须了解铭文的地理位置、时间以及社会政治背景,以准确解读文本内容。铭文的转录不仅要保留文本内容,还须用符号标记出原文的特征,如由于年代久远和自然环境影响而损坏或残缺的部分,这些都须在摹本中标记。[2]

在简牍学研究中,释读简帛文献的目的就是使读者可以借助释文读懂其中的内容,因此要求释文既要可读性强又要忠于原文。所谓简帛释文,就是根据简帛上的古文进行考辨,用现代人熟悉的楷书文字把古文字一一对应转写出来。所以,做释文的本质是文字转写。中国古人转写古文字最常用的方法就是"隶定"。李守奎先生将中国传统的古文字隶定法归纳为五种:依照古文字的笔画隶定、偏旁隶定法、字形转换法、综合隶定法、音义转写法。目前,简帛文献整理者遵循的基本原则是:已识字多对应现代通行字,未识字能隶定的就加以隶定,不能隶定的就摹出原形。而西方学者对中国学界流行的隶定式释文的体例提出了质疑,巴纳先生在整理楚帛书的时候首次使用直接释文法(Direct Transcription),即用现代汉字的形式转写古文字并保留古文字基本特征的方法。除此之外,还有邢文先生提出的"透明释字法"(Transparent Transcription)等。[3]

---

[1] 张强译注:《古希腊铭文辑要》,中华书局,2018,导言第2页。
[2] Woodhead A. G., *The Study of Greek Inscriptions* (Cambridge: Cambridge University Press, 1968), pp. 6-12.
[3] 张显成、李真真:《中西方简帛文献释读方法论比较研究》,《西南民族大学学报》(人文社会科学版)2019年第5期。

可以看到,在简帛释文上西方学者的研究方法和取向与古希腊碑刻铭文释读相一致,他们所提出的简帛释文方法显然是建立在拼音文字的基础上的。汉字与拼音文字不同,字符所表达的字义不等于文字所记录的语言单位的意义,文字记录的语言单位的意义才是释文的核心。因此,就算研究者把古文字的所有信息都转写出来,它仍然需要研究者通过对古文字形、音、义的综合考察,再结合上下文才能确定其记录的语言单位的意义,这自然是包括直接释文在内的任何释文方法都不能解决的问题。

基于此,学生们可以发现基于不同类型的语言而产生的文献研究方式是有着巨大差异的,但更应该意识到的是,基于不同语言背景的研究使得方法和见解更加多样。不单单是历史文献的研究,在历史研究的各个方面,这种多元的解答都是十分必要的。

四、专业合作

希腊留学项目的成功实施,为未来的研究和学术交流提供了宝贵的经验。通过与雅典大学的合作,学生们不仅在专业知识上得到了提升,也在跨文化交流能力上得到了锻炼。这些经验和能力将为他们未来的学术研究和职业发展提供重要的支持。希腊留学项目的设立不仅为学生提供了宝贵的学习和成长机会,也为中希两国的学术交流和合作开辟了新的路径。学生们通过在雅典大学的学习和生活,不仅收获了丰富的知识和独特的文化体验,还为中希两国的友好关系和学术合作做出了积极的贡献。未来,这一项目必将继续发展壮大,培养出更多具有国际视野和跨文化交流能力的优秀人才,为中希两国的教育事业和文化交流注入新的活力。

随着雅典大学与西北师范大学合作项目的成功实施,两校也在考虑进一步扩展合作范围。例如,设立联合研究中心、开展跨学科研究项目、组织国际学术会议和研讨会等。这些扩展不仅有助于提升两校的科研水平,也能为全球学术界提供更多的创新性研究成果。目前的合作项目主要集中在学生交流方面,未来,两校可以加强教师和研究人员的交流合作。通过教师互访、联合授课、合作研究等形式,两校的学术交流将更加深入和广泛,推动更多创新性教育和科研成果的产生。

五、总结

阿诺德·约瑟夫·汤因比曾断言:"我们经历过的,修昔底德已经经历过了,他的现在即是我们的未来。"[1]汤因比的这种观点一度被认为是机械的循环论,但这种反对本身就蕴含着巨大偏见。笔者曾在伯罗奔尼撒半岛的海岸线上漫步,考古学教授正在讲述伯罗奔

---

[1] Arnold J. Toynbee, *Civilization on Trial* (London: Plume, 1976), pp. 3-15.

尼撒战争的历史,笔者猛然意识到汤因比也曾与笔者有着同样的体验,那种强烈的共鸣使笔者认识到汤因比观念中的时间并非一般意义上的历史时间,诸多文明应于时间而言是平行的。正如他所说:"我们经历过的,修昔底德已经经历过了,他的现在即是我们的未来。"这种思考具有强烈的现实意义,虽然时代不同,但对个体所处时代的忧虑是共通的。

事实上,文明的不断出现、发展、衰落、消亡,不应被理解为某一文明的消亡史,而应被理解为整个人类文明不断前进的过程。假使整个世界是一棵文明之树,则每个文明都是树的一部分,而树的根系应是汤因比所谓的"可被理解的研究领域",树的各个枝丫从树的主干部分延伸出去,而这些枝丫又连接着无限的枝丫,每个枝丫都代表了一种文明,而诸多文明之和,便是人类成长的历史。

无论如何,要想让树的枝叶更加繁盛,我们必须去理解文明之树于何种情况下才得以生存。基于对文明之树所需环境的认识,再去研究树得以生长的条件,以及究竟是哪些因素使其不断变化和进步。这些应是历史学家所应该关注和关心的问题,这也便是汤因比所言:"研究文明的出现、发展、衰落和消亡,乃是历史学家的天职。"

人类历史之树纷繁复杂,要想在诸多形式之中得到启发,必将对历史中所包含的诸多形式(每个文明的发展经历)有深刻了解。在人类的前进过程中无数文明起起落落,但就如《文明的故事:希腊的生活》中所说:"文明常比人类所想的更为古老,在人类所践踏的土地下随处都有人类的骨头,他们同我们一样工作,一样爱,写诗歌,创造出美好的东西,但在时间的飞逝中,他们的名字和存在已经被遗忘。"[①]

汤因比定义的文明乃是一种纯粹的文明,文明之间并无冲突,文明自身对于挑战的反应才是决定性的。这与亨廷顿的理论截然不同,这也给予人们更多启示:理解古典文明,展开文明的交流,进行文明之间的对话,于今天而言是极为迫切的。

汤因比曾在《历史研究》中谈到,西方由于其在物质领域取得的错觉,产生了"以自我为中心的错觉"。在今天,这种错觉似乎遍及各处,即使是从未到达过欧洲的人,也会受到这种影响,当这种观念影响另一种不同文明中的人时,就变成了"以西方为中心的错觉"。但实际上,一旦踏上另一个与自己曾长久生活的文明截然不同的文明的土地,与接受另一种文化与教育的人交流,任何一种"中心论"都很难再存在了,因为人可以从感性出发,认识到任何一种文明都具有其特殊性。这也应该就是当今时代进行文明互鉴最为重要的原因。

何以理解不同文明乃是现实中实现文明互鉴的重要课题。一方面,不同国家文明交流的践行者受到其本身文化的影响,必有偏狭之弊;另一方面,理解文明本就涉及历史研究最为根本的部分,即不同时代的人并未目睹过去事件发生的过程,更无法与过去的先哲交流,如何才能理解不同文明的过去和精神呢?

[①] 威尔·杜兰特:《文明的故事:希腊的生活》,台湾幼狮文化译,天地出版社,2018,第26页。

克罗齐曾经在其《历史学的理论和实际》中写道："罗马人和希腊人躺在墓穴当中,直到欧洲文艺复兴精神成熟时,才将它们唤醒。"[1]1908年,因戊戌变法失败而流亡的康有为(1858—1927年)到希腊旅行,写下了他的《希腊游记》。在游记中,他不仅详细地描述了雅典卫城、科林斯卫城上的阿佛洛狄忒神庙和科孚岛上的阿喀琉斯宫等名胜古迹,而且多次比较了古代希腊与古代中国历史发展的不同之处。他认为,在古代,中国之王权一统与希腊之民权分治是由于地理自然的形势所致,"共和民权,只易行于小国……故希腊之能创民权政治者,实只希腊能之。若吾中国之人,虽有圣者善政,必不能创此义。"同时,他认为,由于现代"物质发明,铁路、电线之缩地为之",所以"民权、国会,公理也,义之至也,势所必行也……希腊之政法,遂为法于天下"。可以看出,他承认起源于古代雅典的民主政治在现代世界是大势所趋,但他断定中国由于自然环境与历史传统的不同,要行民权仍"待其时耳"。他游希腊、写希腊,读史阅世,兼及中西,孜孜念念的是他保皇立宪的政治主张,[2]这何尝不是康有为为他所身处的时代书写的历史解释。

美国哲学家阿尔贝·加缪的作品《西西弗斯的神话》中表述过一个观点:西西弗斯不断地将从山顶滚落的巨石推上山顶,石头又不断因为自身的重量滚落下来,诸神认为这样惩罚西西弗斯就是让其生命失去意义,但西西弗斯生命的意义却由此产生。西西弗斯每一次将石头推上山顶,都是对自己荒谬生活的一种反抗,登上峰顶的斗争本身足以充实人的心灵。应该设想西西弗斯是幸福的,理解古典文明正是这样的一项活动,尽管从物理时间上而言,跨度极大,但一旦人们开始思考古典学,古代的历史就不再是死去的编年史,而是活着的当代史,希腊人曾面对的问题,或许现在依旧是我们面临着的问题。希腊的先贤费尽心力也不能阻止后世的人们仍须去面临这些问题。

较之于几百年前的人,我们似乎是以一种截然不同的状态活着,但人的心灵却是永恒的。每一个人都应该是一段历史,我们生活的时代,我们的出生、成长、死亡都是一段历史,我们就在历史之中,但我们总是会忽略这一点,认为历史一定是已经经历过的事,而非现在。但是,我们依然关注着几百年前的人同样关注的问题,就像修昔底德在撰写《伯罗奔尼撒战争史》时,一定也会想象,也许如此的战争仍会在未来发生,是否他的后辈们也试图摆脱神的意志,左右自己的命运。笔者便如此理解克罗齐的经典阐述:"一切历史都是当代史。"真正的历史必然是活的历史、当代的历史、思想的历史,而不是死的历史、过去的历史、意志的历史。

过去的问题并非在过去就一定得到答案,即使得到答案也未必就是最优解。很多人在阅读历史时得到的并非史实,而是历史对于每个人自身的完善,成为人的一种修养。历史之价值不在过去,而在对后世之影响。希罗多德的《历史》于今日而言已经过去了,经历过那段历史的人和很多事物也已经不在了,但是很多人都已经被其所谈到的历史所影响。

---

[1] 贝奈戴托·克罗齐:《历史学的理论和实际》,道格拉斯·安斯利英译,傅任敢译,商务印书馆,2017,第10页。
[2] 白春晓、陈悦:《希腊史研究在中国》,《中华读书报》,2019年8月7日第18版。

希罗多德遗留下的思想甚至影响了人们的思考方式。就古希腊雅典城邦而言,在给予公民平等的政治、经济、文化权利的同时,公民同时也承担着对于城邦应有的义务。这种国家和人民之间的关系已经成为过去之事。但是,等到18世纪,那些启蒙运动的先贤再次从古典出发,以理性为手段,以过去历史制度为实验样本,创造出契约精神和民主政治,推动了整个人类文明的进步。

希罗多德在其巨作《历史》的前言中写道:"之所以要发表这些研究成果,是为了保存人类过去的所作所为,使之不至于随时光流逝而被人淡忘,为了使希腊人和异族人的那些值得赞叹的丰功伟绩不至失去其应有的荣光,特别是为了把他们互相争斗的原因记载下来。"[1]今天,我们重新依照古典学家的记述来理解异质文明,正是实现了其历史书写的目的。同样,今天我们理解文明、交流文明、记录文明也是为了向世界提供一种范式,实现文明间的尊重与和平,以使得文明不再在相互厌弃与战争中被毁灭。

---

[1] 希罗多德:《历史》,徐松岩译,上海人民出版社,2018。

Exploring Classics on the Silk Road: Exchange Programme Between Northwest Normal University and the University of Athens

Feng Zecheng and Zhang Wenjing

Abstract: China and Greece, as important components of the Silk Road, both possess equally splendid ancient civilizations and are key representatives of Eastern and Western cultures. They share many similarities in traditional philosophy and values. The exchange program between Northwest Normal University and the National and Kapodistrian University of Athens aims to deepen cooperation in higher education between China and Greece through the study and practice of classical studies. In 2019, the Chinese government introduced the "Education Modernization Plan 2035" and the "Implementation Plan for Accelerating Education Modernization (2018–2022)", which outlined tasks for deepening international cooperation within the framework of the Belt and Road Initiative (BRI) education actions. That same year, during President Xi Jinping's visit to Greece, China and Greece issued a joint statement to strengthen their comprehensive strategic partnership, emphasizing collaboration in areas such as cultural heritage, archaeology, arts, education, and tourism. In 2021, the Northwest Normal University and National and the National and Kapodistrian University of Athens signed a joint undergraduate training program agreement. The implementation of this program has enhanced cross-cultural communication skills and further promoted in-depth educational and cultural cooperation between China and Greece. This exchange program is not only a successful practice of the B&R educational initiative but also reflects the strong complementarity of higher education resources between the two countries.

Keywords: "Belt and Road Initiative"; mutual learning between Chinese and Greek civilizations; educational cooperation

对外传播视域下中华优秀传统文化的传承与创新

——基于中希文明互鉴青年行—希腊帕特雷大学2023年暑期艺术、历史、哲学夏令营案例

俞修齐　马小红

摘　要：本文围绕习近平主席在2023年中国共产党与世界政党高层对话会上提出的全球文明倡议，深入探讨了文明交流互鉴的重要性和实践价值。以中希文明互鉴项目为具体案例，文章展示了文化交流的实际成效。该项目中，中希青年积极参与，通过深入交流分享，不仅丰富了知识储备，还促进了个人成长，深刻体验到了跨文化交流。同时，青年学生通过汉服、剪纸等传统文化展示，有效展示了中华文化魅力，显著提升了文化接受的效率。从个体出发可见微知著，文明交流互鉴对于文明传承、发展及全人类进步有着重要意义。在中希文化交流实践中，双方青年实现了文化的相互输出，在比较与对比中深化了对各自文化的理解，促进了文化的共同繁荣。此外，文化交流还成为增进两国政治互信、经济合作的重要桥梁，推动了双边关系的全面发展。有必要持续加大文明交流互鉴的力度，深化合作内容，以推动中希两国文化关系的不断向前发展，共同为世界文明的繁荣与进步贡献力量。

关键词：中华文化　文化交流　中希文明互鉴

作者俞修齐，西南大学文学院中国古代文学专业硕士研究生（重庆　400715）；马小红，西南大学新闻传媒学院新闻学本科生（重庆　400715）。

一、深入领会时代要求

习近平主席在2023年3月15日中国共产党与世界政党高层对话会上,代表中国向世界提出了全球文明倡议,"我们要共同倡导尊重世界文明多样性,坚持文明平等、互鉴、对话、包容,以文明交流超越文明隔阂、文明互鉴超越文明冲突、文明包容超越文明优越。我们要共同倡导弘扬全人类共同价值,和平、发展、公平、正义、民主、自由是各国人民的共同追求,要以宽广胸怀理解不同文明对价值内涵的认识,不将自己的价值观和模式强加于人,不搞意识形态对抗。我们要共同倡导重视文明传承和创新,充分挖掘各国历史文化的时代价值,推动各国优秀传统文化在现代化进程中实现创造性转化、创新性发展。我们要共同倡导加强国际人文交流合作,探讨构建全球文明对话合作网络,丰富交流内容,拓展合作渠道,促进各国人民相知相亲,共同推动人类文明发展进步"。由此可以看出文明交流互鉴之必要,无论是对双方的文明于世界民族之林的国际地位,抑或是对文明自身的传承与发展,再到全人类的文明发展进步都有着重大意义。

同时,习近平总书记一直对于教育保持高度重视,围绕教育系统如何推进习近平新时代中国特色社会主义思想和党的二十大精神"三进"(进教材、进课堂、进头脑),加快建设高质量教育体系、提高人才自主培养质量、助推科技自立自强和文化自信自强,如何深入落实科教兴国战略、人才兴国战略、创新驱动发展战略,加快构建中国特色哲学社会科学学科体系、学术体系、话语体系等,都是党日活动中学习的热点话题。关于教育,尤其是高等教育,习近平总书记已发表过多次讲话,做出过系列重要指示。习近平主席在给北京大学留学生们的回信中表示:"中国有句俗语:百闻不如一见。欢迎你们多到中国各地走走看看,更加深入地了解真实的中国,同时把你们的想法和体会介绍给更多的人,为促进各国人民,民心相通发挥积极作用。"

2023年4月29日,在由中国教育部中外语言交流合作中心、中国驻希腊大使馆和中希文明互鉴中心共同主办的主题为"中文:增进文明对话"的活动中,希腊教育和宗教事务部高等教育秘书长奥德赛斯·佐拉斯说:"我们坚信,教育是增进相互理解与和平的最佳方式之一,(促进)我们文明之间的对话是这项努力的核心。"中希文明互鉴中心希方主任、雅典大学哲学教授斯泰利奥斯·维尔维扎基斯在活动中说,对中国语言和文化的共同讨论有利于促进双方相互学习和了解。

西南大学的国际合作与交流项目覆盖面很广,且从本科、硕士到博士阶段各层次人才培养全覆盖。以笔者目前参与的中希文明互鉴项目为例,全员积极响应习近平总书记的号召,不同专业的中希青年彼此交流分享,皆有丰富收获、长足进步。我们在异国他乡收获了知识与诸多人性本真的善意,虽也有极少数歧视等现象,但这同样也是个人能力培养的一部分。如何不卑不亢地讲好中国故事,以及如何生动形象地展现中华文化魅力都是值得深入研究的问题,这也是吾辈青年大学生的责任。如何充分发挥交流活动的作用,将活动收获转化为自身积累,笔者认为:在交流中,不仅要走得出,讲得好,更要记得住,带得回。

(一)走得出,讲得好

2019年3月26日,习近平主席在中法全球治理论坛闭幕式上强调:"要加强不同文明交流对话,加深相互理解和彼此认同,让各国人民相知相亲、互信互敬。"以中希文明交流互鉴项目为例,2023年2月20日(希腊当地时间)中希文明互鉴中心成立仪式在希腊首都雅典举行。该中心由西南大学牵头,联合中国人民大学、山东大学和四川大学等国内高校,与希腊雅典大学、佩特雷大学、亚里士多德大学和克里特大学共同合作成立。[①]习近平主席给雅典大学维尔维达基斯教授等希腊学者的复信高度评价了中希建立文明互鉴中心的重大意义,再次倡导各文明加强交流互鉴,用好一切文明的精华,化解人类文明面临的突出矛盾和问题,必将有力引领百年变局下多元文明共生,推动构建人类命运共同体。

(二)记得住,引得回

习近平总书记指出,"中华文明具有突出的包容性……中华文明的包容性,从根本上决定了中华民族交往交流交融的历史取向,决定了中国各宗教信仰多元并存的和谐格局,决定了中华文化对世界文明兼收并蓄的开放胸怀"。中华文明历经五千多年而长盛不衰,其中一个很重要的原因就在于始终保持对外来文化的尊重、吸纳、融合。

2023年6月2日,习近平总书记在文化传承发展座谈会上指出:"'结合'的前提是彼此契合。'结合'不是硬凑在一起的。马克思主义和中华优秀传统文化来源不同,但彼此存在高度的契合性……相互契合才能有机结合。""'结合'打开了创新空间……'第二个结合'是又一次的思想解放,让我们能够在更广阔的文化空间中,充分运用中华优秀传统文化的宝贵资源,探索面向未来的理论和判度创新。"这表明我们党的历史自信、文化自信达到了新高度。我们不仅能够学习借鉴人类一切优秀文明成果,而且更加为自己的诸子百家、汉唐气象、礼乐典章而骄傲,更加主动地从中汲取智慧和力量。这也表明我们党在传承中华优秀传统文化中推进文化创新的自觉达到了新高度。

习近平主席给"国际青年领袖对话"项目外籍青年代表回信,对他们积极到中国各地走访、深化对华了解表示赞赏,鼓励他们加强交流互鉴,为推动构建人类命运共同体贡献青春力量。

---

① 李志峰:《西南大学牵头建成中希文明互鉴中心》,《重庆日报》2023年2月23日第6版。

二、推进本民族文化发展

早在公元前五世纪,中国的丝绸就已经开始传入希腊。再到后来的"丝绸之路",中国的丝绸与文化更是大规模地进入希腊。1972年建交以来,中希两国的关系愈加友好,交流也愈加密切。"文明因多样而交流,因交流而互鉴,因互鉴而发展。"中希两国人文领域的交流合作成果显著。而中希文明互鉴中心为希腊民众学习中国语言、了解中国文化开辟了新窗口,架起了文明互鉴的桥梁。

"中希文明互鉴青年行"为期两周,活动内容丰富多样。其间,我们团队的学生党员分别在埃及机场和帕特雷大学内部开展了两次临时党支部的党日活动。在课程方面,既有教室内的文史哲课程,也有博物馆里的研学,还有中华文化展示课。此外,我们还分别走进希腊的大学和小学,不仅促进了两国高校青年学生的交流,而且为面向未来的两国友谊贡献了力量。在展示课中,团队成员分为汉服组、剪纸组和毛笔组进行文化展示,通过沉浸式的体验使中华文化的接受效率大幅提高。或许这只是微不足道的小众交流与传播,但个体的存在意义赋予了对个体而言更重更具体的价值,使我们现在仍可以跨越山海进行文化交流,将宏大而容易虚浮的概念变得具体可感。以上面向希腊高校和少年儿童的交流活动,势必对我国的国际形象和国际影响力有很大的提升作用。

在学习希腊文化和展示汇报学习成果的同时,同学们借助跨文化语境实现了中华文化对外的反向输出。在此过程中,通过中希文化比较与交流,破除了对各自文化的隔阂。在两周课程的结尾,帕特雷大学哲学教授帕夫洛斯·康托斯给了18个文史哲议题让全体成员分组挑选进行汇报。在关于希腊文化的学习成果汇报中,同学们也实现了中华文化的反向输出,充分展示了我们中国文化的特色和魅力。其中有一组同学选取了段正渠的一幅比较久远的油画,画作学习和借鉴了希腊中世纪的绘画风格,所以他们将两个国家的画对比分析了一下。在分析时,这组同学更多的是从画作的构图、颜色以及造型来分析,得到的反馈却是期待更深层次的内涵、意蕴的解读。在对希腊油画的学习中反而凸显了中国画家所展现出的超越风格样式多样化形式的人文魅力。段正渠的艺术创作,正是中国艺术家从欧洲借鉴、学习并实现本土化创新的典范。他汲取了现代主义诸流派之中的超现实主义、象征主义和表现主义表现手法,但可贵的是,他并未被这些外来风格所束缚,而是将其深刻地融入了中国文化之中。这种"表现性绘画"的创作,不仅为中国油画的现代性转换提供了重要的探索方向,也为中希文化交流注入了新的活力。

作为参加"中希文明互鉴青年行"的中国青年学生,我们需要深刻认识到构建中国特色批评话语体系并不断提升其地位的重要性。在文化交流、文明互鉴的过程中,如果只单纯地套用其他文明中的批评概念与方法,不仅难以适配其他文明的表达,而且会对文化作品造成阉割与曲解。文明互鉴应秉持彼此尊重、增进理解、相互学习的态度,深化交流与合作,共同促进文明的发展。正如在课堂上教授希腊语的老师也会成为中文的学习者,这不仅是教学相长的过程,更是文明的彼此对话与鉴赏。

党的十八大以来,习近平总书记高度重视我国国际传播能力建设,做出了一系列重要论述。2021年5月31日,习近平总书记在主持十九届中央政治局第三十次集体学习时强调,讲好中国故事,传播好中国声音,展示真实、立体、全面的中国,是加强我国国际传播能力建设的重要任务。要深刻认识新形势下加强和改进国际传播工作的重要性和必要性,下大气力加强国际传播能力建设,形成同我国综合国力和国际地位相匹配的国际话语权,为我国改革发展稳定营造有利外部舆论环境,为推动构建人类命运共同体作出积极贡献。

"现在,国际上理性客观看待中国的人越来越多,为中国点赞的人也越来越多。我们走的是正路、行的是大道,这是主流媒体的历史机遇,必须增强底气、鼓起士气,坚持不懈讲好中国故事,形成同我国综合国力相适应的国际话语权。"[1]因此,这为不断提升中华文化影响力,增强中国国际话语权提供了良好契机。用中国话语体系讲好中国共产党治国理政的故事、中国人民奋斗圆梦的故事、中国坚持和平发展合作共赢的故事,主动宣介习近平新时代中国特色社会主义思想,让世界更好地了解中国。

"中华优秀传统文化是中华民族的文化根脉",中华文化几经风波而慧灯不熄,璀璨至今,但也需要警钟长鸣。中华文明与文化中蕴含的思想观念、人文精神、道德规范,不仅是中国人思想和精神的内核,对解决人类问题也有重要价值。取其精华,要把中华优秀传统文化的精神标识提炼与展示出来,把中华优秀传统文化中具有当代价值、世界意义的文化精髓提炼与展示出来。

希腊在历史上也几次遭到侵略。首先,波斯帝国曾两次入侵希腊。后来,马其顿趁势崛起,希腊又在马其顿的统治之下。马其顿国王亚历山大大帝南征北讨,领土曾扩张到欧亚非三洲。在此过程中,希腊文明传播至埃及和兴都库什等地区。亚历山大去世后,亚历山大帝国分裂成三大王国,古罗马共和国则先后吞并这三大王国,希腊也被罗马并吞。自此,古希腊灭亡,成为罗马的一部分。但其实文明却实现了"希腊化",后来罗马帝国分裂为东西罗马帝国,东罗马帝国以拜占庭为中心,孕育出东方色彩的希腊文化。

当今世界风云际会,世界上很多国家又开始陷入"修昔底德陷阱"的迷思,但我们不应放任其发展。如今我国综合国力和国际地位不断提升,国际社会对我国的关注前所未有,但中国在世界上的形象很大程度上仍是"他塑"而非"自塑",我们在国际上有时还处于有理说不出、说了传不开的境地,存在着信息流进流出的"逆差"、中国真实形象和西方主观印象的"反差"、软实力和硬实力的"落差"。因此,要下大气力加强国际传播能力建设,加快提升中国话语的国际影响力,让全世界都能听到并听清中国声音。

习近平总书记指出:"要深入开展各种形式的人文交流活动,通过多种途径推动我国同各国的人文交流和民心相通。要创新体制机制,把我们的制度优势、组织优势、人力优

---

[1] 习近平:《加快推动媒体融合发展　构建全媒体传播格局》,《求是》2019年第6期。

势转化为传播优势。要更好发挥高层次专家作用,利用重要国际会议论坛、外国主流媒体等平台和渠道发声。各地区各部门要发挥各自特色和优势开展工作,展示丰富多彩、生动立体的中国形象。"[1]正如2019年3月26日习近平主席在中法全球治理论坛闭幕式上讲话时所言:"要加强不同文明交流对话,加深相互理解和彼此认同,让各国人民相知相亲、互信互敬。"习近平总书记在中国共产党与世界政党高层对话会上以"一花独放不是春,百花齐放春满园"为喻,强调不同文明应包容共存、交流互鉴,并首次提出全球文明倡议。人类文明多样性是世界的基本特征,也是人类进步的源泉。当今世界有200多个国家和地区、2500多个民族,5000多种语言。正是基于不同历史、国情、习俗等因素,人类社会才孕育出不同的文明,它们各有魅力和底蕴,没有优劣之分,只有特色之别。

习近平总书记深刻把握新时代中国和世界发展大势,先后提出"推动构建人类命运共同体""弘扬全人类共同价值"、全球文明倡议,倡导平等、互鉴、对话、包容的文明观。从希腊雅典卫城博物馆、埃及卢克索神庙,到乌兹别克斯坦布哈拉古城、印度马哈巴利普拉姆古寺庙群……习近平总书记身体力行,推动不同文明交流对话、和谐共生。中希文化交流已然成为中希两国交好的重要标志。

海纳百川,有容乃大。历史一再证明,广博而包容的胸怀才是民族与文化生生不息的源泉。近年来,中国一直积极践行全人类共同价值,努力为不同文明沟通对话搭建平台、创造机会。譬如,作为中外文化交流互鉴的知名品牌,"汉语桥"世界大学生中文比赛已成为各国青少年学习汉语、了解中国的重要窗口,在各个国家之间架起了一座沟通的桥梁。据统计,"汉语桥"项目已累计覆盖160多个国家,先后吸引了超150万名青少年参赛,并邀请超17万名青少年来华参加夏令营体验中国语言文化。同时,分布在海外的中国文化中心在"中国旅游文化周""国际中文日"等活动框架下,积极向当地公众展示中国非遗文化的独特魅力;京剧、剪纸艺术、武术、榫卯、舞龙、皮影戏等相关视频在海外社交媒体网站上热度居高不下……这些都向世界充分展示了中华文化的多样性和丰富性,有效地增进了不同文明之间的对话、了解。

三、文明交流互鉴之必要

文明互鉴使各方皆能更好地发展自己的文明。新征程上,面对世界百年未有之大变局加速演进的复杂国际形势,我们要厚植中华优秀传统文化底色,坚定文化自信,大力弘扬和平、发展、公平、正义、民主、自由的全人类共同价值,不断加强不同文明间交流对话,加深相互理解和彼此认同。

习近平总书记在成都大运会开幕式欢迎宴会上的致辞中指出,"我们要携手世界青

---

[1]《习近平在中共中央政治局第三十次集体学习时强调:加强和改进国际传播工作,展示真实立体全面的中国》,《人民日报》2021年6月2日第1版。

年,以青春的活力促进世界和平与发展","我们要弘扬大运会宗旨,以团结的姿态应对全球性挑战","我们要深化交流互鉴,以包容的胸怀构建和而不同的精神家园"。国之交在于民相亲,民相亲要从青年做起。全球青年有理想、有担当,人类就有未来,和平与发展的崇高事业就有希望。成都第31届世界大学生夏季运动会上,来自100多个国家和地区的青年运动员们相聚在一起,以青春的名义成就梦想、收获友谊。我们要以此为契机,以体育促团结,充分展示中华文化的魅力、自信、开放与包容,更好地推动不同文明相互尊重、和谐共处,共同谱写推动构建人类命运共同体新篇章。

2023年2月20日(希腊当地时间),中希文明互鉴中心成立仪式在希腊首都雅典举行。时任国务院副总理孙春兰在致辞中表示,两国高校联合成立中希文明互鉴中心是双边关系发展和世界文明交流的标志性成果。双方要以中心建设为新契机,推动两大古老文明交流互鉴更加广泛深入,打造国家间文明互鉴的典范。成立仪式后,孙春兰亲切会见联名致信的五位希腊学者并转交习近平主席复信。收到复信的希腊学者心情十分激动,表示将致力于中希文明交流,为中心发展贡献力量。随后中希双方共建高校举办了首届中希文明高峰对话。孙春兰会见了希腊议长塔苏拉斯,向其介绍了中共二十大精神,并对未来中希合作提出希望。孙春兰还与希腊副总理皮克拉梅诺斯就中希关系、深化中希文明互鉴等举行会谈,并共同见证教育、体育等3项合作协议签署。[①]

正如希腊帕特雷大学哲学教授帕夫洛斯·康托斯教授在接受新华社记者采访时所言:"尊重文明的多样性是必要的,而不是一种选择。"[②]中希两国皆有着悠久积淀、深厚底蕴的历史。站在橱窗前,千年前的陶器等文物穿越了时间,跨越了欧洲与亚洲的地理空间,向我们诉说着它们的前世今生……无论是中国古建筑中的"藻井""飞檐走兽""雕梁画栋",还是古希腊建筑中的石柱、浮雕装饰、双面坡屋顶,都体现了独具特色与神韵的东西方建筑之美。往事越千年,回望中希两国的先贤圣人,他们的哲思熠熠生辉,烛照了历史的天空,奠定了东西方的文化传统,铸就了人类的理性精神,为世界文明的发展做出了卓越贡献。由此,我们深刻体会到文明本质上是共通的。中希两国跨越古今,文明绵延跨越山海,我们聆听着千年前文明的余响,两个古老文明风华依然。

两国文明中可互相理解的越多,共同的美德、品质就越能够将我们紧密相连。柏拉图认为,五种最基本的美德是"正义、虔诚、节制、勇敢与智慧"。这同儒家传统中的"仁、义、礼、智、信"以及"克己复礼"有着相似的精神内核。同样,孕育于中希历史文化传统中的众多艺术作品,固然存在这样那样的差异,但都可以带给我们美的享受、美的熏陶和美的启迪。这些都体现了两国人民对真、善、美的道德价值追求。

---

① 新华社:《中希文明互鉴中心成立仪式举行——孙春兰宣读习近平主席复信并致辞》,《人民日报》2023年2月22日第2版。
② 于帅帅:《"这个论述非常深刻且清晰"——希腊学者高度评价全球文明倡议》,新华网,http://www.xinhuanet.com/world/2023-03/19/c_1129441518.htm,访问日期:2024年6月15日。

中希两国的文化交流可以促进对彼此文化的认知和了解,进而促进两国人民之间的心灵契合。这有助于消除文化差异带来的误解和偏见,增进两国人民之间的友好感情。同时,中国文化在希腊的传播也将为中国文化走向世界打下坚实的基础,提升中国在国际舞台上的文化软实力。这一举措不仅有助于增进两国人民之间的了解和友谊,还能为世界文化的多样性和繁荣发展做出贡献。

中希两国的文化交流还有助于增进两国在政治、经济等领域的互信与合作。过去50余年,中希伙伴关系成果显著,累计已签署了100多项协议。中希双边贸易额已从20世纪90年代初的不足1亿美元,跃升到2022年的138.2亿美元。两国文化交流的深入为两国政府和企业提供了更多合作的机会和空间,推动了两国关系的全面发展。同时,这种互信与合作也将继续,而且将为世界和平与发展做出积极贡献。

中希文明交流互鉴的意义超越双边范畴,具有世界意义。交流互鉴是文明发展的本质要求。历史充分证明,只要坚持兼容并蓄、开放包容,人类文明就能不断发展繁荣。当今世界正经历百年未有之大变局,化解人类面临的突出矛盾和问题,需要依靠物质的手段攻坚克难,也需要依靠精神的力量诚意正心。中希都支持文明交流互鉴,反对文明冲突谬论。双方继续发挥各自文化底蕴优势,共同打造不同文明以及各国人民和谐共处之道,将为当今世界和平和人类进步提供更多有益启示。

中希两国文化的交流互鉴同样具有历史意义。中希两国在历史长河中各自创造了灿烂的文明,这些文明对人类社会的进步产生了深远影响。加强文化交流与对话,可以让两国更好地传承和弘扬各自的优秀文化传统,同时也可以让世界各国更加全面地了解和认识中希两大文明,从而促进世界和平与发展的进程。

在本次"中希文明互鉴青年行"项目中,我们通过个体走访,了解到双方青年对文化交流的遗憾主要表现在知识碎片化以及没有充分使用语境等困境。这次的项目是西南大学和希腊高校之间首次举办的文化交流项目。西南大学的青年学生在收获了文化交流、文明互鉴带来的成果的同时,围绕让文化交流、文明互鉴可持续发展也做了一定的探索。为了能够使中希两国的文化交流、文明互鉴的步伐不间断,影响力更大、更持久,传播范围更广,就要克服时间和空间问题。

中希两国之间举办的高校和科研机构间的文化交流、文明互鉴项目实地开展的时间短,导致希腊的青年对我国的文化了解、吸收得不全面、不深入,他们所看到的、知道的只是中华上下五千年优秀传统文化的冰山一角。

在全球化日益加深的今天,博物馆作为文化传承与交流的重要平台之一,其模式正好能够解决以上困境。而需要注意的是,不同国家的文化,其所根植的土壤有差异,因而在策展理念与实践方面,如何围绕跨文化融合实施一系列的创新策略就显得尤为关键。

理念创新:策展人应摒弃单一文化视角,树立多元文化共生的理念。在展览中,不仅要展现中华优秀传统文化的独特魅力,也要积极吸纳并展示希腊的文化精髓,将两个文化的联系展示在同一空间,促进文化的交互。

内容创新:展览内容不应仅仅是文化符号的简单堆砌,而应深入挖掘中希文化之间的内在联系与差异,通过对比、融合等方式,展现文化的深度与广度。同时,利用现代科技手段,如虚拟现实(VR)、增强现实(AR)等,为希腊的观者提供沉浸式、互动式的观展体验,增强展览的吸引力和感染力。

形式创新:在展览形式上,可以尝试打破传统框架,采用跨界合作、主题联动等方式,与希腊的高校、科研机构等建立合作关系,共同策划具有创新性和前瞻性的展览项目。此外,还可以通过举办学术研讨会、文化沙龙等活动,搭建文化交流与对话的平台。

同时,在信息化的时代,文化交流、文明互鉴同样可以与数字化结合,通过互联网让中希两国的文化实现对话,提高中国文化软实力。

社交媒体,为中华文化提供了前所未有的国际视野与交流平台。它不仅仅是简单的信息发布渠道,更是文化认同与价值共享的桥梁。社交媒体能够实现两国高校青年的有效互动,为两者都提供了语言和文化的运用语境,使得文化传播不再是生硬的、单一的,让文化交流融合在生活中。通过跨国社交,让中华文化的深邃内涵得以跨越地域限制,促进外国青年对中华文化的理解。

视频分享平台,则以其直观、生动的视觉叙事能力,为中希两国的文化交流、文明互鉴开辟了前所未有的广阔空间。通过精心策划与制作,这些平台能够将中华文化的精髓以电影般的质感呈现给希腊观众。视频的制作可以取材中国传统神话故事,展示中国传统审美意趣。2023年6月,《新·白蛇传奇》在希腊的4个城市进行了端午巡演,给希腊不同地域4000多位观众带去了国风大戏的极致观感。借此机会,演出同样可以制作成可传播的视频进行分享,让历史的厚重、艺术的魅力在光影交错中得以生动再现,激发人们对中华文明的无限想象与向往。

中希两国的文明交流互鉴不仅是对历史的传承与弘扬,更是对现代文明发展的积极贡献。我们应站在时代的高度,以更加开放包容的心态,充分利用多元化的互联网平台,深入挖掘并广泛传播中华文化的独特魅力与价值,深入践行文化交流、文明互鉴的现代化理念,为构建人类命运共同体贡献中国智慧与力量。

随着全球化进程的加速和"一带一路"建设的深入推进,中希文明交流互鉴的重要性日益凸显。在这一背景下,西南大学积极响应,联合希腊的帕特雷大学、雅典大学、亚里士多德大学和克里特大学,共同推出"中国—希腊文明比较"硕士研究生联合培养项目,以深化两国在文化教育领域的合作与交流。除此之外,西南大学还设立了面向更多学生的短期学习项目,例如,开展系列有关希腊和希腊文化的讲座,在暑期"国际课程周"期间,开设课程"古代与现代:希腊历史概览"(Ancients and Moderns: An Overview of Greek History)等,让更多的学生深入了解希腊及其历史文化。

西南大学作为教育部直属的全国重点综合大学,是国家首批"双一流"建设高校、"211

工程"和"985工程优势学科创新平台"建设高校,在中希文明比较研究领域具有深厚学术积淀,为本项目的顺利实施提供了有力保障。同时,希腊的四所顶尖国立高校——雅典大学、帕特雷大学、亚里士多德大学和克里特大学,以其优秀的人文学科和良好的全球声誉,为项目的国际化建设提供了重要支撑。

"中国—希腊文明比较"硕士研究生联合培养项目旨在融合中希两国优质的教育资源和先进的人才培养理念,通过国际化、跨学科的教育模式,培养具有国际视野和全球胜任力的高层次创新型文科人才。这些人才不仅要具备深厚的中希文明比较研究基础,还能够在"一带一路"和人类命运共同体的建设中发挥重要作用。

此项目在培养方式上独具特色。首先,它采用联合培养模式,学生将在西南大学和希腊帕特雷大学分阶段学习,并接受两国导师的联合指导。这种培养模式不仅使学生能够接触到不同国家的教育资源和文化环境,还能够培养他们的跨文化交流和全球胜任力。其次,项目注重学生的多元化发展需求,将国际视野和全球胜任力的培养贯穿整个培养过程,为学生未来的职业发展提供广阔的空间。最后,项目采用双导师制,每位学生将由中希双方各指派一名导师进行指导,确保学生在学术和职业发展上得到全面的支持和指导。

总之,"中国—希腊文明比较"硕士研究生联合培养项目是一项具有深远意义的教育合作项目。它不仅将促进中希两国在文化、教育领域的交流与合作,还将为培养具有全球视野和胜任力的高层次人才提供重要平台。

四、结语

中国与希腊文明交流互鉴在发展上是充满潜力的。中希两国古代先贤的思想相通,这种思想上的共鸣为两国的文明交流互鉴提供了深厚的基础。中国对希腊的哲学思想有着长期的学习和了解,而中国的文化和艺术也在希腊产生了深远的影响。两国今后可以在文化、艺术、教育等领域开展更多形式的交流与合作,共同推动文明的进步与发展。随着"一带一路"倡议的不断推进,中希两国在经贸、旅游等领域的合作也日益密切。这种合作不仅促进了双方经济的发展,更为两国的文化交流、文明互鉴提供了更多的机会和平台。未来,两国可以继续深化在经贸、旅游等领域的合作,实现互利共赢的目标。面对国际形势的复杂多变和全球挑战的不断涌现,中希作为东西方文明古国,有责任和义务通过文明交流互鉴来破解时代难题,携手以文明交流超越文明隔阂、文明互鉴超越文明冲突、文明包容超越文明优越,推动构建人类命运共同体。公元前五世纪,苏格拉底用交流从思辨中发展哲学;春秋时期,孔子提出"君子和而不同"。如习近平总书记提出"倡导尊重世界文明多样性,弘扬全人类共同价值,重视文明传承和创新,加强国际人文交流合作",不仅让中国文化可以用"风骨"、用自己的语言来展示自我,更使中希两国彼此携手,两国文化互相交流、互相借鉴、互相吸收、互相滋养,使两国文明生生不息!

Inheritance and Innovation of Traditional Chinese Culture from the View of International Communication: A Case of the 2023 Summer Camp of Learning Art, History and Philosophy at the University of Patras in Greece Based on the Youth Project of Promoting Exchanges and Mutual Learning Between Chinese and Greek Civilisations

Yu Xiuqi and Ma Xiaohong

Abstract: This paper focuses on the Global Civilisation Initiative proposed by President Xi Jinping at the Communist Party of China (CPC) in Dialogue with World Political Parties (WPP) High-Level Meeting in 2023, and discusses in depth the importance and practical value of exchanges and mutual learning among civilisations. Taking the project of exchanges and mutual learning between Chinese and Greek civilisations as a concrete case, the paper demonstrates the practical effectiveness of cultural exchanges. The Chinese and Greek youths actively participated in the project, and through in-depth exchanges, they not only enriched their knowledge, but also promoted their personal growth and deeply experienced cross-cultural communication. At the same time, the Chinese college students displayed effectively the charm of the traditional Chinese culture, such as Hanfu and paper cutting, promoting the cultural acceptance among Greek young people. The exchanges and mutual learning among civilisations are of great significance to the inheritance and development of civilisation and the progress of mankind as a whole. In the practice of cultural exchanges between China and Greece, the young people from the two countries deepened their understanding of both cultures in the process of cultural outpu and by culture comparison, promoting the common prosperity of Chinese and Greek cultures. In addition, cultural exchanges have served as an important bridge to enhance mutual political trust and economic cooperation between the two countries, boosting the overall development of bilateral relations. It is necessary to intensify the exchange and mutual learning of the two civilisations, deepen cooperation, in order to promote the continuous development of cultural relations between China and Greece, and jointly contribute to the prosperity and progress of world civilization.

Keywords: Chinese culture; cultural exchange; exchanges and mutual learning between Chinese and Greek civilisations

成果综述

古希腊罗马哲学学术研究成果综述

吕 燕 张鹏举

摘 要：本文通过总结2020至2024年在中国(主要是中国大陆)出版的有关古希腊罗马哲学研究的各类著作和刊物，国内各学术实体举办的相关主题的不同规格的会议，以及国家各级政府、单位在推进学术交流互鉴中所做出的重要举措，展现近期中国古希腊罗马哲学研究领域的阶段性成果，梳理中国的古希腊罗马哲学研究在文明交流互鉴背景下的发展趋向。

关键词：哲学 文明互鉴 古希腊哲学 古罗马哲学 成果综述

作者吕燕，西南大学博士研究生，研究方向为希腊化哲学(重庆 400715)；张鹏举，西南大学博士研究生，研究方向为希腊化哲学(重庆 400715)。

自2020年以来，国内古希腊罗马哲学研究不断发展，取得一系列突出成果。国内相关研究方向的各类出版物相继出版发行，多场有影响力的学术会议接连举办，以及专业性研究机构应时成立，展现出中国学界诠释国外古代哲学经典文献的功力、拓展古代哲学研究传统领域的勇气、开展古代文明交流互鉴的智慧。本文认为，中国在古希腊罗马哲学研究方面既遵循内在逻辑不断进步，又符合文明交流互鉴的根本需要顺时而为。

一、诠释经典

首先，对古希腊哲学经典文献的翻译和注释仍然占据首要地位。2020年至2024年，国内各出版社出版的古希腊罗马经典文献中文译本有百余部。在众多的古希腊罗马哲学经典译本中，以古希腊哲学领域为主的翻译最多，其中又以柏拉图和亚里士多德的经典原著的翻译占比最大。以柏拉图研究为例，2021年，商务印书馆出版了由溥林等人翻译的《柏拉图全集》(希汉对照版)，书中加入了大量希腊词汇的分析和注解，使汉语文本更贴近原文的语境，以增进读者对原著的理解。另外，译者还对书中一些希腊词语进行了精致的语法分析，以使学习古希腊文的读者得到帮助。2023年，华夏出版社出版了由刘小枫等

26位译者共同完成的《柏拉图全集》,该译本收录了柏拉图所有传世作品,包括35篇对话、13封书信、释词1篇和托名作品7篇,分三卷出品:第一卷为中短篇对话、书信、释词及托名作品,第二卷和第三卷分别为柏拉图的长篇对话《理想国》和《法义》。该译本遵从西方学术界公认的忒拉绪洛斯体例,并参照西方古典语文学家的多种笺注本和权威西文译本,充分吸纳西方柏拉图研究笺注成果,可靠性和可读性极强,是近年来中国古希腊罗马哲学研究中十分重要的成果之一。此外,关于亚里士多德研究,除了中国人民大学出版社于2016年再次出版了由苗力田、徐开来和崔延强等人翻译的《亚里士多德全集》,至今并无新的亚里士多德全集产生。近年来关注度较高的作品为亚里士多德的《形而上学》《政治学》《尼各马可伦理学》等。以后者为例,继2003年、2017年之后,商务印书馆于2024年再次出版了由廖申白翻译的《尼各马可伦理学》。该书是西方历史上第一部伦理学专著,也是西方近现代伦理学思想的主要渊源之一,对于国内的伦理学研究具有十分重要的借鉴意义。

其次,对希腊化罗马时期哲学经典的诠释开始占有重要比重。得益于近年来该领域内优秀经典文献的翻译和出版,曾经影响力较小的希腊化罗马哲学开始引起了人们的重视。在一系列新出版的希腊化哲学经典译本中,最具影响力的著作为2022年商务印书馆出版的由崔延强翻译的《皮浪学说概要》一书,本书是塞克斯都·恩披里柯《皮浪学说概要》的全译本,该译本分三卷,第一卷是怀疑论的基本纲要,第二卷是对逻辑学问题的反驳,第三卷是对物理学和伦理学问题的反驳,所有内容均由译者直接从希腊文译出。次年5月,商务印书馆又出版了由崔延强翻译的塞克斯都的《反逻辑学家》一书。这一部著作几乎涵盖了希腊知识论重大问题,尤其对心物问题、命题逻辑问题的发展做出原创性贡献。本书最后还有两个附录:第一个附录辑录并翻译了学园派怀疑论文本,为读者进一步研究希腊怀疑论和学园派思想的流变提供一手文献;第二个附录是斯多亚学派思想评传,译自第欧根尼《名哲言行录》第7卷。塞克斯都的著作的史料价值在于它比较客观地记述了公元2世纪以前希腊哲学几乎所有流派的主要观点,是我们今天研究希腊化哲学绕不过去的一手文献。此外,还有一些十分重要的希腊化时期哲学经典译著,如崔延强及其古希腊罗马哲学研究团队翻译的《西塞罗哲学文集》,目前已出版三部,包括《论学园派》《论诸神的本性》《论目的》。这些希腊化时期的经典文献的翻译和出版为学者们深入对希腊化时期哲学的理解提供了可靠的资料来源,对于丰富中国的古希腊罗马哲学研究具有极为重要的意义。

最后,对古希腊时期经典史诗的翻译研究也是极为重要的组成部分。古希腊时期的神话和史诗是西方文化的瑰宝,古希腊罗马哲学的发展也离不开这些宝贵的财富,古希腊哲学中的许多观念、概念和范畴都源自神话和史诗。古希腊哲学家在阐述自己的思想时也经常引用神话和史诗中的故事和人物作为例证或比喻。因此,翻译古希腊时期的经典诗歌作品有助于我们更深入地理解古希腊哲学的内涵和价值，同时领略古希腊哲学与文学交融的独特魅力。在大量古希腊罗马经典诗歌翻译中，2022年华夏出版社出版的由吴雅凌翻译的赫西俄德的《神谱》和《劳作与时日》最具代表性。《神谱》中的宇宙起源和诸神关系反映了古希腊人对宇宙和自然的原始理解，这种理解本身就具有哲学性质。《劳作与时日》中则通过讲述人类劳作的故事，探讨了公正、劳动和社会道德等问题，而这正是许多古希腊哲学家关注的核心问题。

二、拓展领域

除了注重对古希腊罗马哲学经典文献进行翻译和诠释，近年来，中国的古希腊罗马哲学研究还呈现如下特点。

第一，解释或重读古希腊罗马哲学经典文献的专著译著与日俱增。大量的经典文献中文译本为学者们直接阅读研究古希腊哲学提供了丰富的资料，但这些只是引导研究者进入古希腊罗马哲学的重要途径。在现实的阅读和研究过程中，人们往往需要依赖于一些关于解释古希腊罗马经典文献的著作才能对哲学家的思想有更加深入的认识，才能知道某个具体的观点应该如何理解，以及从什么样的角度去理解。2020年至2024年，国内出版的关于古希腊罗马哲学的解释性研究数量十分庞大，仅2020年关于柏拉图哲学思想的专著和译著就有10余部。其中比较具有代表性的作品有：《柏拉图论正义与幸福：〈理想国〉第一卷研究》《柏拉图主义的助产士》《柏拉图早期对话中的探究结构》等。无论这样的解释性研究是否完全符合哲学家本身的思想，这些著作都可以帮助研究者知道他人对于这些原著以及原著中的观点有着怎样的看法。有异议才会有新义，这种新义需要以文字和文本的方式进行表达和传播，以求引起讨论或共鸣，从而进一步深化研究者对于哲学经典的理解。所以，将自身的理解以著作或论文的形式出版或发表出来就成了深入古希腊罗马哲学研究的重要途径，这在学术界的表现就是解读或重读经典文献有感类的著作只增不减。

第二，传统的古希腊哲学研究开始向希腊化罗马哲学研究扩展。以人物和哲学流派为划分，传统的希腊罗马哲学名家如苏格拉底、柏拉图、亚里士多德始终是国内学者研究的重点。从2020年到2024年，关于这些主要哲学家的研究占比最大，研究内容最为丰富，涉及的领域最为广泛，无论是关于原著的宏观分析，还是对书中某个观点进行单独的讨论，相关专著和期刊论文的数量都巨大。但是，随着近年来国内学者对希腊化罗马时期哲学经典文献的翻译和出版，曾经在学术研究中影响力较小的希腊化哲学流派如斯多葛学派、伊壁鸠鲁学派和怀疑派等开始愈发受到重视，以前这些学派仅仅作为古希腊哲学史中的一个章节被提及，现今出现了越来越多专门研究希腊化罗马哲学的专著、译著及期刊论文,例如从2020年11月开始发行的《努斯:希腊罗马哲学研究》辑刊中就发表了大量关于希腊化时期哲学的原著翻译和期刊论文。此外,通过国内期刊论文平台检索,在近年来发表的较有影响力的学术论文中,以希腊化罗马哲学研究为主题的论文数量也在不断增加。

第三,古希腊罗马哲学通识读本增多,读者范围开始从专业的哲学研究者向青少年儿童扩大。随着现代社会对教育的要求越来越多样化,作为现代西方文化和思想基石的古希腊罗马哲学成了通识教育中十分重要的组成部分。与此同时,许多教育专家和教育政策倡导者认为,通识教育应该从儿童时期开始,而不仅仅是在大学阶段。因此,古希腊罗马哲学所强调的逻辑、辩证和批判性思维开始在青少年儿童读本中出现。并且,儿童读本和通识教育读本通常会对复杂的哲学理念和思想进行简化和解释,以使其更易于理解和接受。近年来,古希腊罗马哲学通识读本数量明显增多,仅2020年,古希腊罗马哲学通识读本就多达20余部,其中最具代表性的作品为2024年广东教育出版社出版的《小柏拉图》。《小柏拉图》是一套写给孩子的哲学启蒙系列丛书,由法国当代多位哲学家与学者联合撰写,每本书都以一位具有代表性的大哲学家为主角,采用图文并茂讲故事的方式,讲述哲学家的主要观点。该套书讲述了从古希腊时期的苏格拉底、毕达哥拉斯到近代的尼采等跨越数千年的哲学发展史,在趣味盎然的故事中巧妙融入影响人类世界的大哲学家对哲学的思考。这种形式的书籍不仅能够帮助青少年儿童初步了解抽象概念和思维方式,而且还能在一定程度上激发青少年儿童对于哲学的兴趣。

第四,仍然注重从历史的角度研究古希腊罗马哲学。古希腊罗马哲学生长于特定的历史、社会和文化背景之下,无论是想要了解作为一种精神财富的存在于古希腊罗马时期的哲学本身,还是想要认识存在于历史中的古希腊罗马哲学家本人,都需要依赖于一个宏观的视角,即从历史的角度进行研究和探索。近年来出版的大量与古希腊罗马哲学有关的研究成果中,哲学史与通史类著作仍占有相当大的比重。2023年,中信出版社出版了由张卜天、宋继杰翻译的《古典思想:牛津西方哲学史》(第1卷)一书,书中介绍了从荷马到圣·奥古斯丁的大约1100年里古典思想中一些有哲学趣味的议题,主要关注希腊哲学(也就是用希腊语表达的哲学思想)及其"直系后裔",这与古希腊罗马哲学研究相关性极大。除此之外,还有许多与古希腊罗马研究直接相关的哲学史和通史类专著和译著,这些通史类专著和译著能够帮助读者理解这些哲学家,了解当时的政治、社会制度、宗教信仰等,知道他们如何在其所处的时代背景下产生和发展了自己的哲学思想。此外,通过研读通史类专著,还可以看到不同哲学流派之间的关联,以及思想如何在历史上传播和演变,这对于理解古希腊罗马哲学在后来思想发展中的地位和影响具有重要意义。

三、交流互鉴

中国的古希腊罗马哲学研究能够持续地发展和进行，不仅离不开古希腊罗马哲学家所留下的宝贵财富，以及国外学者创造的学术成果，更离不开国内学者为深入推进学术和文化交流所做出的突出贡献。这些贡献既体现在国内学者翻译和创作的大量专著、译著和期刊论文中，又体现在国内召开的多场学术论坛以及国际交流平台的建设中。

（一）学术交流活动持续进行

2020年11月14—15日，第十三届古希腊哲学论坛在浙江杭州顺利举办。这次论坛由中华全国外国哲学史学会古希腊罗马哲学专业委员会主办，浙江大学哲学系、宗教学研究所及基督教与跨文化研究中心承办，主题为"跨文化视野下的古希腊罗马哲学"。来自中国社会科学院、中国人民大学、复旦大学、中山大学、山东大学、四川大学、云南大学、华侨大学、浙江财经大学、比利时鲁汶大学、浙江大学等国内外高校和研究机构的20余位专家学者出席论坛，约50名学者线上参会，论坛全程线上同步直播。自2009年以来，古希腊哲学论坛在北京、天津、厦门、昆明等地成功举办了十二届，并且自2017年起归入中华全国外国哲学史学会古希腊罗马哲学专业委员会。不定期举办的古希腊哲学论坛与两年一届的全国古希腊罗马哲学大会共同构成了国内主要的古希腊罗马哲学专业交流平台，有力地推动了学科发展和学术交流。

2021年3月20日至21日，中山大学南校区锡昌堂召开了第五届全国古希腊罗马哲学大会。这次大会由中华全国外国哲学史学会古希腊罗马哲学专业委员会和中山大学哲学系联合主办，来自中国社会科学院、中国人民大学、北京大学、复旦大学、中山大学、浙江大学、四川大学、南开大学、东南大学、西南大学等高校和科研院所的56位专家学者和13名研究生参加了此次会议，并围绕"古代哲学的问题和方法"这一主题展开了深入探讨。

2023年3月17日至19日，第六届全国古希腊罗马哲学研讨会在华侨大学哲学与社会发展学院成功召开，研讨会的主题是"古代哲学：过去和未来"。这一主题旨在探讨古希腊罗马哲学的历史影响及其对现代哲学的启示，同时展望其未来发展趋势。会议设置了六个分议题，包括后古典哲学、西方古代哲学在历史中的接受、现象学传统中的西方古代哲学、分析哲学传统中的西方古代哲学、西方古代哲学的中国话语以及文明交流互鉴视野中的西方古代哲学。这些分议题涵盖了古希腊罗马哲学的多个方面，展示了研究者们对该领域深入且全面的探讨。

同年8月26日至27日，由中国人民大学哲学院主办、中华全国外国哲学史学会古希腊罗马哲学专业委员会合办的"第十四届古希腊哲学论坛"在中国人民大学成功举办。此次论坛的主题是"古代哲学中的形式与质料问题"。来自中国人民大学、中国社会科学院、北京大学、中共中央党校（国家行政学院）、中国政法大学、复旦大学、中山大学、南开大学、东南大学、山东大学、厦门大学、四川大学、吉林大学、陕西师范大学等单位的30余位专家学者参加了本届论坛。

2024年4月20日至21日，由中华全国外国哲学史学会古希腊罗马哲学专业委员会主办、中希文明互鉴中心和西南大学国家治理学院承办的第七届全国古希腊罗马哲学研讨会暨2024年中希哲学互鉴国际学术论坛在西南大学成功举办，该会议以"文明互鉴视域下的古典哲学"为主题，下设"中希文明互鉴与比较哲学、中国希腊哲学研究百年的成就与经验、前苏格拉底时期哲学、柏拉图和亚里士多德哲学及晚期希腊与罗马哲学"等五个分议题。西南大学党委副书记潘洵、中华全国外国哲学史学会秘书长詹文杰、中希文明互鉴中心中方主任崔延强、西南大学国家治理学院院长潘孝富、中希文明互鉴中心中方秘书长王勇出席会议。来自中外的希腊帕特雷大学、希腊亚里士多德大学、中国社会科学院、中国人民大学、北京大学、复旦大学、南开大学、山东大学、四川大学和西南大学等十多所高校的90余位专家学者参加了会议。在此次论坛中呈现的学术论文共70多篇，内容涵盖古希腊罗马时期的政治学、伦理学和形而上学等多个领域，对古希腊罗马哲学进行了十分深入的研究。

（二）中希文明互鉴持续发展

早在2000多年前，中国和希腊两大文明在亚欧大陆两端交相辉映，为人类留下了宝贵的精神财富。尽管两国在语言、宗教和文化传统上各不相同，但中希两国古代文明在哲学、美学、道德和精神方面却有着相似之处。伟大的精神寻求理解，古老的智慧渴望传承。2023年2月20日，在外交部、教育部等部门的支持下，旨在推动中希文明交流互鉴、促进各国文明发展的中希文明互鉴中心成立。中希文明互鉴中心的成立既是中国对外文明交流的重要举措，也是中国古希腊罗马哲学研究取得的重要成果。中国的古希腊罗马哲学研究由此被全国更多人知晓，在中国哲学和希腊哲学的比较研究中，中国的古老智慧也因此被世界范围内的人看到。没有任何一种文明能够完全自我封闭、绝对地独立于其他文明而形成、存在和发展。中国的古希腊罗马哲学研究不仅仅需要以古希腊的哲学思想为研究蓝本，更需要以自身的文化为根本。历史上伟大先贤所追求的智慧、勇敢、节制的美德，所梦想的正义的理想国度，当下依然还在探寻，更需要文明的继承者从古老的智慧中汲取养分，创造性地提供化解当下世界难题的方案。中希两大文明相互借鉴的新姿态不仅为两国的交流打开了大门，也将为全球哲学研究提供新的视角和启示。我们期待通过更加深入的国际合作与交流，进一步推动中国古希腊罗马哲学研究的全球化发展。

An Overview of Scholarly Research Achievements in Ancient Greco-Roman Philosophy

Lyu Yan and Zhang Pengju

Abstract: This paper summarizes the various works and journals on the study of ancient Greco-Roman philosophy published in China (mainly in mainland China) from 2020 to 2024, the conferences of different specifications on related topics organised by various academic entities in China, as well as the important initiatives made by governments and units at all levels of the country in the promotion of academic exchanges and mutual understanding. Accordingly, this paper presents the recent stage-by-stage results of the field of ancient Greco-Roman philosophical research in China, and combs through the development trend of the study of ancient Greco-Roman philosophy in China in the context of exchanges and mutual learning among civilisations.

Keywords: Philosophy; mutual learning among civilisations; ancient Greek philosophy; ancient Roman philosophy; overview of achievements

附:2020—2024年国内古希腊罗马研究重要成果

前苏格拉底研究

[1][德]尼采.希腊悲剧时代的哲学[M].李超杰,译.北京:商务印书馆,2020.

[2][加]吉拉尔德·纳达夫.希腊的自然概念[M].章勇,译.上海:华东师范大学出版社,2021.

[3][法]安德列·拉克斯.前苏格拉底哲学:概念的缘起、发展及其意义[M].常旭旻,译.北京:北京大学出版社,2021.

[4][古希腊]阿里斯托芬.公民大会妇女[M].黄薇薇,译.北京:华夏出版社,2022.

苏格拉底-柏拉图研究

[1][古希腊]柏拉图.吕西斯[M].贺方婴,译.北京:华夏出版社,2020.

[2][古希腊]柏拉图.柏拉图对话集[M].王太庆,译.北京:商务印书馆,2020.

[3][古希腊]柏拉图.柏拉图文艺对话集[M].朱光潜,译.南京:译林出版社,2020.

[4][英]瓦西里·波利提.柏拉图早期对话中的探究结构[M].苏峻,葛天勤,译.北京:北京大学出版社,2020.

[5][美]阿兰·布鲁姆.人应该如何生活:柏拉图《王制》释义[M].刘晨光,译.北京:华夏出版社,2020.

[6][英]赛德利.柏拉图主义的助产士:柏拉图《泰阿泰德》中的显白之辞与言下之意[M].郭昊航,译.北京:华夏出版社,2020.

[7][美]里夫.哲人-王:柏拉图《王制》的论证[M].孔祥润,译.上海:华东师范大学出版社,2020.

[8][法]吕克·布里松.柏拉图:语词与神话[M].陈宁馨,译.上海:华东师范大学出版社,2020.

[9][美]施特劳斯,[美]伯纳德特.论柏拉图的《会饮》[M].2版.邱立波,译.北京:华夏出版社,2020.

[10][古希腊]柏拉图.苏格拉底的申辩[M].溥林,译.北京:商务印书馆,2021.

[11][古希腊]柏拉图.克里同[M].溥林,译.北京:商务印书馆,2021.

[12][古希腊]柏拉图.欧悌弗戎[M].溥林,译.北京:商务印书馆,2021.

[13][古希腊]柏拉图.普罗塔戈拉[M].溥林,译.北京:商务印书馆,2021.

[14][古希腊]柏拉图.普罗塔戈拉[M].2版.刘小枫,译.北京:华夏出版社,2021.

[15][古希腊]柏拉图.理想国[M].何祥迪,译.昆明:云南人民出版社,2021.

[16][古希腊]柏拉图.苏格拉底的申辩[M].张巍,主编.上海:复旦大学出版社,2021.

[17]李致远.修辞与正义:柏拉图《高尔吉亚》译述[M].成都:四川人民出版社,2021.

[18][英]阿曼得·德安格.恋爱中的苏格拉底:一个哲学家的诞生[M].马灿林,译.北京:人民日报出版社,2021.

[19][英]特伦斯·埃尔文.柏拉图的伦理学[M].陈玮,刘玮,译.南京:译林出版社,2021.

[20][古希腊]柏拉图.泰阿泰德[M].溥林,译.北京:商务印书馆,2022.

[21][古希腊]柏拉图.政治家[M].溥林,译.北京:商务印书馆,2022.

[22][古希腊]柏拉图.智者[M].溥林,译.北京:商务印书馆,2022.

[23][古希腊]柏拉图.希琵阿斯[M].王江涛,译注.北京:华夏出版社,2022.

[24][古希腊]柏拉图.柏拉图爱欲对话录[M].梁中和,选编.李欣兰,等译.上海:上海人民出版社,2022.

[25][古希腊]柏拉图.柏拉图神话寓言集[M].梁中和,选编.陈威,陈宁馨,译.上海:上海人民出版社,2022.

[26][瑞典]安德斯·韦德博格.柏拉图的数学哲学[M].刘溪韵,译.成都:四川人民出版社,2022.

[27][英]理查德·卢瑟福.柏拉图的艺术:柏拉图诠释十论[M].孔许友,译.上海:东方出版中心,2022.

[28][美]列奥·施特劳斯.柏拉图式政治哲学研究[M].2版.张缨,等译.北京:华夏出版社,2022.

[29]樊黎.神性与人性:柏拉图《斐德若》研究[M].上海:华东师范大学出版社,2022.

[30]张源.靡不有初:柏拉图世界的开端[M].上海:华东师范大学出版社,2022.

[31]姜维端.理念、存在与辩证法:柏拉图《智者篇》研究[M].南京:江苏人民出版社,2022.

[32][古希腊]柏拉图.柏拉图全集:中短篇作品(上、下)[M].刘小枫,译.北京:华夏出版社,2023.

[33][古希腊]柏拉图.柏拉图全集:理想国[M].王扬,译.北京:华夏出版社,2023.

[34][古希腊]柏拉图.柏拉图全集:法义[M].林志猛,译.北京:华夏出版社,2023.

[35][古希腊]柏拉图.伊翁[M].溥林,译.北京:商务印书馆,2023.

[36][古希腊]柏拉图.大希庇阿斯[M].溥林,译.北京:商务印书馆,2023.

[37][古希腊]柏拉图.菲勒玻斯[M].溥林,译.北京:商务印书馆,2023.

[38][古希腊]柏拉图.斐德若[M].溥林,译.北京:商务印书馆,2023.

[39][古希腊]柏拉图.卡尔米德斯[M].溥林,译.北京:商务印书馆,2023.

[40] [古希腊]柏拉图. 拉刻斯[M]. 溥林, 译. 北京:商务印书馆, 2023.

[41] [古希腊]柏拉图. 吕西斯[M]. 溥林, 译. 北京:商务印书馆, 2023.

[42] [古希腊]柏拉图. 克利托丰[M]. 溥林, 译. 北京:商务印书馆, 2023.

[43] [古希腊]柏拉图. 蒂迈欧篇[M]. 宋继杰, 译. 昆明:云南人民出版社, 2023.

[44] [古希腊]柏拉图. 苏格拉底的申辩[M]. 3版. 吴飞, 译、疏. 北京:华夏出版社, 2023.

[45] [古希腊]柏拉图. 柏拉图《第七封书信》《第八封书信》:译注和解读[M]. 岳海湧, 译注. 北京:人民出版社, 2023.

[46] [美]施特劳斯. 追求高贵的修辞术:柏拉图《高尔吉亚》讲疏(1957)[M]. 斯托弗, 整理. 王江涛, 译. 北京:华夏出版社, 2023.

[47] [英]埃里克·哈弗洛克. 柏拉图导论[M]. 何道宽, 译. 北京:中国大百科全书出版社, 2023.

[48] [美]巴特利特. 智者术与政治哲学:普罗塔戈拉对苏格拉底的挑战[M]. 熊文驰, 吴一笛, 译. 上海:华东师范大学出版社, 2023.

[49] [加]朗佩特. 哲学如何成为苏格拉底式的:柏拉图《普罗塔戈拉》《卡尔米德》以及《王制》绎读[M]. 戴晓光, 彭磊, 译. 北京:华夏出版社, 2023.

[50] 王晓朝. 重读柏拉图《法篇》[M]. 北京:人民出版社, 2023.

[51] 章雪富. 苏格拉底的法庭[M]. 北京:中国人民大学出版社, 2023.

[52] [美]施特劳斯. 苏格拉底与居鲁士:色诺芬导读(1963)[M]. 纳顿, 整理. 高挪英, 杨志城, 译. 北京:华夏出版社, 2024.

[53] [古希腊]柏拉图. 帕默尼德[M]. 曹聪, 译. 北京:华夏出版社, 2024.

[54] [古希腊]柏拉图. 理想国(政制)[M]. 溥林译. 北京:商务印书馆, 2024.

[55] [古希腊]柏拉图. 普罗泰戈拉 美诺[M]. 詹文杰, 译. 北京:商务印书馆, 2024.

[56] [古希腊]柏拉图. 柏拉图对话录:关于苏格拉底的审判和死亡[M]. 高咏, 译. 北京:法律出版社, 2024.

[57] [古希腊]柏拉图. 理想国[M]. 丁伟, 译. 广州:广东人民出版社, 2024.

[58] [美]罗杰·琼斯. 普鲁塔克的柏拉图主义[M]. 肖训能, 译. 北京:中国社会科学出版社, 2024.

[59] 陈斯一. 爱欲的悲喜剧:柏拉图的《会饮篇》[M]. 上海:华东师范大学出版社, 2024.

亚里士多德研究

[1] [古希腊]亚里士多德. 形而上学[M]. 李真, 译. 北京:人民出版社, 2020.

[2]李真.亚里士多德《形而上学》解说[M].北京:人民出版社,2020.

[3][古希腊]亚里士多德.论灵魂[M].陈玮,译.北京:北京大学出版社,2021.

[4][古希腊]亚里士多德,[德]奥利弗·普利马维希.论动物的运动[M].刘玮,译.北京:北京大学出版社,2021.

[5][英]乔纳森·李尔.理解的欲求:亚里士多德哲学导论[M].刘玮,译.北京:北京大学出版社,2021.

[6][意]卡罗·纳塔利.亚里士多德:生平和学园[M].[加拿大]道格拉斯·哈维森,编.王芷若,译.北京:北京大学出版社,2021.

[7]王纬.推动者、第一因和必然性:亚里士多德理论哲学研究[M].北京:北京大学出版社,2021.

[8][古希腊]亚里士多德.政治学[M].陈虹秀,译.西安:陕西师范大学出版总社,2022.

[9][英]大卫·罗斯.亚里士多德[M].王路,译.北京:商务印书馆,2022.

[10][德]奥特弗里德·赫费.亚里士多德[M].王俊,译.北京:研究出版社,2022.

[11][德]海德格尔,[德]京特·诺伊曼.对亚里士多德的现象学诠释:阐释学处境的显示[M].孙周兴,译.北京:商务印书馆,2022.

[12][古希腊]亚里士多德.尼各马可伦理学:Ⅰ.1—Ⅲ.5[M].廖申白,译注.北京:商务印书馆,2023.

[13][古希腊]亚里士多德.亚里士多德论政体[M].崔嵬,程志敏,编.符雪茹,等译.北京:华夏出版社,2023.

[14]苏峻.潜能与现实:亚里士多德《形而上学》第九卷研究[M].北京:北京大学出版社,2023.

[15]徐开来.拯救自然:亚里士多德自然观研究[M].2版.成都:四川大学出版社,2023.

[16]董波.好政体与好生活:亚里士多德的德性政治学[M]北京:商务印书馆,2023.

[17]何博超.说服之道:亚里士多德《修辞术》的哲学研究[M].北京:商务印书馆,2023.

[18]廖申白.亚里士多德友爱论研究[M].3版.北京:中国人民大学出版社,2023.

[19]陈斯一.幸福与德性:亚里士多德伦理学十讲[M].北京:中国人民大学出版社,2023.

[20]余纪元.《形而上学》讲演录[M].晏玉荣,整理.北京:中国人民大学出版社,2023.

[21][古希腊]亚里士多德.名理探[M].傅汎际,译义.李之藻,达辞.武汉:湖北辞书出版社,崇文书局,2024.

[22][古希腊]亚里士多德.尼各马可伦理学[M].廖申白,译.北京:商务印书馆,2024.

[23][古希腊]亚里士多德.形而上学[M].吴寿彭,译.北京:商务印书馆,2024.

[24][美]托马斯·潘戈.亚里士多德《政治学》中的教诲[M].2版.李小均,译.北京:华夏出版社,2024.

希腊化罗马研究

[1][美]彼得·布朗.古代晚期的权力与劝诫[M].王晨,译.北京:生活·读书·新知三联书店,2020.

[2]陈中雨.普罗提诺的美善观及其太一论[M].上海:上海交通大学出版社,2020.

[3][德]爱德华·策勒.古希腊哲学史(第五卷):斯多亚学派、伊壁鸠鲁学派和怀疑主义学派[M].余友辉,何博超,译.北京:人民出版社,2020.

[4][加]布拉德·英伍德.剑桥廊下派指南[M].徐健,等译.北京:华夏出版社,2021.

[5][德]迈克尔·埃勒.伊壁鸠鲁主义实践伦理学导论[M].陈洁,译.北京:北京大学出版社,2021.

[6][英]安东尼·朗.希腊化哲学:斯多亚学派、伊壁鸠鲁学派和怀疑派[M].刘玮,王芷若,译.北京:北京大学出版社,2021.

[7][爱尔兰]约翰·迪伦.柏拉图主义的起源与主要特征[M].刘媛媛.北京:北京大学出版社,2021.

[8][法]吕克·布里松.普罗提诺哲学导论[M].陈宁馨,译.北京:北京大学出版社,2021.

[9][古罗马]塞涅卡.戏剧集[M].王焕生,译.长春:吉林出版集团股份有限公司,2021.

[10][古罗马]塞涅卡.道德哲学文集Ⅰ:论美德[M].袁瑜琤,译.长春:吉林出版集团股份有限公司,2021.

[11][古罗马]塞涅卡.道德哲学文集Ⅱ:论生活[M].袁瑜琤,译.长春:吉林出版集团股份有限公司,2021.

[12][古罗马]塞涅卡.道德书简 自然问题[M].朱磊,刘丹枫,译.长春:吉林出版集团股份有限公司,2021.

[13]于江霞.技艺与身体:斯多亚派修身哲学研究[M].北京:北京大学出版社,2021.

[14][古希腊]塞克斯都·恩披里柯.皮浪学说概要[M].崔延强,译注.北京:商务印书馆,2022.

[15][古罗马]马库斯·图留斯·西塞罗.论学园派[M].崔延强,张鹏举,译.北京:中国人民大学出版社,2022.

[16][古罗马]西塞罗.国家篇 法律篇[M].沈叔平,苏力,译.北京:商务印书馆,2022.

[17][古罗马]玛尔库斯·图珥利乌斯·西塞罗.图斯库路姆论辩集[M].顾枝鹰,译注.上海:华东师范大学出版社,2022.

[18][古罗马]卢克莱修.物性论[M].李永毅,译.上海:华东师范大学出版社,2022.

[19][古罗马]奥古斯丁.奥古斯丁书信集:第1卷[M].石敏敏,花威,译.北京:中国社会科学出版社,2022.

[20][英]彼得·索恩曼.希腊化时代[M].陈恒,李腊,译.南京:译林出版社,2022.

[21][美]凯伦·L.金.何为灵知派[M].张湛,译.上海:上海书店出版社,2022.

[22][德]迈克尔·弗雷德.自由意志:古典思想中的起源[M].安东尼·朗,编.陈玮,徐向东,译.北京:生活·读书·新知三联书店,2022.

[23][爱尔兰]E.R.多兹.希腊人与非理性[M].王嘉雯,译.北京:生活·读书·新知三联书店,2022.

[24][古希腊]塞克斯都·恩披里柯.反逻辑学家[M].崔延强,译注.北京:商务印书馆,2023.

[25][古希腊]斐洛.斐洛全集[M].王晓朝,译.北京:人民出版社,2023.

[26][古罗马]奥古斯丁.奥古斯丁的解经学[M].尹哲,编译.北京:商务印书馆,2023.

[27][古罗马]奥古斯丁.奥古斯丁书信集:第2卷[M].石敏敏,俞可歆,白明,译.北京:中国社会科学出版社,2023.

[28][古罗马]马库斯·图留斯·西塞罗.论诸神的本性[M].崔延强,张鹏举,译.北京:中国人民大学出版社,2023.

[29][古罗马]塞涅卡.道德书简:全译本[M].张维民,译.北京:人民文学出版社,2023.

[30][加]唐纳德·J.罗伯逊.像罗马皇帝一样思考:如何用斯多葛哲学应对困顿、危难、不确定的人生[M].向朝明,译.北京:中央编译出版社,2023.

[31][意]马西莫·匹格里奇.哲学的指引:斯多葛哲学的生活之道[M].崔知名,译.北京:北京联合出版公司,2023.

[32][美]沃德·法恩斯沃思.做自己的哲学家:斯多葛人生智慧的12堂课[M].朱嘉玉,译.上海:上海人民出版社,2023.

[33][英]安斯加尔·艾伦.犬儒主义[M].倪剑青,译.北京:商务印书馆,2023.

[34][加]列奥·格罗尔克.希腊怀疑论:古代思想中的反实在论倾向[M].吴三喜,译.北京:知识产权出版社,2023.

[35][爱尔兰]多米尼克·奥米拉.柏拉图式政制:古代晚期柏拉图主义政治哲学[M].彭译莹,译.上海:华东师范大学出版社,2023.

[36][爱尔兰]多米尼克·奥米拉.普罗提诺《九章集》导论[M].李博涵,等译.桂林:广西师范大学出版社,2023.

神话和诗歌类研究

[1][古希腊]荷马.荷马史诗·奥德赛[M].王焕生,译.北京:人民文学出版社,2020.

[2][古希腊]荷马.荷马史诗·伊利亚特[M].罗念生,王焕生,译.北京:人民文学出版社,2020.

[3][美]查尔斯·西格尔.《奥德赛》中的歌手、英雄与诸神[M].杜佳,程志敏,译.北京:生活·读书·新知三联书店,2020.

[4][英]W. A. 坎普.维吉尔《埃涅阿斯纪》导论[M].高峰枫,译.北京:北京大学出版社,2020.

[5][英]西蒙·戈德希尔.阅读希腊悲剧[M].章丹晨,黄政培,译.北京:生活·读书·新知三联书店,2020.

[6][英]大卫·赛德利.古希腊哲人论神[M].刘未沫,译.北京:北京大学出版社,2021.

[7][古希腊]埃斯基涅斯.埃斯基涅斯演说集[M].芝人,译.桂林:广西师范大学出版社,2023.

[8][古希腊]赫西俄德.劳作与时日:笺注本[M].吴雅凌,译.北京:华夏出版社,2023.

[9][古希腊]赫西俄德.神谱:笺注本[M].吴雅凌,译.北京:华夏出版社,2023.

[10]吴雅凌.俄耳甫斯祷歌[M].吴雅凌,译注.北京:华夏出版社,2023.

[11][美]彼得·阿伦斯多夫.荷马笔下的诸神与人类德行:奠定西方古典文明的根基[M].张娟,译.北京:华夏出版社,2023.

[12][加]科纳彻.欧里庇得斯与智术师:哲学思想的戏剧性处理[M].罗峰,译.北京:华夏出版社,2023.

[13][英]伯纳德·M. W. 诺克斯.英雄的习性:索福克勒斯悲剧研究[M].游雨泽,译.北京:生活·读书·新知三联书店,2023.

[14][德]陶厄尔,[德]温特.修昔底德与政治秩序[M].李世祥,译.北京:生活·读书·新知三联书店,2024.

[15][德]瓦尔特·伯克特.希腊神话和仪式中的结构与历史[M].刘宗迪,译.北京:生活·读书·新知三联书店,2024.

[16][美]伊迪丝·汉密尔顿.1200年希腊罗马神话[M].吴婷婷,译.北京:金城出版社,西苑出版社,2024.

哲学史、通史类研究

[1][匈]埃米尔·赖希.希腊-罗马典制[M].曹明,苏婉儿,译.上海:上海三联书店,2020.

[2][英]约翰·埃德温·桑兹.西方古典学术史[M].张治,译.上海:上海人民出版社,2020.

[3][英]约翰·博德曼,等.牛津古希腊史[M].郭小凌,李永斌,魏风莲,译.北京:人民日报出版社,2020.

[4][德]德特勒夫·洛策.希腊史:从开端至希腊化时代[M].曾悦,译.上海:上海三联书店,2020.

[5][英]查尔斯·弗里曼.埃及、希腊与罗马:古代地中海文明[M].李大维,刘亮,译.北京:民主与建设出版社,2020.

[6]包利民.希腊伦理思想史[M].北京:中国社会科学出版社,2021.

[7][英]弗雷德里克·科普勒斯顿.希腊和罗马哲学1:科普勒斯顿哲学史[M].梁中和,等译.汕头:汕头大学出版社,2021.

[8][英]特伦斯·欧文.古典思想:牛津西方哲学史(第1卷)[M].张卜天,宋继杰,译.北京:中信出版社,2023.

[9][瑞士]乌苏拉·伦茨.认识你自己:从古希腊到当代的哲学史考察[M].王萱婕,等译.上海:东方出版中心,2023.

[10][英]大卫·塞德利.古代创世论及其批评者[M].许瑞,译.北京:生活·读书·新知三联书店,2023.

[11][德]维尔纳·耶格尔.教化:古希腊的成人之道[M].王晨,译.上海:上海三联书店,2023.

[12][德]维拉莫威兹.古典学的历史(修订译本)[M].陈恒,译.北京:生活·读书·新知三联书店,2023.

[13]李尚君.政治领袖与雅典民主:政治文化视角的深描[M].北京:商务印书馆,2023.

[14]徐松岩.多彩的雅典娜:古希腊文明史述论集[M].上海人民出版社,2023.

[15]赵琦.共同体、个体与友善:中西友善观念研究[M].上海:上海人民出版社,2023.

[16]邓安庆.西方道德哲学通史·古希腊罗马卷:古典实践哲学与德性伦理[M].北京:商务印书馆,2024.

[17]凌继尧.古希腊罗马美学史[M].北京:北京大学出版社,2024.

[18]崔毅.大国小史·世界历史:古希腊史[M].北京:金城出版社,2024.

[19][英]伯里.罗马史:从奥古斯都建立至奥里略去世[M].曾祥和,译.南京:南京大学出版社,2024.

[20][美]阿瑟·赫尔曼.柏拉图与亚里士多德:西方哲学文化的源与流[M].陈常燊,孙逸凡,译.北京:商务印书馆,2024.

通识类读本

[1][意]卢卡·诺维利.闪光的天才:亚里士多德和他的学生亚历山大大帝[M].王斯可,张宇靖,译.北京:中信出版社,2020.

[2][古罗马]普鲁塔克,[英]F.J.古尔德.写给青少年的希腊罗马名人传[M].贾辰阳,译.北京:北京大学出版社,2020.

[3][英]鲁珀特·伍德芬,[英]朱迪·格罗夫斯.亚里士多德[M].肖鹏,译.北京:生活·读书·新知三联书店,2020.

[4][法]纪尧姆·马丁.当我们思考时,哲学家在思考什么?[M].王晓园,译.南京:江苏凤凰文艺出版社,2020.

[5]张小星.恋爱中的苏格拉底:哲学入门十讲[M].北京:清华大学出版社,2020.

[6][英]伊迪丝·霍尔.良好生活操作指南:亚里士多德的十堂幸福课[M].孙萌,译.天津:天津人民出版社,2021.

[7]张新刚.古希腊思想通识课:希罗多德篇[M].长沙:湖南人民出版社,2021.

[8][法]严·马尔尚,[法]多纳西恩·玛丽.小柏拉图:赫拉克利特的秘密[M].胡庆余,译.北京:人民文学出版社,2022.

[9]张新刚.古希腊思想通识课:修昔底德篇[M].长沙:湖南人民出版社,2023.

[10]刘玮.哲学经典中的经典:柏拉图的《理想国》[M].北京:中国少年儿童出版社,2023.

[11][英]保罗·约翰逊.苏格拉底:我们的同时代人[M].郝苑,译.桂林:广西师范大学出版社,2023.

[12][英]贝塔妮·休斯.毒堇之杯:苏格拉底、希腊黄金时代与正当的生活[M].李磊,译.北京:九州出版社,2023.

[13][希腊]塔索斯·阿帕斯托利迪斯,[希腊]阿雷卡斯·帕帕达托斯.亚里士多德传:追寻真理的一生[M].郑彦博,译.成都:四川文艺出版社,2023.

[14][英]约翰·塞拉斯.我们可以坦然接受不可控并尽力而为[M].修玉婷,译.上海:上海三联书店,2023.

[15][法]扬·马尔尚,[法]克拉拉·迪尔佩.小柏拉图系列:泰勒斯与智慧宝座[M].应远马,李俊慧,译.广州:广东教育出版社,2024.

[16][法]露易丝·纪耶莫,[法]安娜·格里约.小柏拉图系列:毕达哥拉斯与数字谜广[M].应远马,应一笑,译.广州:广东教育出版社,2024.

[17][法]扬·马尔尚,[法]雅恩·勒博拉.小柏拉图系列:苏格拉底与命运之门[M].应远马,应一笑,译.广州:广东教育出版社,2024.

[18][德]克里斯托夫·霍恩.古代哲学:从前苏格拉底哲学家到奥古斯丁[M].林晓萌译.上海:上海三联书店,2024.

[19][美]斯科特·H.沃尔特曼,[美]R.特伦特·科德,[美]琳恩·麦克法,等.心理治疗中的苏格拉底式提问:像认知行为治疗师一样思考和干预[M].孟繁强,王鹏翀,罗佳,等译.北京:中国轻工业出版社,2024.

[20]郑阳.傲慢与偏见:希腊化-罗马时期地中海世界的犹太观念[M].北京:社会科学文献出版社,2024.

论文集或刊物

[1]曹青云.实在、知识与灵魂:古希腊哲学研究文集[C].北京:中国社会科学出版社,2020.

[2]崔延强,梁中和.努斯:希腊罗马哲学研究[M].上海:上海人民出版社,2020.

[3]徐松岩.古典学评论:第6辑[M].上海:上海三联书店,2020.

[4]刘小枫,彭磊.古典学研究(第六辑):色诺芬笔下的哲人与君王[M].上海:华东师范大学出版社,2020.

[5]彭小瑜.古典与中世纪研究:第二辑[M].北京:商务印书馆,2020.

[6]崔延强,梁中和.努斯:希腊罗马哲学研究(第2辑)——情感与怀疑:希腊哲学对理性的反思[M].上海:上海人民出版社,2021.

[7]崔延强,梁中和.努斯:希腊罗马哲学研究(第3辑)——欲望与快乐:希腊哲人论情感与好生活[M].上海:上海人民出版社,2021.

[8]张巍.西方古典学辑刊(第三辑):苏格拉底的申辩[M].上海:复旦大学出版社,2021.

[9]崔延强,梁中和.努斯:希腊罗马哲学研究(第4辑)——理性与概念:古希腊的认知理论[M].上海:上海人民出版社,2022.

[10]梁中和.柏拉图对话二十讲[M].北京:商务印书馆,2022.

[11]吴天岳,彭小瑜,高峰枫.古典与中世纪研究:第三辑[M].北京:商务印书馆,2022.

[12]崔延强,梁中和.努斯:希腊罗马哲学研究(第5辑)——知觉与知识:希腊罗马哲学中的知识论[M].上海:上海人民出版社,2023.

[13]崔延强,梁中和.努斯:希腊罗马哲学研究(第6辑)——逻辑、同异与辩证法[M].上海:上海人民出版社,2023.

[14]高峰枫,彭小瑜,吴天岳.古典与中世纪研究:第四辑[M].北京:商务印书馆,2023.

[15]刘小枫,贺方婴.古典学研究(第十一辑):重读阿里斯托芬[M].北京:华夏出版社,2023.

[16]张巍.西方古典学辑刊(第五辑):荷马与赫西奥德的竞赛[M].上海:复旦大学出版社,2023.

[17]刘国鹏.从灵魂到城邦的正义之旅:《理想国》名家二十讲[M].北京:中国人民大学出版社,2023.

[18]崔延强,梁中和.努斯:希腊罗马哲学研究(第7辑)——中国-希腊文明互鉴[M].上海:上海人民出版社,2024.